文化新经济丛书

文化新经济发展报告 2018

主　编　段　勇　赵　迪
副主编　张恒龙　刘　睿　苗福光

上海大学出版社
·上海·

图书在版编目(CIP)数据

文化新经济发展报告.2018/段勇,赵迪主编.—上海:上海大学出版社,2019.3
ISBN 978-7-5671-3495-9

Ⅰ.①文… Ⅱ.①段… ②赵… Ⅲ.①文化经济学—研究报告—中国—2018 Ⅳ.①G05

中国版本图书馆CIP数据核字(2019)第056931号

责任编辑 王悦生
封面设计 柯国富
技术编辑 金 鑫 钱宇坤

文化新经济丛书
文化新经济发展报告
2018
主 编 段 勇 赵 迪
副主编 张恒龙 刘 睿 苗福光
上海大学出版社出版发行
(上海市上大路99号 邮政编码200444)
(http://www.shupress.cn 发行热线 021-66135112)
出版人 戴骏豪
*
南京展望文化发展有限公司排版
上海华业装潢印刷有限公司印刷 各地新华书店经销
开本 710mm×1010mm 1/16 印张 17 字数 204千
2019年3月第1版 2019年3月第1次印刷
ISBN 978-7-5671-3495-9/G·2912 定价 56.00元

文化新经济丛书
编委会

主　任

赵　迪　段　勇

委　员
（按姓氏笔画排列）

吕　文　　刘　睿　　李凤章　　李　斌
吴　华　　张文红　　张恒龙　　张勇安
苗福光　　金　波　　聂永有

序　言

文化一词具有十分丰富的含义,狭义地说,它是社会意识形态,以及与之对应的制度和组织结构;广义地说,它是人类社会演进历程中所创造的物质财富和精神财富的总和。我国政府一向十分强调文化的重要性,强调文化发展对经济发展、社会进步的重要推动作用。最新的一个例子就是文化新经济概念的提出,文化新经济是以文化元素为内在驱动力,以拉动文化消费为主要手段,以产业转型升级为最终目的的国家级经济发展战略。而2016年12月中国文化新经济标准研究委员会正式设立,标志着文化新经济已从概念落地成为政策来加以推进。本书便是由上海大学和中国文化新经济标准研究委员会共同组建的"上海大学区域文化新经济培育理论与实践重点创新团队"推动文化新经济建设的阶段性成果。

本书大致由三个部分组成,第一部分着力剖析文化新经济的理论内涵、发展及现状。几位作者详细地梳理分析了迄今为止关于新经济和文化新经济的中外文献,并在此基础上提出了自己的见解。其中曹晖仔细厘清了文化新经济概念和文化创意产业概念以及文化产业概念的区别和联系。倪代川综述了关于新经济理论的中外研究。而徐聪、杨显滨则整理了关于文化新经济的有关论述。

第二部分则选取文化新经济中的若干案例进行分析。第一组文章是关于知识产权的，袁真富归纳梳理了各种基于维权驱动的版权经营模式，陶鑫良、袁真富、许春明等考察了在"著名商标制度存废"争论中VPSPL教学法的应用，许春明、王勉青研究了上海大学协助上海紫竹高新区进行知识产权托管的具体实践。第二组文章则考察了若干文化形式，其中李倩详细介绍了清末上海春节民俗文化，柴秋霞、刘毅刚则探讨了《王者荣耀》这类多人在线竞技游戏中的沉浸式体验：传统—新潮，相映成趣，而杨谦写的《博物馆商店及文创产品的新经济模式分析》，则独辟蹊径，仔细研究了博物院商店及文创产品的运营并指出发展好这些博物馆商店，不但有很好的经济效应，也能产生良好的社会效益；

第三部分则全部是关于文化新经济态势下的中国文化走出去。赵彦春阐述了新时代中国双语学人的历史担当，文字铿锵有力，有金石之声。苗福光则以土耳其汉学及孔子学院建设为例考察了中国文化的海外传播。另几篇文章则从不同侧面探索了中国文化如何走出去，吴攸以著名作家毕飞宇的作品在英法世界中的译介为例，思考中国作家的文学作品如何走出去，张珊珊则考察中国电视剧如何通过 YouTube、Viki、Netfix 等视频平台走出去，而朱音尔则考察我国方言如何通过语言博物馆的方式走出去。

本书最后一部分是 2018 年度文化新经济建设的大事记。大事记中提到：2018 年 3 月 30 日，由中国文化新经济开发标准研究委员会和上海大学文化新经济研究院共同组织的文化新经济区域发展研讨会在上海大学召开，会上不仅达成了合作意向，而且也就苏州姑苏区、深圳龙岗区文化新经济发展合作进行了专题探讨。据我所知，文化新经济团队对两区进行了多次走访,几乎调查了区内每一家和文化新经济有关的企业,获得了十分丰富的第一手资料。正是通过艰苦的努力,团队才得以深刻而具体地理解文化新经济在我国发展的现状,认识到客观存在的问题,并能够给出切实有效的解决方案。

本书作为"上海大学区域文化新经济培育理论与实践重点创新团队"的阶段性成果汇报和总结,内容丰富,分析扎实,给读者带来很好的阅读体验,我很乐意为之作序。中国的文化新经济一方面已经获得了很大的发展,另一方面依然具有很大的潜力,按照文化部估算,中国文化消费潜在市场规模为4.7万亿元,现有规模则仅仅为1万多亿元,这3.7万亿元的缺口意味着巨大的市场机会,也同样表明文化新经济建设大有可为。作为文化新经济的建设者,上海大学文化新经济研究院和创新团队将再接再厉,把握好时代赋予的机会和使命,不忘初心,砥砺前行。

是为序。

上海大学党委副书记、
上海大学文化新经济研究院联席院长

段 勇

目　录

第一章　文化新经济的理论内涵、发展及现状 …………… 001
第一节　文化新经济的概念及辨析 ………………… 001
一、文化新经济提出背景 ……………………………… 001
二、文化新经济的概念 ………………………………… 002
三、文化新经济和文化创意产业的联系和区别 ……… 010
四、文化新经济和文化产业的联系和区别 …………… 012
五、结语 ………………………………………………… 015
第二节　新经济研究综述——兼论新经济理论的产生与发展
……………………………………………………………… 016
一、新经济的缘起 ……………………………………… 017
二、国外新经济研究综述 ……………………………… 020
三、国内新经济研究综述 ……………………………… 023
四、新经济内涵辨析 …………………………………… 030
第三节　"文化新经济"国内外研究综述 ……………… 033
一、文化新经济的内涵 ………………………………… 038
二、民艺新经济理念 …………………………………… 038

三、智慧产城建设 ………………………………………… 039
四、城市简阅书吧 ………………………………………… 040
五、文化产权交易创新机制 ……………………………… 040
六、文创 IP 研究 …………………………………………… 041
七、姑苏文化新经济模式 ………………………………… 041
八、文化新经济研究院 …………………………………… 042

第二章　文化新经济的案例分析 …………………………… 043
　第一节　基于维权驱动的版权运营模式分析 …………… 043
　　一、基于维权驱动的版权运营模式的类型 …………… 044
　　二、基于维权驱动的版权运营模式的特点 …………… 048
　　三、基于维权驱动的版权运营模式的问题 …………… 051
　　四、基于维权驱动的版权运营的发展建议 …………… 054
　第二节　基于知识产权重大问题的同步实战教学案例
　　　　　——以"著名商标制度存废"教学过程为例 …… 056
　　一、基于知识产权重大问题的同步实战教学法简介 …… 057
　　二、基于知识产权重大问题的同步实战教学法之
　　　　创新 ………………………………………………… 059
　　三、基于知识产权重大问题的同步实战教学法之应用
　　　　情况 ………………………………………………… 060
　第三节　知识产权社会服务——园区知识产权托管 …… 071
　　一、上海紫竹高新区知识产权托管的实践 …………… 071
　　二、上海紫竹高新区知识产权托管的成果 …………… 079
　　三、园区知识产权托管的必要性和可行性 …………… 082
　　四、园区知识产权托管的模式 ………………………… 085

第四节　文献视野中的晚清上海地方政府与春节民俗文化消费 ·············· 094
　一、上海传统春节民俗与典型文化商品 ·············· 095
　二、晚清上海地方行政与商品消费 ·············· 100
　三、晚清上海地方政府对春节民俗文化消费的影响 ······ 103
　四、总结 ·············· 123
第五节　博物馆商店及文创产品的新经济模式分析 ·············· 124
　一、博物馆商店和文创产品兴起的背景 ·············· 124
　二、我国博物馆商店和文创产品的经营机构模式 ·············· 128
　三、博物馆商店的营销模式 ·············· 131
　四、博物馆文创产品的定位与设计 ·············· 136
　五、对博物馆文化新经济模式的评论 ·············· 140
第六节　从设计策略的角度解构多人在线竞技游戏的沉浸体验——以《王者荣耀》为例 ·············· 144
　一、多人在线竞技游戏 ·············· 144
　二、支撑《王者荣耀》沉浸体验的设计策略 ·············· 150
　三、结语 ·············· 156

第三章　文化新经济态势下的中国文化走出去：理论及传播策略研究 ·············· 158
第一节　文化新经济视阈下中国双语学人的历史担当 ·············· 158
　一、逆向翻译的逆向思考 ·············· 158
　二、对安乐哲中国典籍英译的学理反证 ·············· 169
第二节　新经济文化态势下的中国文化海外传播——以土耳其汉学及孔子学院建设为例 ·············· 181

一、土耳其汉语教学 …………………………………………… 182
二、土耳其汉学研究 …………………………………………… 187
三、土耳其孔子学院的未来展望 ……………………………… 191

第三节 中国文化"走出去"之翻译思考——以毕飞宇作品
在英法世界的译介与接受为例 ……………………… 195
一、翻译与中国文化"走出去" ……………………………… 196
二、毕飞宇作品在英法世界的译介与接受 …………………… 197
三、中国文化走出去的"翻译"对策 ………………………… 205

第四节 OTT TV：融媒时代中国电视剧海外传播的
新渠道 …………………………………………………… 209
一、引言 ………………………………………………………… 209
二、国产剧在海外 OTT TV 平台的传播状况 ………………… 210
三、讨论与建议 ………………………………………………… 220

第五节 文化新经济背景下的语言博物馆建设思考 ………… 224
一、语言博物馆建设意义 ……………………………………… 225
二、语言博物馆建设现状 ……………………………………… 228
三、国外语言博物馆的启示 …………………………………… 230
四、对国内语言博物馆建设的思考 …………………………… 236

附录 文化新经济建设大事记 …………………………………… 239

主要参考文献 ……………………………………………………… 248
后　记 ……………………………………………………………… 258

第一章
文化新经济的理论内涵、发展及现状

第一节 文化新经济的概念及辨析

一、文化新经济提出背景

2016年2月3日,李克强总理在国务院常务会议上,首次详解"新经济"概念。同年3月5日,"新经济"首次被写进《政府工作报告》。新经济着眼于推动新技术、新产业、新业态的加速成长;着墨于重塑产业链、供应链、价值链;着力于以体制机制创新促进分享经济发展。"新经济"的提出,是党中央、国务院对经济形势的科学判断和重要定义,对"十三五"时期我国经济政策导向有着重大意义。基于国家政策的鼓励和推动,当前新经济快速发展,新动能加速积聚,已经成为经济发展的新引擎。

文化新经济,不是文化产业的做法,而是从经济角度去变革。新业态的升级创新,要注重科学技术、文化艺术两个要素的应用,这也是在新的经济增长模式里,经过国际长时间验证的路径。

比如,20世纪50年代美国以电影产业带动文化产业发展就是典型代表。当时英国嘲笑美国,说美国没有文化,只有文化工业。后来美国这套将文化内容跟产业有效融合的方式带动了多元化发展,甚至金融化创新,所以大家慢慢开始认同这一模式,包括英国也于1994年提出了新英国计划,重新定义文化创意产业。因为英国既有很好的文化元素的积累,同时又结合了美国探索的产业化经验,所以形成了在文化创意产业自身独特的发展模式。英国的文化创意产业仅次于金融产业,居GDP的第二位。

再看泰国文化产业的发展,1998年亚洲金融危机之后,泰国启动了全国计划推动经济转型。从代工厂模式向效益型经济转型过程中,泰国将文化艺术元素跟产业结合发挥了重要作用。所以,综合全球经济发展规律和各种既有的文化经济模式,我国提出了文化新经济的概念。

二、文化新经济的概念[①]

文化新经济是指新经济时代,以文化元素为内在驱动动力,以新型消费升级为主要手段,以产业的升级转型为最终目的的经济发展战略(图1-1)。具体而言,就是把文化元素和传统业态相融合,将文化创意和产业以及老百姓的消费升级需求相连接,将文化创意和传统企业融合,与消费市场融合,走产业化发展道路。

(一) 文化元素

文化新经济是从发展经济的角度往回看,如何把文化元素提炼出

---

① 这一部分内容参考了下列文献的相关论述:赵迪,刘睿.新业态 新消费 新增长——文化新经济的探索与实践,上海大学出版社,2017.

图 1-1　文化新经济基础理论模型

来,附着到存量的经济体制上,让它焕发出新的活力,这是文化新经济的独特内涵。

文化新经济从经济发展的量性指标来衡量,提炼文化元素,与新的方式结合。文化新经济注重文化元素的提炼,致力于将文化抽象出来,推动存量经济的发展。

就理论研究而言,中国文化新经济开发标准研究委员会聘请全球顶级咨询机构对其宏观结构设计了 NECTIS 模型,围绕新业态、新消费、新增长三个核心展开。我国逐渐细化了模型中的方式和标准,形成了作为近期发展的三种主要元素(如图 1-2 所示)。首先是文博馆藏,就是文物博物馆领域馆藏的元素,以中国的传统文化为主,跨越两岸,同时也吸纳海外一系列的文博元素。其次是家文化,习总书记一直提家传、家训、家国、家风,以家为载体,是中国社会共融很特殊的一个形态,所以我国聚焦家元素,把传统的家族观念、家传渊源以及东方道德的精华提炼出来。最后是阅读文化,包括阅读习惯养成、电子阅读的发展等。

此外,文化新经济也试点了三个重点应用场景(如图 1-2 所示)。第一是商业地产,第二是人文社区。因为文化新经济是针对国内的存

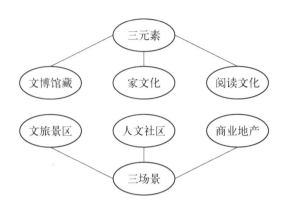

图1-2 文化新经济三元素与三场景

量经济提出的概念。地产领域经历了长时间宏观调控,但调控的同时也要给巨大的存量一个出口,所以,商业地产和人文社区是很好的切入点。第三是文旅景区,或者文旅综合体。文化新经济在3—5年内会围绕以上三个元素和三个场景来综合开展一系列探索,并借鉴海内外先进经验。

比如在人文社区方面,台湾地区的社区活化做得很好,因为台湾是一个多族共生地区,有原住民、山地居民,也有大陆由于各种原因迁过去的居民,所以很重视多元文化的融合。同时,相比于大陆资源较为丰富,追求规模效应,发展方式更粗犷,台湾更为讲究精耕细作,能捕捉到很多抽象的文化元素,应用到包括设计、营销等各个方面,这一点值得大陆借鉴。

再比如美国迪斯尼,一开始用卡通形象做出影视作品,那是前工业时代的产物。当发展到一定程度,他们提炼出影视形象,把每个形象元素标准化,然后就会形成迪斯尼餐厅、迪斯尼文具、迪斯尼乐园等,由卡通形象衍生的各种各样的商品,这就是后商品时代,采用授权经济模式,这一模式在西方很成熟,但相对较为单一,基本上是以物对物的方式。所以说我国的使命是在授权经济上再往上发展一步,将文化中的抽象元素提炼出来,这个抽象元素很多可能不是物,而将附着的载体可能也不是某个商品,而是社区、商业地产等,这是我国面临的新的机遇和挑战。

国内已经有一些做得比较好的雏形。比如,在上海徐汇的繁华区域,会把工厂改造成一个博物馆区,将西岸码头改造成一个艺术区。这一系列都是商业地产所展示的新面貌,都在提炼文化元素,但做得还不够彻底,还只停留在形的层面,可以让大家感受到文化的熏陶,但没有起到促进经济的作用。所以,需要再往前一步,形成经济引擎,这就是文化新经济的使命。我国现在在深圳的天安云谷做的尝试,也是基于IP(intellectual property),即知识资产,和企业做对接,这是一种显见的方式。隐性的方式就是在人文社区的综合提升方面设置一系列的接口,争取在一年半到两年内让社区从形到神焕然一新。

文化新经济就是要把文化元素提炼出来,改变过往的经济运行形态。比如,制造业之前做代工,靠人口红利支撑,没有灵魂和温度。而文化新经济的最大机遇在于它可以用文化元素的提炼与传统产业结合,改变产业的发展规律和发展轨迹,向着更精品化,更精准的定位,更清晰的细分,营造更具人文气息的综合发展环境,从而带来更高的投资回报率。

(二) 文化新经济与产业转型升级

魏传忠认为,文化新经济是指建立在信息产业、知识产业、文化产业整体重构基础上的以促进传统文化产业转型和传统制造业升级为核心,以"互联网+"与"文化+"协同发展为主题,以文化企业生产要素有效配置为主线,以延长产业链、改善供应链、提升价值链、拓宽资本链为抓手的一种新的经济形态①。

产业转型升级是我国当前经济发展的重点任务,也是供给侧结构改革的重要内容,产业转型升级要求从产品的生产领域加强优质供给、减少无效供给、扩大有效供给。优质供给就需要更大限度地满足消费者需求,更大限度地增加产品附加值,更大限度地减少传统资源能耗。

产业转型升级中的"转型",其核心是转变经济增长的"类型",即把高投入、高消耗、高污染、低产出、低质量、低效益转为低投入、低消耗、低污染、高产出、高质量、高效益,把粗放型转为集约型,而不是单纯的转行业。转行业与转型之间没有必然联系,转了行业未必就能转型,要转型未必就要转行业。而产业结构转型升级中的"升级",包括了产业之间的升级,比如说在整个产业结构中由第一产业占优势比重逐级向第二、第三产业占优势比重演进;也包括产业内的升级,即某一产业内部的加工和再加工程度逐步向纵深化发展,实现技术集约化,不断提高生产效率。只有正确理解产业结构转型升级的这些内涵,才能在实践中避免出现偏差。

费洪平针对我国现阶段存在的产业结构问题,提出了产业转型升级的方向与路径②。他认为我国现在需要依靠体制创新和自主创新参与国际分工,依靠质量、品牌和服务等非价格竞争,大力提升要素禀赋,着力突破能够有效提升国际分工地位和价值链层级的研发设计、营销网络、品牌培育、供应链管理等制约,加快促进产业向高端化、信息化、集群化、融合化、生态化、国际化方向发展,进一步拓展延伸产业链、提升价值链、完善供应链,加快构建产业新体系,全面提高产业核心竞争力。

---

① 魏传忠.质量是文化新经济发展之基[J].艺术品鉴证,2016(4).
② 费洪平.当前我国产业转型升级的方向及路径[J].宏观经济研究,2017(2):3-8,38.

不可否认,文化新经济对传统产业会有非常大的改变。现在制造业已经面临很大困难。从宏观数据分析来看,广东沿海的制造业已经面临"用工成本高、土地成本高、社保成本高"的"三高"环境,现在已不能仅靠原来那种单纯拼量、薄利多销去挣钱,所以其外贸出口的竞争力在下降,市场慢慢向越南、菲律宾这些更落后的国家转移。与此同时,我国居民的消费方式已经发生了很大的变化。像在经济允许的前提下,我们会超越功能性需求,去寻求能让自己精神满足的替代品。比如,现在已经没多少人会去一元店买杯子,哪怕功能完全一样,但仅仅为了让自己愉悦,我们也愿意选择贵十几倍甚至几十倍的较为精致的杯子。所以,在消费心理变化后,给传统制造业一个巨大的转型机会,要向有文化内涵、有文化品位转型。

但是,让这些传统工厂自己去判断市场,思考怎么转型很困难。所以,这是文化新经济体系需要整体打造的,包括逐渐打造"IP+"系统,就是汇集知识产权等无形资产打造综合系统,做出设计指南,帮助传统企业转型升级。这并非是让传统企业做翻天覆地的改变,而是引导其将自身优势向新的方向发挥出来。这个也是经济转型,是以最安全的方式以及最高效的方式转型。1元的杯子和10元的杯子,其中9元差在哪儿?最多也就1元差在材料的改变上,剩下的8元是人们无形的智慧,主要包括设计、理念及新的附加值等,所以这种投资收益比是非常高的,文化新经济就是要从这个方向去助力企业转变思维。

所以在文化新经济下,推进产业转型升级,首先要运用互联网、大数据、人工智能等现代技术,推动生产、管理和营销模式变革,实现从用户需求端到产品供给端全链条的智慧化。采用数据和平台新规则加快构建网络化、智能化、服务化、协同化的"互联网+"产业生态系统。其次要依靠创新驱动推动内生增长,整合打造出具有创新能力强、关联度大、带动力强、辐射面广、集约化高的优势产业集群。以开放式互联网平台为基础,加强信息与技术的分享、联合使用和创造,构建"互联网+"产业集群创新区,推动集群产品制造链与流通链、生产生活服务链的高效整合及创新资源的优化配置。然后要依靠产业融合来提高生产率和竞争力。新一代信息技术向各领域的渗透融合,突破了产业的边界,催生了许多融合型新业态和新商业模式,产业融合发展已成为产业转型升级的重要方向。当前,我国产业融合不是以信息化、智能化、网络化为依托的深度融合方式,产业融合的效应未能真实展现。这就需要我国加快促进新技术和新兴产业交叉渗透融合,推动基于网络化、智慧化的多元产业"跨界融合",尽快形成多元化、多层次、多形式、多渠道产业融合发展的新模式。最后要把"生态化"理念融入产业转型升级全过程和各个环节中,加快发展绿色低碳循环经济,积极推广生态工程、生态设计、工艺设计等技术生态化创新,大力促进农业绿色化、工业循环低碳化、服务业环保化,建立涵盖一、二、三产业各个领域的"大生态产业"。

(三)文化新经济与城市更新

城市更新有狭义和广义之分。狭义的城市更新即传统的旧城改造,将老房子拆除重建,仅仅对城市面貌进行改造。但广义的城市更新就更多元一些,不一定光是把房子扒掉重建,还有很多文化的注入,让居民生活丰富起来。文化新经济所承载的绿色的发展方式和永续的生活方式,刚好是城市更新的内生力量,城市更新也成为文化新经济发展的最好载体。

比如说北京尤其是老城区做文化领域的城市更新比较领先。北京市政府要外迁到通州,进行非首都核心功能疏解,以后会把北京的老城区作为城市更新的载体,重新呈现在世人面前。从具体措施而言,第一是文化保留,保留北京作为古都的文化;第二是人文更新,为社区里的居民,特别是老人、小孩提供更多接触文化活动的场所和机会。此外,北京建了许多具有传统意味的大型商业综合体,如蕴含旧商业文化的大前门地区,邀请全球顶尖的设计师重新打造,使其焕发出全新的面貌,这就是北京城市更新正在做的事情。北京西城区也尝试用文化新经济的方法理论指导老城改造,将本地传统的文化元素融入人们的生活、企业的生意中去。

"竞争战略之父"迈克尔·波特也曾提道:"基于文化的优势是最根本的、最难以替代和模仿的、最持久的和最核心的竞争优势。"而文化产业与城市的发展关系密切、共生共存、相互交织。当城市资源逐渐枯竭时,文化才是城市最大的不动产。

荷兰有"创意之国"和"设计之邦"的美誉,长久以来,首都阿姆斯特丹一直是艺术创意的"温床"。荷兰的文创之美,不仅仅只是看得有趣,难能可贵的是,还能够将其灵活运用在城市的发展中,文化产业在享受城市所提供的一切便利与资源的同时,也在反向滋润着城市的发展,甚至可以这样说,文化产业已经在深刻改变着荷兰这个国家。2018年3月11日,CIAB文化新经济欧洲游学考察团抵达荷兰阿姆斯特丹,参访阿姆斯特丹国家博物馆等地,探索荷兰博物馆文创与城市共生共存共荣的秘密。在文物IP开发上,荷兰国家博物馆结合消费者的日常使用诉求,从文物中提炼文化元素,开展文化元素授权,将文化元素与消费者的日常用品,甚至咖啡馆、茶吧等空间结合,使博物馆馆藏IP能够在消费者日常生活中发挥价值,重新焕发生机与活力。荷兰国家博物馆的文创特点更多地体现在"商品性"上。"纪念品"过去一般是放在博物馆内自己设的销售柜台处售卖,而"文创商品"的销售渠道则可以更加多元化,可以跳出博物馆的场所限制,在一般的商场、书店、咖啡厅等地方售卖。

因此,城市更新是文化新经济一个很重要的应用形态。城市更新不能千城一貌,每个城市都应该去挖掘自身的内涵和功能属性。新的城市更新一定要首先去研究当地的肌理,考虑怎么把它养好,怎么让它能够自我发展起来。这既是文化本质,也是文化新经济的本质。从文化本质来看,这才是本地文化的发扬,而不是灭掉一个文化去换舶来品。从文化新经济来讲,它提炼了本地的元素,作为原来已经行之有效的肌理,实现存量经济变轨发展,是一种最低风险和最高收益平衡的模式。

三、文化新经济和文化创意产业的联系和区别

文化创意产业兴起于 1998 年,是一种在经济全球化背景下产生的以创造力为核心的新兴产业,是一种强调主体文化或文化因素依靠个人(团队)通过技术、创意和产业化的方式开发、营销知识产权的行业。文化创意产业主要包括广播影视、动漫、音像、传媒、视觉艺术、表演艺术、工艺与设计、雕塑、环境艺术、广告装潢、服装设计、软件和计算机服务等方面的创意群体。但是对于"文化创意产业"这一概念,不同的人有不同的看法。叶辛认为"文化创意产业集合了文化产业与创意产业这两个概念于一身,涵盖了更为广阔的文化经济活动,在中国语境里有弥补文化产业概念不足的意义。这种弥补主要体现在两个方面:一是更加注重创意源头的作用,更加注重产业链的意义,强调其产业的经济价值主要由文化价值来决定;二是更加重视设计业作为一个整体在文

化创意产业中的高端地位和重要价值"①。邢华则认为文化创意产业是指以文化为内涵,以创意为核心,以数字技术为手段,通过知识产权的运用,具有增加就业和创造财富潜力的产业②。文化创意产业将文化产业与创意产业等新兴业态结合起来,是一个内涵十分丰富的概念。2008年北京市制定的《北京市文化创意产业分类标准》中,文化创意产业被界定为:"以创作、创造、创新为根本手段,以文化内容和创意成果为核心价值,以知识产权实现或消费为交易特征,为社会公众提供文化体验的具有内在联系的行业集群。其核心是文化与经济融合、文化与科技融合;本质是使文化活动产业化,成为推动经济增长的新动力;基本特征是文化创意和科技创新是提升产业附加值和竞争力的两大引擎。"

而文化新经济是把文化元素和传统业态相融合,将文化创意和产业以及老百姓的消费升级需求相连接,将文化创意和传统企业融合,与消费市场融合,走产业化发展道路。

从上述来看,这两个概念之间是存在联系和区别的。两者之间的联系为两者存在着重叠的范围,即文化创意;且两者都比较注重创意对经济及社会发展的影响,并且都是随着互联网诞生成长的。但是两者之间也存在着明显的区别。

一方面文化新经济是比文化创意产业范围更大、涵盖面更广的一个概念。文化新经济的关键意义在于它从宏观整体上把握了全国、全经济、全产业发展态势的战略,跨越相邻产业或经济形态的顶层设计和全方位观照的视野。而文化创意产业主要是以文化产业形态展示,更加关注的是文化产业内的运营和产品的创造。文化新经济则更突出地体现了一种跨领域、跨类别、跨行业的"越界"和产业交融的特点,它包

---

① 叶辛.文化产业的发展关系到国家民族的盛衰荣辱[J].长三角,2005(12):1.
② 邢华.文化创意产业价值链整合及其发展路径探析[J].经济管理,2009,31(2):37-41.

含了文化创意产业发展的不同阶段、不同层面,并展示了它由初起的对整体经济的微弱影响到成为整体经济的重要组成部分的延伸扩展态势。文化新经济以文化元素为核心,通过产业融合形成的新型业态,是文化新经济的内在驱动力。注重文化元素的提炼并且将文化创意和传统企业融合,与消费市场融合,走产业化发展道路,体现了创意和创新作为推动当代世界经济、社会各领域发展的核心要素的意义,它反映了全球创新与创意引领经济发展和辐射其他领域的思潮的大趋势,也包含了促进社会包容、文化多样性和人类发展的积极意义。

另一方面文化创意产业是知识经济,是以知识为基础的经济,是一种新型的富有生命力的经济形态;工业化、信息化、知识化是现代化发展的三个阶段,创新是知识经济发展的动力,教育、文化和研究开发是知识经济的先导产业,教育和研究开发是知识经济时代最主要的部门,知识和高素质的人力资源是最为重要的资源。而文化新经济则是新经济,是建立在信息技术革命和制度创新基础上的经济持续增长与低通货膨胀率、低失业率并存,经济周期的阶段性特征明显淡化的一种新的经济现象。其实质是信息化和全球化,核心是高科技创新及由此带动的一系列其他领域的创新。所以文化新经济是人类经济发展中前所未有的科技型、创新型经济。

由此可见,文化新经济绝对不是简单的传统经济概念,而是新形势下具有广泛延展性的开放观念。

四、文化新经济和文化产业的联系和区别

世界各国对文化产业并没有一个统一的说法。美国没有文化产业的提法,他们一般只说版权产业,主要是从文化产品具有知识产权的角

度进行界定的。日本政府则认为,凡是与文化相关联的产业都属于文化产业。除传统的演出、展览、新闻出版外,还包括休闲娱乐、广播影视、体育、旅游等,他们称之为内容产业,更强调内容的精神属性。

2003年9月,文化部制定下发的《关于支持和促进文化产业发展的若干意见》,将文化产业界定为:"从事文化产品生产和提供文化服务的经营性行业。文化产业是与文化事业相对应的概念,两者都是社会主义文化建设的重要组成部分。文化产业是社会生产力发展的必然产物,是随着中国社会主义市场经济的逐步完善和现代生产方式的不断进步而发展起来的新兴产业。"2004年,国家统计局对"文化及相关产业"的界定是:为社会公众提供文化娱乐产品和服务的活动,以及与这些活动有关联的活动的集合。所以,中国对文化产业的界定是文化娱乐的集合,区别于国家具有意识形态性的文化事业。

尽管世界各国对文化产业从不同角度进行了不同的定义,但文化产品的精神性、娱乐性等基本特征不变,因此,文化产业是具有精神性、娱乐性的文化产品的生产、流通、消费活动。

随着社会生产力的进一步解放和市场经济体制的逐步完善,伴随着快速发展的高新科技和不断进步的现代生产方式,文化产业日益融入大众日常生活视野并风生水起逐渐成为一种新兴产业。文化产业由市场主导,是经营性的,主要利用市场来配置资源,推动文化企业发展壮大,调动更多非公益性资源和民营资本激活文化市场,以丰富的文化产品和服务满足人们多元化的精神需求。

习近平主席强调的文化自信对文化产业的影响也十分重大。2016年在宏观经济下行压力加大的背景下,中国文化产业逆势增长,不仅发展速度保持快速增长,而且"文化+"融入相关产业发展之中,提升了经济发展质量,促进了经济转型升级。更为重要的是,文化产业的内容生产有了文化自信的支撑和引领,开始在凝聚民族精神、倡领道德新风、激发向上力量等方面释放出强大的精神力量,让中国人更有时代的精气神。文化产业为文化自信带来物质条件,而文化自信又反过来促进文化产业的繁荣与发展。2016年,旅游、文化、体育、健康、养老五大产业有了一个新的名字——"幸福产业"。在世界经济复苏乏力和国内经济运行面临下行压力的大环境下,"五大幸福产业"有助于改善民生、拉动消费、促进消费升级,被赋予了全新的使命。所以中国文化产业要把更多精美的文化产品、精细的文化服务呈现给消费者,培育更多"百年老店",深入诠释文化自信,全面提升中国文化软实力。

从上述文化产业的概念中,我们可以看出文化产业更多的是从特定文化内容出发。比如,很多院校研究表演,怎么形成舞台剧,然后舞台剧怎么做出衍生品等;电影从制作到发行,到如何去运作一个电影基金,从电影本身来推出的一个产业链条,这是传统的文化产业。

而文化新经济则是从发展经济的角度往回看,如何把文化元素提炼出来,附着到存量的经济体制上,让它焕发出新的活力,这是文化新经济的独特内涵。

中国文化新经济发展基金筹备委员会秘书长赵迪认为文化新经济的重点在于经济而不只在于文化,在文化新经济整体格局中不再以文化内容为主导,而是从经济领域出发,以文化为要素推动经济发展。面对我国巨大的文化消费市场,政府以及文化新经济的核心单位有信心,相信文化新经济将成为未来产业发展格局性、核心性的支柱。

所以两个概念的区别主要在于:

首先,文化新经济是一个经济概念,不是文化概念。而过往的文化产业主要从内容出发,从传统的文化视角来推动产业发展。文化新经济则从经济发展的量性指标来衡量,提炼文化元素,与新的方式结合。

其次,文化产业重在内容发展,着力于文化的社会性如何提升,考虑的是更具象的层面。文化新经济则注重文化元素的提炼,致力于将文化抽象出来,推动存量经济的发展。

再次,文化产业是工业经济,文化产业又称为"文化工业"。联合国教科文组织曾把文化产业定义为:"按照工业标准生产、再生产、储存以及分配文化产品和服务的一系列活动。"而文化新经济则是新经济,核心是高科技创新及由此带动的一系列其他领域的创新。

最后,文化产业是标准化的,如迪斯尼乐园经常被当作文化产业的典型案例,它也全球标准化了:无论乐园建在世界哪个地方,它的管理模式和风格都是完全一样的。而文化新经济是多样化的,讲究地方风格和文化个性。以文旅景区为例,各地具有与众不同的地缘特点、民族个性、地方风俗、文化传统。游客走遍各地,看到的是完全不一样的风景和民俗。

文化产业更多的是从特定文化内容出发,但文化内容不是文化,如果我们的发展思路仅仅依靠文化内容实现文化新经济,就容易陷入固定型思维。文化其实是一种高附加值的消费品,只有将文化主题赋予到产品上,找到合适的场景,用情感共通人心,才能形成真正的 IP 经济。所以说文化新经济不是文化产业的延伸,而是一种全新的文化与商业的高效契合。运营是文化新经济的雏形,在充分调动各种文化要素、融入合适的情感场景之下,用极高的运营带动率创造产品价值。

五、结语

不可否认的是,文化新经济概念的研究对我国经济发展有着重大影响。了解文化新经济的概念,有助于为其相关产业提供保护、应用、确权、维权等专业服务,开辟多元、快速、便捷的诉调对接通道,引领和激励文化企业创新发展;有助于促进企业转型升级,引导文化企业走"以质取胜"之路;有助于创新资金结算和投融资模式,打通授权上下游产业链,搭建授权交易合作平台,整合工艺设计资源,带动传统产业转型升级,助推授权行业发展,促进文创企业品牌化,品牌授权国际化。

目前,我国正处于文化新经济的探索时期,人们对于相关的许多基本概念都没有一个统一的认识,仍有许多问题亟待广大学者从理论和实践上进行深入探讨。

第二节 新经济研究综述
——兼论新经济理论的产生与发展

"新经济"一词最早出现在 1996 年 12 月 30 日美国《商业周刊》发表的一组文章中,它是指"在经济全球化背景下,信息技术革命以及由此带动的以高新科技产业为龙头的经济,具有低失业、低通货膨胀、低财政赤字、高增长的特点"[1]。当下,社会所广泛讨论的"新经济"主要是指:"在经济全球化背景下,由信息技术革命带动的、以高新技术产业为龙头的经济,包括'互联网+'、先进制造业、新能源、新材料、新业态等重要内容"[2],它是未来的需求发展方向和经济发展方向,不仅有利于推动经济发展动力从依靠低端要素驱动向全面的创新驱动转变,而且有利于形成新旧动能接续转换,为我国经济保持中高速增长提供新动力,

---

[1] 邹雅婷.中国"新经济"点亮新信心[N].人民日报,2016-03-22(9).
[2] 向晓梅.适应新常态发展新经济[N].经济日报,2016-05-05(14).

推动我国经济持续增长,保持中国在世界经济发展中的"火车头"地位。随着新经济建设的广泛推进与新经济研究的持续深入,需要对"新经济"概念及其实践推进进行系统梳理,厘清"新经济"概念内涵,明确"新经济"建设的历史演进与时代背景,为我国新经济建设实践提供理论指导。

一、新经济的缘起

"新经济"作为一种经济现象,并在学术界得到广泛关注,成为重要的经济话题与研究题域,它具有特定的时代背景与明确所指。一般来说,"新经济"作为经济学的专有名词起源于美国,反映的是20世纪90年代以来,正当日本与欧洲等发达经济体面临发展低迷时,美国经济因受益于信息技术革命与经济全球化浪潮而出现了"二战"后"出人意料的持续繁荣"现象[①]。人们将美国产生的这种经济持续发展、持续繁荣的现象视为"新经济",并提出"新经济"概念,将其定义为"在经济全球化背景下的信息技术革命以及由此带动的、以高新科技产业为龙头的经济"[②],不仅引发了学术界对"新经济"现象的持续关注和深入研究,而且对全球经济发展与转型产生了深远影响。

美国"新经济"的产生,是"新一代信息技术和信息技术产业加速发展和不断渗透扩散的结果"[③],是"一种典型的、较为完善的市场经济模式,在现今社会化大生产中是一种技术创新、制度变迁和经济全球化共

---

① 宋玉华,王莉.全球新经济发展的比较制度研究[M].北京:中国社会科学出版社,2006:23-24.
② 李爱玲.理论热词·新经济[J].前线,2016(6):38.
③ 孙飞.新经济发展与制度选择[M].北京:人民出版社,2017:26.

同支撑的经济发展新模式"①,不仅实现了历史上和平时期的最长经济扩张期,具有跨越时间长的显著特征,而且具有以下突出特点②:

一是经济持续增长。美国经济自1991年4月始持续增长了120多个月,远远超出战后美国经济平均连续增长50个月的期限,成为战后美国第三个最长的经济增长期。自美国经济率先走出20世纪90年代初期的世界性经济危机以来,美国经济年均增长率均超过日本、德国等主要竞争对手,从而扭转了美国经济增长速度在20世纪七八十年代落后于日本、德国的局面,使美国全球经济实力相对有所回升。

二是失业率稳步下降。20世纪80年代中期以来,由于面临以经济结构调整与裁员为核心的"企业重组",美国结构性失业日益突出,就业形势急剧恶化,失业率在1991年上升到6.7%,1992年高达7.4%,失业人数多达900多万人。自1993年开始,美国就业状况开始改善,失业率稳步下降,1998年12月降到了4.3%,成为美国30年来的最低水平。

三是物价增幅保持较低水平。消费物价指数从1992年降至3%后,一直未见反弹,1998年仅为1%。国内生产总值的紧缩价格指数从1990年的4.3%逐步降至1993年以来的2%,1997年第四季度,该指数仅增长了1.5%,全年则为1.8%,是1965年以来的最低点。

四是出口贸易增长势头强劲。1991—1994年间,美国制造业的劳动生产率一共增长了近12个百分点,超过了日本和西欧国家的增幅。在美国劳动生产率较快提高的同时,其单位劳动成本在20世纪90年代却增长缓慢,结果,美国产品的国际竞争力显著增强,从而使美国得以在20世纪90年代初期相继在半导体和小汽车等领域重新夺回世界

---

① 孙飞.新经济发展与制度选择[M].北京:人民出版社,2017:33.
② 陈二厚,齐中熙,张辛欣.中国新经济[M].北京:中国言实出版社,2017:2-3.

第一的位置。

五是财政赤字逐年减少。时任克林顿政府通过采取增税减支政策,联邦财政赤字由1992年的2 892亿美元逐步减少到1996年的1 168亿美元,联邦财政赤字占国民生产总值(GDP)的比重也由1992年的4.93%下降到1996年的3%以下,1997年美国实际联邦财政赤字仅为226亿美元,1998年度实现了728亿美元的财政盈余。

美国新经济的快速发展,是"一场在新的历史条件下以工业经济为起点的,以制度演化、技术创新和经济全球化为动力的新的经济革命"[1],具有深刻的时代背景,突出体现在产业结构背景、政治制度背景与信息技术革命背景三个方面[2],尤其是自20世纪80年代开始的以微电子、电子计算机等高科技产业为先导的信息技术革命使美国经济进入新经济时代,突出表现在四个方面[3]:一是信息革命使美国的产业结构加速从以物质生产为主,向以信息、知识生产为主的转变;二是信息技术和设备的投资成为美国企业投资的重要组成部分;三是信息主导产业的发展和传统产业的信息化及高技术化,大大地提高了美国的劳动生产率;四是信息技术孕育的创新和革命成为推动美国经济未来走向的决定力量。可见,"从美国的经济发展实践来看,新经济是一场由技术创新和制度变迁驱动的经济革命,是一种新的技术—经济范式"[4],不仅创造了世界经济增长周期中"美国的增长奇迹",而且加速了美国从工业经济社会文明向知识和信息社会文明的转型[5]。

随着美国新经济的快速发展,新经济从美国走向世界,不仅深刻影

---

[1] 孙飞.新经济发展与制度选择[M].北京:人民出版社,2017:40.
[2] 孙飞.新经济发展与制度选择[M].北京:人民出版社,2017:26-30.
[3] 宋玉华,杨莉莉.从美国新经济周期的发展看美国经济[J].世界经济,1998(6):12-16.
[4] 孙飞.新经济发展与制度选择[M].北京:人民出版社,2017:31.
[5] 孙飞.新经济发展与制度选择[M].北京:人民出版社,2017:26.

响着世界经济发展进程,而且使得新经济研究成为经济学领域的重要学术增长点,其中,"新经济"概念成为新经济研究的重要内容,对新经济理论内涵及其实践推进均产生切实影响。目前,关于新经济的概念界定与内涵的探讨,可谓众说纷纭,仁者见仁,智者见智,呈现出多角度、多视野的多元化阐释,不仅丰富了新经济自身的理论内涵,而且有效拓宽了新经济的建设空间,促进了新经济理论的进一步发展,为经济学理论拓展、经济学学科体系完善乃至经济社会创新转型发展等提供了参考。

二、国外新经济研究综述

美国作为新经济起源之国,于20世纪90年代取得了令世人瞩目的"新经济增长奇迹",开创了新的"技术—经济"范式,促进了美国新经济的快速发展,适应了新经济可持续发展的时代信息技术背景与经济全球化政治背景的协同演进。1990年,阿尔文·托夫勒(Alvin Toffler)发表《力量的转移》,认为21世纪影响人类的社会力量已经从暴力和财富向知识转移,并多次使用"新经济"概念表示这种以信息和知识为基础的新经济体系。① 1991年,卡内瓦莱(Carnevale)在《美国与新经济》一文中认为强大的生产力、灵活的市场容量和发展速度、产品的高性价比,以及能够满足客户需求是新经济发展的现实基础,评估了新经济中的技术,特别是信息技术的作用和影响;探讨了新经济对企业管理、就业和技术进步产生的影响,以及如何通过新经济的发展来实现经济的良性循环等。② 1994年,美国《财富》杂志在《认识新经济》一文中指出,

---

① 孙飞.新经济发展与制度选择[M].北京:人民出版社,2017:15.
② 董薇薇.国外新经济理论的研究进展[J].技术经济与管理研究,2014(8):75-78.

"我们正处在新经济时代,微处理器、芯片、激光传输等已经成为新经济发展的主要动力。"①1996年,迈克尔·曼德尔(Michael J. Mande)在《商业周刊》发表《新经济的胜利:全球化和信息革命的强劲回报》,明确提出新经济概念,认为它是"技术变革和制度创新引起生产力发展出现重大突破的一种表现形式,是建立在信息技术和其他高科技层面的知识经济"②。霍斯特·西伯特(Horst Siebert)认为新经济能够实现快速发展的根本原因在于创新,创新是新经济产生和发展的基础,其中技术创新是关键,观念创新和模式创新是其发展条件③。法国重要经济学理论著作《经济学词典》④将"新经济"纳入经济学重要词条之一,认为"'新经济'指因电脑处理信息能力大大提高而引起的新型信息技术发展所产生的经济后果。这些新信息技术最显眼的就是网络(net);另外,盎格鲁—撒克逊人还谈论'网络经济'(net economy)。新信息技术的出现对经济的组织和运行所产生的后果可能与20世纪铁路产生的后果一样。由于铁路既作为运输工具又作为特定商品的生产,过去150年的经济大幅增长才有可能。网络,还有网络带动下的商品生产和服务业以及网络涉及的各个部门,包括受严格保护的行政和教育部门在内的生产和交换方式的整体重组,都将拉动未来的经济增长"⑤。

总体观察,国外关于新经济的探讨主要体现在五个方面⑥:一是将

---

① 孙飞.新经济发展与制度选择[M].北京:人民出版社,2017:15.
② 孙飞.新经济发展与制度选择[M].北京:人民出版社,2017:15.
③ Siebert H. The new economy-what is really new? [R]. Kiel Working Papers,2000.
④ 《经济学词典》是法国大学出版社2001年4月出版的,由法国、比利时、瑞士和加拿大法语区等多国的200多位经济学教授、讲师和博士合作完成,2013年,《经济学词典》中文版由中国社会科学院资助出版。
⑤ 克洛德·热叙阿,克里斯蒂昂·拉布鲁斯,等.经济学词典[M].李玉平,郭庆岚,译.北京:社会科学文献出版社,2013:406.
⑥ 宋玉华,王莉.全球新经济发展的比较制度研究[M].北京:中国社会科学出版社,2006:24-30.

新经济特指20世纪90年代出现于美国的经济繁荣现象,如兰德菲尔德(Landefeld)和弗拉梅尼(Fraumeni)认为,新经济是美国在20世纪90年代的扩张,表现为GDP和人均GDP前所未有的强劲增长、更高的投资率以及低通胀和低失业。二是将新经济特指信息通信技术部门或产业,狭义的仅限定在信息通信技术及其相关产业上的硬件生产部门,广义的则还包含软件生产和密集使用相关产品的部门,如塔普斯科特(Tapscott)认为,新经济是一个新的产业部门,集合了计算(计算机、软件、服务)、通信(电话、光缆、卫星、无线)和内容(娱乐、出版、信息提供者)等。三是将新经济视作信息技术与全球化融合发展的产物,如斯蒂芬·谢波德(Stephen B. Shepard)认为,新经济的存在基础是经济全球化和信息技术革命,这两大趋势正在冲击旧的经济秩序,使美国经济结构中国际贸易和投资的作用日益提高,并带来一场效率更高的企业的彻底重组。四是技术创新视角下的新经济,如克里斯托夫·弗里曼(Christophe Freeman)将技术创新分为渐进型创新、重大创新、技术系统的变革、技术—经济范式的变革四类,新经济是以信息通信技术革命为主导的产业技术革命,被看作是一次技术—经济范式转换或更迭,是一种新的技术—经济范式的到来。五是将新经济视作经济转型意义上的知识经济或信息经济,如丹尼·奎(Danny Quah)认为新经济包括信息通信技术、知识资产、电子图书馆和数据库、生物技术等,强调新经济是商品和服务特性的改变,尤其是新商品和服务在消费特性方面变得越来越像"知识",从而具有边际生产成本几乎为零,可以跨越空间和物理障碍、转移成本低廉等特性。

当前,新经济以全球化、信息化为基础,以知识和技术为发展核心,为经济可持续发展提供了强大动力。美国著名经济学家阿尔文·托夫勒(Alvin Toffler)与海迪·托夫勒(Heidi Toffler)在《新经济:好戏还在后头》一文中指出:"想象新经济已经完蛋就等于在18世纪初认为,由于曼彻斯特的纺织业制造商破产,所以工业革命都完结了一样。……今天的股市阵痛并不证明新经济是不存在的。……认为新经济从来都没有存在过,这种想法是可笑的。"同时他们还指出:"经济上翻天覆地的变化刚刚才开始。现在清楚的一点是整个数字革命仅仅是一项更大、更长过程的第一阶段。而这将再次使经济发生脱胎换骨的变化。"①

三、国内新经济研究综述

进入21世纪以来,随着美国新经济的快速发展及其研究的持续推进,国内对新经济逐步重视起来,学术界、政府界与企业界均对新经济进行了深入探讨,新经济在学术层面与实践领域得到广泛关注与高度重视,对新经济的阐释体现出多元化特征,集中体现在以下三个层面。

(一)学术界从多重视角对新经济概念进行了广泛探索,深刻揭示出新经济的本质内涵和时代特征

宋玉华从新技术革命及其引致的第三次产业革命视角对新经济进行了阐释,认为"新经济是人类历史上一次社会生产方式的革命,它代表人类社会经济发展史上的又一次大变革,是一次影响深远的经济转型,即从工业经济社会向信息、数字和知识经济社会转变。新经济既是这种转型的产物,是以信息、知识为基础的新社会经济形态的雏形;同时,从实质上说新经济又是信息经济、知识经济、数字经济、网络经济等

---

① 阿尔文·托夫勒,海迪·托夫勒.新经济:好戏还在后头[J].新经济导刊,2001(8):32-33.

的总称和简明概括"①。李世林认为,"新经济是一场以信息技术为突破口的产业革命,是知识经济、网络经济和数字化经济的集合,在此条件下的技术创新和知识创新的相互交汇,从不同方面发展和突破了传统的经济理论",如生产力理论方面的多要素说、劳动价值论、软劳动创造价值说、新增长模式论、新人力资本说等②。郑卒认为,"新经济是在人类知识资产积累达到一定程度,积聚了巨大的潜能后,在金融创新的驱动下,新兴的生产力迸发出来后而产生的。""新经济的兴起是人类经过一个多世纪的知识资产的积累和必然结果,目前它暂时以网络技术的开发和产业化应用为行导,在不久的将来,逐渐成熟的基因工程技术、纳米技术等其他高新技术还将陆续为它注入新的动力。"③王春法从技术—经济范式的角度对新经济问题进行了分析,认为"新经济实际上既不仅仅是一种经济现象,也不完全是一种技术现象,而是一种新的技术—经济范式的形成与发展"④。刘树成等人认为新经济的含义包含技术、市场运作、资金、政府、客观经济五个层面:① 就技术层面和微观层次来考察,新经济新在它是一个创新的蜂聚期,一大批的新兴高科技中小企业应运而生,迅速崛起;② 就市场运作层面来考察,新经济新在它使竞争空前激烈;③ 就资金层面来考察,新经济新在融资方式的创新;④ 就政府层面来考察,新经济新在政策与制度的创新;⑤ 就客观经济层面来考察,新经济新在它促进了经济周期波动的微波化⑤。陈宝森认为,新经济是"在知识经济技术创新和制度创新的基础上,由信息化和全球化带动的经济结构调整以及微观经济和宏观经济良性互动所导致

---

① 宋玉华.美国新经济发展的制度分析及对中国的启示[J].管理世界,2001(5):24-33.
② 李世林.新经济对传统经济理论的五大突破[N].社会科学报,2001-04-19(2).
③ 郑卒.阐释新经济:一个历史的视角[N].厂长经理日报,2000-07-27(C01).
④ 王春法.新经济:一种新的技术—经济范式?[J].世界经济与政治,2001(3):36-43.
⑤ 刘树成,李实,等.对美国"新经济"的考察与研究[J].经济研究,2000(8):3-11,55.

的结构性劳动生产率的提高"①。郑宇认为新经济概念有狭义和广义之分,狭义的新经济是基于信息技术的全球化经济,是整体经济中以新型企业和新产业为主、成长潜力巨大的部分,以信息技术为代表的高科技产业基本上就代表了新经济。广义的新经济是基于知识经济的全球化经济,新经济并非只是新兴的产业和部门,而更是社会经济内部基因的变化,不仅由信息技术推动,全球化、产业结构调整、政府政策转变也功不可没等②。甄炳禧同样认为新经济概念有狭义和广义两种,狭义新经济主要是指信息技术产业和网络经济(包括电子商务和网络公司业务等);广义新经济主要是指包括知识经济、信息经济、全球经济和网络经济等在内的一种新的经济发展形态和模式,体现了在信息化和全球化条件下,国民经济的内容、运行方式、产业结构及商业周期等出现新的变化③。华民认为,新经济呈现为信息技术、因特网与知识创新的集合,"是一种以信息技术为基础、以知识要素为驱动力、以网络为基本生产工具的新生产方式"④。丁一凡认为,"新经济"最大的特征要属网络,网络使市场信息、新技术得以迅速传播,产生出一系列的连带效应,能使处于网络上的企业都受益,使整体生产率提高⑤。李国杰等认为新经济本质上是工业经济向信息经济(数字经济)过渡,信息技术是未来15—20年发展新经济的主要动力,并从信息技术发展态势视角对新经济发展进行了深入分析,认为"在实现经济转型和产业升级的过程中,新技术能否形成新动能,新动能能否带动新经济,已成为政府部门、产业界

---

① 陈宝森.对美国"新经济"再认识[J].世界经济与政治,2001(6):28-29.
② 郑宇."新经济"的理论与现实[J].现代国际关系,2000(7):31-36,48.
③ 甄炳禧.美国新经济[M].北京:首都经济贸易大学出版社,2001:50-52.
④ 华民.新经济、新规则和新制度[J].世界经济,2001(3):3-8.
⑤ 丁一凡."新经济"新在哪儿?[J].世界经济与政治,2001(6):26-27.

和学术界普遍关心的问题"①。孙飞认为,"新经济是在新一轮全球科技革命和工业革命背景下,由技术创新、制度创新和经济全球化推动的新产品、新服务、新技术、新模式、新业态和新产业等'六新'综合的经济形态,以及由信息技术、制度创新和经济全球化直接和间接催生的以新材料技术、新能源技术、生命科学技术、空间技术、海洋技术、环境技术和管理技术等七大高科技产业为龙头的经济范畴。"②

(二) 政府界对新经济进行了广泛关注,并从经济发展层面对新经济建设进行了深入探讨

2016 年 3 月 5 日,李克强总理首次将"新经济"写入《政府工作报告》,明确指出:"当前我国发展正处于这样一个关键时期,必须培育壮大新动能,加快发展新经济。"③2016 年 3 月 16 日上午,李克强总理在会见采访十二届全国人大四次会议的中外记者并回答记者提问时对"新经济"作了进一步阐释,认为:"'新经济'的覆盖面很广泛、内涵很丰富,它涉及一、二、三产业,不仅仅是指互联网、物联网、云计算以及电子商务等新兴服务业和新业态,也包括工业当中的智能制造、大规模的定制化生产等,还涉及一产当中有利于推进适度规模经营的家庭农场、股份合作社,农村一、二、三产融合发展等。"④2016 年 4 月 15 日,李克强总理考察北京大学国家发展研究院时指出,要积极发展新经济、培育新动能,大力加强新经济理论研究,为我国发展新经济、培育新动能提供

---

① 李国杰,徐志伟.从信息技术的发展态势看新经济[J].中国科学院院刊,2017(3):233-238.
② 孙飞.新经济发展与制度选择[M].北京:人民出版社,2017:17.
③ 李克强.政府工作报告——2016 年 3 月 5 日在第十二届全国人民代表大会第四次会议上[N].人民日报,2016-03-18(1).
④ 李克强总理答中外记者问——在十二届全国人大四次会议记者会上[N].人民日报,2016-03-17(1).

更加坚实的理论支撑;必须依靠新经济,走出一条新的"S型曲线"①。工信部部长苗圩认为,"新经济将会催生一场'新工业革命'",具体突出体现在四个方面:一是智能制造成为制造业变革的核心;二是绿色化、服务化日渐成为制造业转型发展新趋势;三是网络协同创新将重构传统制造业体系;四是内部组织扁平化和资源配置全球化成为制造企业培育竞争优势的新途径②。国家统计局原副局长许宪春认为,新经济的快速成长对我国传统经济的下滑发挥了重要的对冲作用,有利于促进战略性新兴产业、高技术制造业、新产品、新兴服务行业等快速增长,降低传统经济增速下滑带来的整体经济增速下行压力③。2016年7月19日,国家行政学院和国务院参事室联合召开了"深化改革　创新驱动　发展新经济"研讨会,普遍认为发展新经济应以供给侧结构性改革为主线,全面深化行政管理体制、金融体制和科研管理体制等体制改革,消除创新机制障碍、经济发展体制障碍、资源流动和配置障碍,使新的行业、新的业态、新的模式更好地发展。会上,国家行政学院原常务副院长马建堂认为:"新经济是指在经济全球化条件下,由新一轮科技革命和产业革命所催生的新产品、新服务、新产业、新业态、新模式等'五新'的综合。新经济的核心技术基础包含互联网、大数据、云计算、物联网、智能化、传感感应技术等,新经济当前已经从技术变革层面拓展到企业运行、产业融合、社会生活、人类交往的各个维度,正在释放它推动产业

---

① 储思琮.李克强:新经济发展需要更坚实的理论支撑[EB/OL].[2018-04-19]. http://www.chinanews.com/gn/2016/04-18/7838978.shtml.
② 陈二厚,齐中熙,张辛欣.中国新经济[M].北京:中国言实出版社,2017:68-69.
③ 邵海鹏."新经济"时代,政府应该如何作为?[EB/OL].[2018-04-19]. http://www.yicai.com/news/5074168.html.

融合、经济转型升级和社会变迁进步的巨大能量。"①国务院参事室主任王仲伟认为:"新经济是与五大发展理念并生的,新经济是绿色经济,低碳环保是新经济发展的重要目标;新经济是开放经济,兼收并蓄、博采众长是新经济发展的基本路径;新经济是共享经济,在共享中实现多方共赢,多方发展是新经济发展的不竭动力。"②深圳市原市长许勤提出:发展新经济"要突出供给侧结构性改革,一方面要解决供给结构与需求结构不对称的问题,立足于发展新经济,立足于创造新供给,推动供给结构的不断优化,使供给侧跑赢需求侧,实现更高水平的供需平衡。另一方面,要优化供给环境,新经济的发展离不开制度供给、政策供给、技术供给、资金供给、人才供给等支撑保障,需要营造良好的供给环境,引导更多的资源向新经济领域配置"③。

(三)企业界从新经济实践视角对新经济内涵进行了针对性的总结和分析,提出了新经济建设发展面临的机遇和挑战

"面对当前传统产业增长乏力,以高新技术产业、新能源、'互联网+'等为代表的新经济悄然崛起,日益成为支撑中国经济转型升级、提质增效的一股关键力量。"④自 2016 年 3 月李克强总理在《政府工作报告》中首次提及"新经济"发展战略以来,不仅学术界与政府管理层对新经济高度关注和重视,而且企业界也积极投身新经济建设,特别是在

---

① 孙飞.加快发展新经济的着力点和战略举措——"深化改革 创新驱动 加快发展新经济"研讨会综述[J].行政管理改革,2016(9):63-67.
② 孙飞.加快发展新经济的着力点和战略举措——"深化改革 创新驱动 加快发展新经济"研讨会综述[J].行政管理改革,2016(9):63-67.
③ 孙飞.加快发展新经济的着力点和战略举措——"深化改革 创新驱动 加快发展新经济"研讨会综述[J].行政管理改革,2016(9):63-67.
④ 李琳.新经济孕育新希望——上半年"三新"经济发展述评[N].中国信息报,2016-07-27(1).

国家新经济发展政策的推动下,新经济成为经济新常态背景下推进供给侧结构性改革的重要支撑。为此,在数字经济、智能经济、绿色经济、创意经济、流量经济、共享经济"六大新经济形态"快速发展的同时,企业界也对新经济进行了理论思考,进一步深化了新经济的理论内涵与时代特征。瑞穗证券亚洲公司董事、总经理沈建光博士认为,新经济主要指的是当前伴随着技术的发展与进步,出现的新产业、新业态、新型商业模式的变化,其核心基础设施高度依赖互联网,数据成为核心资源,共享无处不在,产业加速融合,新经济的作用正在逐步增大,对于缓冲中国经济增速放缓,能够为中国经济带来新的增长红利①。中国信息经济学会原理事长、民生研究院特约研究员、盘古智库高级顾问杨培芳认为,新经济主要靠信息技术引领,是新技术引发的新的生产和消费活动,主要是指信息经济,也包括新材料、新能源、新流通经济等,特别是在新技术驱动下,新经济得以形成并促进了商业、社交、交通乃至工业、农业等诸多领域的变革,新经济的未来主要取向不是传统产业+互联网,而是互联网+传统产业②。"互联网和数字化正在推动传统经济向互联网经济升级和转型,数字经济、虚拟经济正在蓬勃兴起,已经成为全球关注的重点,正在深刻改变社会的形态和人们生活的方式。"③2017年12月5日,由阿里巴巴集团和世界经济论坛联合主办"企业家高峰对话——互联网时代的新经济"论坛在乌镇互联网国际会展中心顺利召开,全球著名企业家济济一堂,会议围绕新一代信息技术对人类未来的影响、全球企业本土化和本土企业全球化、实体经济和数字经济的转

---

① 沈建光.新经济迎来快速发展战略机遇期[N].中国证券报,2018-04-18(A04).
② 杨培芳.新经济、新理论、新模式[N].企业家日报,2017-06-23(W01).
③ 刘乐平,曾杨希.企业家代表共话新经济——数字经济时代新机遇[EB/OL].[2018-04-23].http://zjnews.zjol.com.cn/zjnews/zjxw/201712/t20171205_5934824.shtml.

型融合、数字创新和路径选择等话题进行了深入研讨,阿里巴巴集团副总裁,阿里研究院院长、高级研究员高红冰认为,"互联网和数字化正在推动传统经济向互联网经济升级和转型,数字经济、虚拟经济正在蓬勃兴起,已经成为全球关注的重点,正在深刻改变社会的形态和人们生活的方式"①。华为有限公司企业业务总裁阎力大认为:"数字化转型一定是物理世界和数字世界的融合,而不是单一的只有数字,也不是单一的只有物理世界,未来的数据一定是打通管理数据、互联网数据以及物联网的数据。"②

四、新经济内涵辨析

"回顾历史上每一次的技术革命,不难发现,紧随其后的就是产业的更替和市场的开拓。"③笔者以为,新经济概念的核心在于"新",本质在于经济层面的变革,它是新环境、新技术、新需求、新供给、新产业等之间的集成产物,具有内在的生成逻辑与运行机理,体现了新一轮产业革命推动下社会生产力的新飞跃,深刻变革着全球经济发展格局与形态转换。为此,有人认为,"用创新推动经济发展和增长的,都可以理解为新经济"④。任何新技术的出现都会促进生产率的发展,也都会造成一段时间的经济繁荣,如蒸汽机、火车、电动机、无线电通信等的发明在历史上都曾造成过经济的空前繁荣⑤,"经济史上的一些重大技术革命,

---

① 企业家高峰对话论坛——互联网时代的新经济[EB/OL].[2018 - 04 - 23].http://www.techweb.com.cn/internet/2017 - 12 - 08/2616339.shtml.
② 企业家高峰对话论坛——互联网时代的新经济[EB/OL].[2018 - 04 - 23].http://www.techweb.com.cn/internet/2017 - 12 - 08/2616339.shtml.
③ 陈二厚,齐中熙,张辛欣.中国新经济[M].北京:中国言实出版社,2017:5.
④ 陈二厚,齐中熙,张辛欣.中国新经济[M].北京:中国言实出版社,2017:5.
⑤ 丁一凡."新经济"新在哪儿?[J].世界经济与政治,2001(6):26 - 27.

如铁路、电力、汽车等,都曾推动了经济的发展与增长,因此,都可以称作'新经济'"①。经济学"S型曲线"理论认为,"每一种技术的增长都是一条条独立的'S型曲线'","当旧动能增长乏力时,新的动能异军突起,就能支撑起新的发展",当"新旧技术的转换更迭,共同推动形成技术不断进步的高峰,从而带动'新经济'的发展"②。

技术革命是现代经济建设与发展的重要驱动力,它不仅有利于提高劳动生产率,增加社会财富,并改变社会经济整体结构,而且促进了新经济的形成与发展。一般来说,从历史上看,技术革命对社会经济的影响通常分为四个阶段:第一阶段是新技术的开发阶段,新技术的开发和使用成本很高,经济效益不明显,生产率增长反而下降;第二阶段是新技术的起飞阶段,新技术产业开始迅速增长,但尚未扩大到其他领域,新技术的受益群体很小,因此社会财富分配不平等进一步加剧;第三阶段是新技术的成长阶段,新技术开始向其他领域迅速辐射,受益群体扩大,经济增长加快,生产率大幅提高;第四阶段是新技术的成熟阶段,社会经济结构调整到位,经济增长趋于平稳③。当前,人工智能等现代信息前沿技术的快速发展,尤其是以人机物高度融合的智能技术(简称人机物智能,也称为人机物三元计算)发展,通过整合云计算、大数据、移动互联网、物联网等现有技术,突破新的科技挑战,实现了物与物之间、物与人之间能够互联,将智能融入万物,实现信息化与工业化无缝对接,达到"智能万物互联",其本质是"通过信息变换优化物理世界的物质运动和能量运动以及人类社会的生产消费活动,提供更高品质的产品和服务,使得生产过程和消费过程更加高效,更加智能,从而促

---

① 刘树成,张平,等."新经济"透视[M].北京:社会科学文献出版社,2001:15.
② 陈二厚,齐中熙,张辛欣.中国新经济[M].北京:中国言实出版社,2017:132-133.
③ 郑宇."新经济"的理论与现实[J].现代国际关系,2000(7):31-36,48.

进经济社会的数字化转型"①,实现使用模式与商业模式创新,为现代社会新经济可持续发展提供了战略机遇。

纵观世界各国的经济发展史,"美国总能够借助新经济创造出经济奇迹。无论是面对20世纪30年代的'崩溃',还是80年代的'停滞',乃至如今的金融危机后的重新崛起,美国都是通过'新经济的钥匙'打开困顿之门。"②"加快发展新经济,是我国适应新常态、引领新常态的一个重要思路和发展路径,对于我国推进供给侧结构性改革,实现新旧动能转换,具有战略性的重要作用。"③当前,随着物联网、云计算、大数据、人工智能等信息前沿技术的快速发展与广泛应用,"经济全球化背景下,由信息技术革命和制度创新催生的新技术、新产业、新业态、新要素、新材料等新经济呈现蓬勃发展的态势。新经济的发展正在带来一场影响深远的社会经济形态变革,以颠覆性技术、创造性破坏,不断催生经济新模式,呈现出高智慧、轻资产、零成本、微行为、众力量等新特征"④。目前,"新经济正在造就一个崭新的时代,它已经奏响了人类迈向新历程的序曲,人类又一次站在进步和发展的起点上,这又一次给了中国跻身世界强国之林的机遇,我们有理由给予新经济更多的认同、更多的关注,倾注更多的激情、更多的智慧"⑤。面对我国经济发展进入新常态模式,在经济发展动力上正处于新旧发展动能转换的接续关键期,在传统动能由强变弱时,特别需要新动能异军突起和传统动能提升改

---

① 李国杰,徐志伟.从信息技术的发展态势看新经济[J].中国科学院院刊,2017(3):233-238.
② 李天真.美国经济启示录:"新经济"崛起背后的逻辑[EB/OL].[2018-04-17].http://money.163.com/15/0217/10/AIL9KNMH00253B0H.html.
③ 向晓梅.适应新常态发展新经济[N].经济日报,2016-05-05(14).
④ 孙飞.新经济发展与制度选择[M].北京:人民出版社,2017:1.
⑤ 郑卒.阐释新经济:一个历史的视角[N].厂长经理日报,2000-07-27(C01).

造,形成新的"双引擎",由此推动经济持续增长、跃上新台阶①。

第三节 "文化新经济"国内外研究综述

"文化"一词广义上是指人类社会的演进历程中所创造的物质财富和精神财富的总和。狭义上是指社会的意识形态,以及与之相适应的制度和组织结构。文化可以是有形的具体存在,但也同时有无形的非物质形式。文化在时间沉淀中被赋予了传统的价值,而被认为是一种具有人文的价值资产。以非物质文化遗产为例,非物质文化遗产作为一种文化资源是人们在长期的生产生活中积累而产生的,依赖于特定的自然环境和人文环境。作为人类文明基因遗传的重要样本,非物质文化遗产资源也是社会价值变迁的最好见证。近年来,依托非物质文化遗产资源,时尚设计、表演艺术等大量创意产业悄然兴起,非物质文化遗产的保护议题在全球范围内再次引发热议。非物质文化遗产资源的商业价值,以及其对相关创意产业的衍生带动,都凸显了文化艺术对经济的渗透和贡献作用。各国也不同程度地意识到非物质文化遗产的保护工作既是对文化传统的尊重,也是对国家创新土壤的滋养。

文化新经济受到知识产权保护的正当性理论可以从道义论(自然权利论)和激励论(功利论)两方面进行解读。道义论或自然权利论的本源,主要基于对美国法之借鉴的功利主义。道义论学者的其中一种观点主张创作者(或发明人)在创作时可基于自身的劳动投入,就劳动成果获取一定的排他权利。而以康德和黑格尔为代表的另一派道义论

---

① 李爱玲.理论热词·新经济[J].前线,2016(6):38.

学者则更加强调人格权,他们认为,创作体现了创作者的人格属性,是他们个体的自我实现,因此创作人对其成果应享有排他权。这种综合了洛克的劳动理论、康德的人格学说和罗尔斯的分配正义的混合道义论学说为文化产业的知识产权保护进行了法律正当性说理。而以马克·莱姆利教授为代表的激励论(又称"功利论")观点,认为知识产权权利较"财产权"的表述而言,更是一种服务于功利目的——即激励创新的、促进社会福利的规制手段。

20世纪80年代以来,以文化和创意为核心内容的文化产业在西方发达国家获得了快速的发展,成为经济发展的重要支柱之一。从全球来看,文化创意产业已成为新经济时代最为鲜明的特征。文化产业的发展规模,已经成为衡量一个国家或城市综合竞争力高低的重要标志。

国外对文化产业的理论研究较早也较为深入,涉及的领域和范畴也较为广阔。国外近年来对文化产业的研究非常重视,涌现出了大批的研究成果,推进了文化产业理论研究的深入。其中,一些有代表性的研究成果有:大卫·索斯比研究了文化产业的同心圆模式,他用实证数据来说明文化产业的文化内容输出就像是一个由核心向外的递减运动,通过使用生产部门中创造性劳动力的比例作为文化内容的代理[1]。劳伦斯和菲利普斯界定了文化产业生产和销售的意义,他们讨论了艺术和商业之间的紧张关系以及管理人员所面临的挑战[2]。杰夫卡特和普拉特认为创造力不是用来维护特定群体组织的,而可能是组织或产业的一部分,同时他们认为管理与创意之间有着相互的作用,并提出了

---

[1] Throsby D. The Concentric Circles Model of the Cultural Industries[J]. Cultural Trends, 2008, 17(3): 147-164.
[2] Lawrence T B, Phillips N. Understanding the Cultural Industries[J]. Journal of Management Inquiry, 2002(11).

一个框架以研究创意生产在知识经济中的动态性。[①]

目前在国际社会中,文化产业并没有一致的统计标准,由于各国国情和文化背景的差异,世界各主要发达国家都对本国的文化产业有一个基本的诠释。

1. 美国

1990年美国国际知识产权联盟(International Intellectual Property Alliance,IIPA)开始用"版权产业"概念来计算创意产业对美国整体经济的贡献。为了与国际标准相一致,美国采用世界知识产权组织(WIPO)正式界定的四种版权产业分类法——核心版权产业、部分版权产业、边缘版权产业、交叉版权产业。按此方法,创意产业几乎全部被列入美国版权产业,所以在美国版权产业就是创意产业、文化产业。

2. 英国

英国20世纪80年代曾使用文化产业的概念,但在1997年后,英国政府又提出发展创意产业,而取代文化产业的概念。英国文体部和创意产业特别工作组定义创意产业为源于个体创意、技巧及才干,通过知识产权的生成与利用,而有潜力创造财富和就业机会的产业。

3. 法国

法国政府在界定和划分文化产业的范围上有所保留,其文化产业的范围因此也相对较窄,主要包括为展现传统文化服务的文化基础设施建设、文化设施的管理、图书出版、电影、旅游业等几个方面,而体育健身、广告咨询等文化产业的边缘产业以及信息传播和信息服务等文化产业与信息产业的交叉行业不在政府文化政策所强调的范围内。

[①] Jeffcutt P, Pratt A C. Managing Creativity in the Cultural Industries[J]. Creativity and Innovation Management,2002(11).

4. 澳大利亚

澳大利亚政府一直重视文化产业的研究和开发，澳大利亚统计局下属的全国文化和休闲统计中心也制定和颁布了《澳大利亚文化和娱乐分类》，这一分类包括行业分类种、产品分类种和职业分类种三大块，在行业分类里，澳大利亚的文化和娱乐产业被划分为遗产类、艺术类、体育和健身娱乐类、其他文化娱乐类四大类。

5. 德国

在德国，文化产业和创意产业的概念并用。从官方统计上来看，德国的创意产业涵盖的范围大于文化产业。创意产业定义最广，就是将相关产业的生产与服务通通涵括进来。艺术、大众产品跟科技之间的结合或是特殊范畴的创新，都可算在内。位于欧洲大陆心脏的德国北威州便是文化产业成功发展的一个典范。北威州文化产业的发展首先要归功于该州强大的经济实力。北威州长久以来就是欧洲的工业心脏，所辖鲁尔区始终都是欧洲最大的工业地区，在强大的经济实力的支撑下文化产业也得以蓬勃发展。其次，鲁尔区经济结构的转型也为文化产业的发展提供了绝好的机会。北威州政府自1992年起每三年便公布一份内容详尽的《文化产业报告》，该报告不仅对文化产业进行准确的、符合当地经济社会发展实际的定位，而且对文化产业的发展状况进行精确的分析和表述，将文化产业提升到了一个战略性的高度。

6. 韩国

以韩国为代表的亚洲国家也在文化新经济领域取得了傲人的成绩。20世纪90年代以后，韩国政府提出推动产业结构向技术密集型和知识密集型产业为主转变的发展战略，文化产业与绿色产业、高科技产业成为优先发展的重点产业。通过政府的大力扶持，韩国文化产业在亚洲金融危机之后快速崛起，实现产值"三连跳"，很快发展成为支柱产业,创造了文化产业领域的"汉江奇迹"。根据韩国文化产业白皮书的定义,韩国文化产业可以分为出版、漫画、音乐、游戏、电影、动画、广播电视、广告、互联网、移动文化信息等10个领域。韩国政府促进文化产业发展的措施体现在政策法律规定、文化机构设置、产业链延伸等多方面,正是这些方面的大量努力才为韩国文化产业崛起提供了良好的外部环境。

2016年,李克强总理提出"新经济"概念,在2017年政府工作报告中,更是明确提出了以创新形式创新业态促进实体经济发展,为"新经济"做出具体诠释。2017年5月11日,第十三届中国(深圳)国际文化产业博览交易会在深圳召开,文化新经济的国家标准路线图首次发布,并在中国文化新经济开发标准研究委员会的指导下,首个国家文化新经济开发标准试验区、首批国家文化新经济开发标准试验基地落户深圳,并发布了国家文化新经济白皮书计划2017纲要,开启了中国文化新经济发展的新纪元。中国文化新经济开发标准研究委员会主任赵迪指出,在新经济的国家经济战略背景下,文化产业的发展需要进行结构化调整,摸索出适合于中国发展现状的、以文化元素为核心驱动的经济新形态。文化新经济以阅读文化、家文化、非遗文化、文博馆藏文化为主题元素,以商业地产、文化旅游、人文社区为应用场景,以IP+系统、政策创新、金融通道为基础工具,通过国家试验区/试验基地建设、分领域国家标准制订调研、国家文化新经济白皮书三种实践路径进行文化新经济的模式探索。文化新经济是以文化元素核心为内在驱动,以拉动文化消费为主要手段,以产业转型升级为最终目的的国家级经济发展战略,涉及金融产业、知识产权、房地产市场、证券市场、文化市场管理与运作、文化消费、无形资产、企业文化、大数据、资本市场、文化资产、科技创新、云计算、非物质文化遗产、市场营销、文化发展规律与模式等诸多方面,是一揽子工程,决定着文化领域经济要素的萌生、发展和壮大,以经济促文化,以文化引导经济发展。文化新经济涉及多个领域、多个部门、多个层面的协同发展与创新,关乎我国文化发展模式的革新、发展方式的转变、发展趋势的引领,继而带动经济腾飞,着力经济反哺文化,实现文化发展与经济发展的良性互动,故当前研究文化新经济具有重要的理论与现实意义,亦是学界关注的焦点。

一、文化新经济的内涵

有学者认为,文化新经济不是文化产业的做法,而是应用经济去变革文化产业,助推文化产业链条式发展,增加文化附加值。文化新经济以文化元素为核心,以文化消费为导向,以产业升级为手段。文化新经济有四个比较确定的元素,分别是文博、非遗、家文化和阅读文化。另有学者认为,应深挖文化元素,进入文化艺术产业、文创设计产业,以"翻译器"的形式把文化元素转变成实体产业,进而转换到制造业、地产业,最终进入营销流程,实现四个产业的协同发展与互动,为供给侧改革提供文化新经济视角。文化本身是一个抽象的概念,须依附一定的载体,委诸于实体产业方能在经济方面有所突破,这也正是文化新经济的价值之所在。但如何建立四个产业链条的衔接,相关机制以何种方式建立,有无规律可循,学界探讨不多,实践亦未积累太多经验。

二、民艺新经济理念

民艺新经济理念旨在尝试以丰富厚实的民艺文化为切入点,探讨文化新经济之道,并期望为以上问题打开突破口。希望经由开创性思维,进行跨界合作,实现多产业融合,为民艺文化从业者打开新视野、新思路。有学者声称,民艺新经济理念充分利用和善用传统文化、非物质文化、民间手工艺等核心要素,通过跨领域合作,进行创新发展,探索可持续发展道路。亦有学者认为,民艺新经济理念肩负社会使命,应把共益的社会影响力摆在首要位置,并得到持续、有效发展。但民艺新经济是一个宽泛的概念,具体涵盖哪些领域,具有什么样的特征和属性,如何实现类型化分析,民艺新经济理念支持者尚未进行具体诠释,学界应当就此进行研究,为民艺产业插上新经济腾飞的翅膀,以更好地带动民艺产业的快速、有序和高效发展。

三、智慧产城建设

深圳天安云谷是城市更新、智慧园区、产城融合三者结合的实践典范,力争为园区内企业打造世界级发展平台,践行产业园区与城市的互动融合,助推城市的发展创新与变革,学界称之为智慧产城建设。智慧产城建设是一种全新的城市模式,较好地解决了工业园区产业发展与城市发展的矛盾,如企业文化与城市文化的协同问题、企业发展模式与城市发展模式的冲突、环境污染问题、产业革新与都市国际化问题、企业知识产权保护与城市知识产权强市战略的实施问题、企业定位与城市发展目标问题等,值得推崇。但智慧产城是一个宽泛且抽象的概念,如何对其进行具体界定,明晰其属性,并对建构模式进行具体设计尚未得到全面论及,有必要进一步展开全面的研究与探索。

四、城市简阅书吧

深圳市书城文化投资控股有限公司创建了城市阅读书吧模式，集图书销售、书画展、讲座等为一体，在吸引读者，实现文化认知与营销结合的同时，最终达到"文化营销"的目的。同时，在社区图书馆的理念下，提供专业阅读服务，利用网络平台加快简阅学堂建设，并以阅读文化基金护航城市简阅书吧模式的顺利实施与推广。有学者认为，城市简阅书吧模式是一种全新的阅读模式，是文化新经济领域的一次重大变革，有利于社会主义精神文明建设。城市简阅书吧模式虽已付诸实践，但效果如何，评价标准是什么及文化营销与改变大众阅读习惯、促进大众新的文化认知的具体关联如何，须选择恰当的切入点展开论证与思考，否则无法得到广泛的应用与推广。

五、文化产权交易创新机制

深圳联合产权交易所（简称联交所）是国内最早从事文化产权交易理论与实践的机构之一，创新性地提出资源资产化、资产资本化和资本证券化等方面的构想，并付诸实践，成果显著。联交所企及为文化创新发展提供全方位服务，包括市场需求分析、产品研发、投融资顾问、基金等一系列金融服务，力争为文化新经济的标准化战略提供决策依据。文化产权交易创新对于带动文化产业发展，催生文化新动力，赋予传统文化新生命，增加文化附加值等方面意义重大。有学者质疑文化产权交易创新促进文化新经济发展的动因是什么；何以打破现有文化发展模式的壁垒；如何设计文化资源的资产化到资本化再到证券化的路径，从而实现制度内、外部的衔接，而这些也确是尚须展开全面研究的问题。

六、文创 IP 研究

文创 IP 领域已走向二次元 IP 资源、文化娱乐 IP、动漫游戏 IP 等精尖领域时代，学界研究聚焦文创产品、品牌形象、创始人形象及文创产品从生产到上市重"文"还是重"创"等问题，声称产品是基础不是核心，品牌形象、创始人形象才是核心。有学者认为，应跃离肖像思维来看文创产品，从产品的社会性价值、情感性价值、功能性价值入手，最终更倾向于性价比。针对功能性产品，除功能价值外，若能兼具社会性价值和情感性价值会更畅销。事实上，文创 IP 应以"创"为主，兼顾"文"，两者相互作用、相互影响。但是兼具社会性价值、情感性价值、功能性价值，对一个文创产品来说是困难的，但只有三者兼具，文创 IP 才能真正发挥其应有的效应。现有 IP 在文创领域的应用依然更关注的是功能性价值，欠缺社会性价值和情感性价值因素，导致好的产品出现滞销。因此，文创 IP 研究应适当倾斜于产品的社会性价值和情感性价值，功能性价值研究虽处于相对饱和但不精尖状态，可相对于社会性价值和情感性价值，严重失衡。如何在保有文创 IP 坐镇功能性价值的同时，增强社会性价值和情感性价值的研究与实践，在三者之间建构一种协调发展机制，有待进一步考量。

七、姑苏文化新经济模式

文化新经济强调阅读文化、家文化、文博馆藏文化等，已经成为姑苏文化产业的新业态，也是姑苏文化的活力之所在。以"书香姑苏"和"文化方舱"为代表的阅读文化，集阅读、体验式娱乐、科普、公共文化服务等多功能于一体；以"园林文化"和"街区文化"为代表的家文化，是文化新经济强调"以商业地产、文化旅游、人文社区为应用场景"的家文化的典范。"博物馆"和"博物馆城"彰显的是文博馆藏文化，形成了以苏州博物馆为龙头、国有博物馆为主体、专题博物馆为特色、民办博物馆为补充、类型多样化、主题多元化的博物馆发展体系，引领着文化新经济发展的新风尚。值得思索的是，苏州姑苏区作为全国首个也是唯一一个经国务院批准设立的国家历史文化名城保护区，因其特殊的文化底蕴和背景、区位等为姑苏文化新经济模式提供了得天独厚的条件和发展空间。此种模式与他种文化新经济模式的区别是什么，有什么共性，在其他区块能否复制，皆须理论界与实务界进一步展开广泛而全面的研究和实践。

八、文化新经济研究院

在中国文化新经济开发标准研究委员会的支持下，上海大学与北京萨博新经济发展咨询中心达成协议，共建文化新经济研究院，将对文化新经济的内涵、实践模式、文化艺术与科技融合、文化新经济标准化及知识产权、文化新经济与中国文化走出去展开合作研究，希冀在文化新经济模式研究、人才培养、智库开发、成果转化等领域组建高水平的研究团队，搭建高效率的市场对接机制，形成高转化的文化IP育成模式。文化新经济研究院是一个研究合作机构，通过研究团队建设，搭建文化新经济研究平台，服务文化新经济发展，力争排除文化新经济的发展障碍，保障文化新经济的顺利健康发展，值得肯定和推崇。但如何实现产研结合，创设关联体系，无缝对接文化新经济发展中的诸多问题，学界涉足不多，研究空间有待进一步拓宽。

第二章
文化新经济的案例分析

第一节 基于维权驱动的版权运营模式分析

美国国际知识产权联盟发布的《美国经济中的版权产业：2016年度报告》显示，以图书、报刊、影视、音乐、广播电视、软件等产业为代表的核心版权产业，在2015年的增加值高达12 356亿美元，占到美国GDP的6.88%[1]。中国新闻出版研究院发布的《2016年中国版权产业经济贡献》调研数据则显示，2016年我国核心版权产业在GDP中的占比已达4.58%[2]。在版权产业蓬勃发展的背景下，随着知识付费时代的到来，版权也成为整个知识产权体系中最容易实现商业运营的权利资产，各种版权运营模式也应运而生。版权运营以版权资产的价值开发和增值为主线，广义上讲包括版权内容的开发、分销、产品化、衍生制作

---

[1] International Intellectual Property Alliance(IIPA). Copyright Industries in the U.S. Economy: The 2016 Report[EB/OL]. (2016-12-06) [2018-07-07]. http://iipawebsite.com/whatanew.html.
[2] 中国新闻出版研究院.2016年中国版权产业的经济贡献[J].中国出版,2018(9): 21-24.

等商业化活动,版权权利的许可、转让等交易活动,以及版权质押、投资等融资活动。

近年来,较为引人注目,也最为惹发争议的是基于维权驱动的版权运营模式——权利人或其授权代理人通过侵权警告、诉讼威胁甚至提起诉讼等法律维权的方式,从侵权使用人那里获得赔偿费、许可费等经济收入。显而易见,该种运营模式针对已经发生的侵权使用行为,大多以诉讼维权为手段,推进版权的价值变现,因而具有一定的攻击性,不仅受到社会广泛非议,甚至遭到法律上的反制。有鉴于此,本节将通过典型案例,系统揭示基于维权驱动的版权运营模式及其特点、问题,并提出相关建议,以供相关主管部门及版权运营主体决策参考。

一、基于维权驱动的版权运营模式的类型

基于维权驱动的版权运营模式,并非始自今日,但近 10 年来发展最为迅速,尤其是 2014 年以来,搜索技术与风险投资的介入,使得基于维权驱动的版权运营业态步入了新的阶段。总体上看,该种版权运营模式可以区分为下列五种类型:

(一)集体管理型

集体管理型是以中国音乐著作权协会(简称"音著协")为代表的著作权集体管理组织的版权运营形态。典型的著作权集体管理被定义为:在集体管理制度的框架中,权利人授权集体管理组织管理其权利,即监督作品的使用,和预期的使用者协商,在适当的条件下,使用者支付适当的使用费后,向其发放使用许可,集体管理组织收取作品使用费

并在权利人之间进行分配①。我国2001年修订的《著作权法》第八条首次引入了著作权集体管理制度,并明确规定著作权集体管理组织可以以自己的名义为著作权人和与著作权有关的权利人主张权利,并可以作为当事人进行涉及著作权或者与著作权有关的权利的诉讼、仲裁活动。

著作权集体管理组织旨在通过集中许可的方式,一方面分担权利人的权利管理与侵权监控成本,另一方面降低使用人的权利人搜寻及谈判协商成本,但它们也不放弃诉讼这种相对激烈的手段来推动版权许可,甚至每年维持一定的诉讼活跃度,来促进行业对版权的尊重。成立于1992年的音著协是我国第一家著作权集体管理组织。检索无讼网站(www.itslaw.cn)收录的案例,截至2018年7月8日(本节关于无讼网站的案例检索时间,均相同),涉及音著协的一审民事案件共有1 742件,音著协自2012年以来每年都有上百件诉讼启动。

(二) 诉讼激进型

诉讼激进型以北京三面向版权代理有限公司(简称"三面向公司")、华盖创意(北京)图像技术有限公司(简称"华盖创意")为代表。三面向公司主要针对文字作品(大多为论文)的网络非法转载展开维权行动,其维权模式通常是:在网上搜索出转载率高的文章后,以汇编出版文章为由低价买进作者的文章版权,然后对各个网站的转载进行公证保全,继而对这些网站提起诉讼,要求赔偿侵权损失。一般每案索赔主张数千元至数万元不等②。

---

① WIPO. Collective Administration of Copyright and Neighboring Rights[M]. WIPO Publication,1990: 6.
② 詹馥静.版权商业性维权的司法应对策略探究——以三面向公司为例[J].法制与社会,2013(25): 141-142.

从无讼网站收录的案例来看,自 2000 年以来,三面向公司参与的著作权民事诉讼案件一共有 4 506 件,并在 2015—2017 年呈现爆炸式增长,仅在 2017 年涉及三面向公司的著作权诉讼就高达 1 317 件。以提起诉讼来赚取侵权赔偿或者借此逼迫侵权网站和解以支付使用费,成为三面向公司版权运营的主要手段,可谓诉讼激进型的代表。

(三) 警告协商型

警告协商型以北京北大方正电子有限公司(简称"方正电子")为代表。方正电子是专业从事中文字库开发的厂商,拥有各种中、西文以及多民族文种字库数百款。方正电子早期以销售字库软件为主要运营模式,结果因盗版等原因入不敷出,后采取字库(单字)版权授权的运营模式,实现扭亏为盈,目前已有 5 000 多家企业购买方正字库的授权[①]。

当然,为了推动行业购买字库授权,方正电子四处向侵权企业频频寄发侵权警告函,借此启动授权价格协商程序,并不惜动用诉讼手段。方正电子起诉宝洁公司擅自使用方正倩体"飘柔"侵犯著作权一案[②],在行业内可谓人尽皆知。从无讼网站收录的案例来看,方正电子因字体版权侵权而提起的民事诉讼案件,自 2010 年以来有 36 件,这说明方正电子还是以侵权警告为主,对提起诉讼相对比较克制。

(四) 技术介入型

技术介入型以"维权骑士"(杭州刀豆网络科技有限公司的运营平台)为代表。"维权骑士"是一个面向自媒体作者与广大内容企业的版权平台,通过数字指纹提取技术与大数据搜索技术在全网范围内对权

---

① 刘仁.字体行业开始形成良性循环[N].中国知识产权报,2017-03-17(009).
② 北京市第一中级人民法院(2011)一中民终字第 5969 号民事判决书。

利人的文章、专栏、影视等各类型内容形态进行查找与线索收录,再由人工智能技术介入进行具备自学习能力的线索筛选与判断,不断提升判断效率。以此为基础向权利人提供图文、小说、漫画、课程、影视等类型作品的版权保护与数据服务。

相比于前述模式,技术介入型的版权运营主体都是技术型公司,拥有作品网络搜索、识别和监控等技术手段,将技术完美地运用到版权维权服务。当然,如果无法通过投诉、协商解决侵权问题时,它们也会动用诉讼这件终极法律武器。从无讼网站收录的案例来看,"维权骑士"的运营主体杭州刀豆网络科技有限公司参与的著作权维权诉讼已有78件,均始于2017年。

(五) 模式混合型

前述运营模式的区分并非泾渭分明,互不往来,有的运营主体往往属于混合模式。比如,中国音像著作权集体管理协会(简称"音集协")可谓集体管理型+诉讼激进型的混合体。音集协自2008年5月成立以来,为获得授权的音像节目积极展开维权,其在2012年后提起诉讼的版权案件数量一直保持较高水平。从无讼网站收录的案例来,涉及音集协的案件量高达85 134件,傲居第一。

而计易数据科技(上海)有限公司(简称"计易公司")则是技术介入型+诉讼激进型相混合的代表。计易公司旗下的"图盾",运用图片搜索技术可以在全网络对权利人的图片进行查找、对比和筛选,向权利人提供图片网络侵权监测、图片侵权证据取证和图片维权服务等图片版权保护服务。计易公司在短短的时间内已经在全国范围内跟120多家律师事务所合作,并签约了一家公证处解决批量侵权证据的公证问题。① 自2017

---

① 徐宁.每天消费图片1.2亿,"图盾"用大数据做图片维权是不是门好生意?[EB/OL].(2017-04-21)[2018-07-08].http://36kr.com/p/5071926.html.

年以来，无讼网站收录的由计易公司参与的图片著作权维权诉讼，已经达到113件。

版权维权涉及的作品类型与权利内容如表2-1所示。

表2-1 版权维权涉及的作品类型与权利内容

版权运营主体	主要业态	涉及作品类型	涉及权利内容
中国音乐著作权协会（音著协）	集体管理型	音乐作品	信息网络传播权、复制权、表演权等
中国音像著作权集体管理协会（音集协）	集体管理型	音像节目	放映权、复制权等
北京三面向版权代理有限公司（三面向公司）	诉讼激进型	文字作品（多为论文）	信息网络传播权
华盖创意（北京）图像技术有限公司（华盖创意）	诉讼激进型	图片作品	信息网络传播权、复制权等
北京北大方正电子有限公司（方正电子）	警告协商型	字库（单字字体）	信息网络传播权、复制权、发行权
计易数据科技（上海）有限公司（计易公司）	技术介入型	图片作品	信息网络传播权
杭州刀豆网络科技有限公司（维权骑士）	技术介入型	文字作品	信息网络传播权

二、基于维权驱动的版权运营模式的特点

（一）集中取得大量权利人的授权

除了方正电子等少数权利人只是维护自己拥有的版权以外，大多数基于诉讼驱动的版权运营主体，获取的是第三方的版权。显然，单一权利人的版权授权难以为其提供充足的版权供给，因此，这些版权运营主体往

往取得了大量的权利人授权,获得了大量的作品资源。比如,为解决版权授权来源,计易公司旗下有一款供摄影师入驻的"图蛙"产品,截至2017年4月已有16 000多个注册摄影师,签约1 000多个,合作的图库有七八家[①]。截至2017年5月,"维权骑士"的签约作者超过12 000名[②]。

(二) 集中于文字、图片、视频等作品类型

目前,基于维权驱动的版权运营主体的维权对象主要以文字作品、图片作品、音乐作品、音像节目、影视作品、计算机软件以及字库(单字字体)为主,尤其是网络环境下侵权使用的文字作品、图片作品,这些侵权领域主要发生在微信公众号、APP、博客、社交网站等网络媒体。另外,据统计,我国与视频相关的案件自2014年以来每年高达10 000多件[③]。

(三) 集中针对信息网络传播权

基于维权驱动的版权运营主体在发送侵权警告及提起诉讼时,涉及的版权权利内容主要是针对线上的信息网络传播权,有的也针对复制权、表演权、放映权等权利,后者主要涉及线下的KTV等经营场所。事实上,随着网络内容产业的发展,网络传播早已发展成为主要的侵权形态。特别是技术介入型的版权运营主体,受限于技术监测的缘故,其维权内容主要针对信息网络传播权。比如,计易公司主要检测的图片侵权对象就是电商类、微信公众号、微博等有价值的目标网站。

---

① 徐宁.每天消费图片1.2亿,"图盾"用大数据做图片维权是不是门好生意?[EB/OL].(2017-04-21)[2018-07-08].http://36kr.com/p/5071926.html.
② 维权骑士.2016—2017年度内容行业版权诉讼报告[R].杭州:杭州刀豆网络科技有限公司,2017.
③ 理脉内容团队.2013—2017年视频领域著作权诉讼案件数据分析报告[R].北京:北京公富信息技术有限公司,2018.

(四) 诉讼攻击相对比较活跃

基于维权驱动的版权运营主体,自然针对的是已经侵权的使用人,或者主张侵权,或者事后授权。因此,以诉讼进行维权的情形比较普遍。2017 年,全国地方各级人民法院共新收知识产权民事一审案件 201 039 件,其中著作权(版权)案件数量为 137 267 件,占新收知识产权民事一审案件总数的 68.28%[①]。如此庞大的著作权案件数量,自然有基于维权驱动的版权运营主体的贡献。比如,从无讼网站收录的案例来看,华盖创意参与的著作权诉讼案件高达 3 719 件(以图片作品维权为主),音集协以 85 134 件案件量雄踞榜首(以音像节目维权为主)(参见图 2-1)。

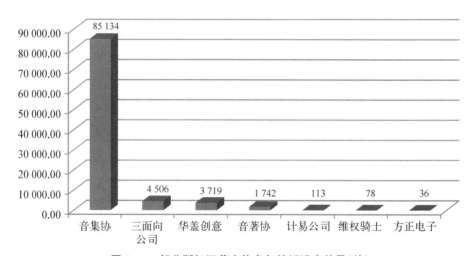

图 2-1 部分版权运营主体参与的诉讼案件量(件)

说明:1. 检索来源为无讼网站(www.itslaw.cn),检索时间截至 2018 年 7 月 8 日。
2. 检索范围为一审著作权民事案件,其中,方正电子仅统计字体版权诉讼案件(不包括计算机软件著作权诉讼案件)。
3. 无讼网站有可能对同一判决书或裁定书重复收录,因此,本数据仅供参考。

---

① 最高人民法院.中国法院知识产权司法保护状况(2017)[R].北京:最高人民法院,2018.

可见,基于维权驱动的版权运营主体,针对侵权人的诉讼攻击比较活跃,甚至给法院带来了不小的审判负担。

三、基于维权驱动的版权运营模式的问题

(一) 欺骗作者的问题

部分版权运营主体在向作者取得版权授权时,并未如实披露取得授权的目的及行使方式,特别是三面向公司曾经以图书出版之名,借机透过出版合同"买断"作者的信息网络传播权,然后四处点火,起诉转载网站,从中牟利,甚至连作者都无法制止其"维权",只能在一边出离愤怒。事实上,多数文字作品的作者,对待著作权仍然只留意精神权利,特别是署名权,而相对忽视其财产权利。虽然三面向公司自称符合著作权法,具有"法律上的合法性",但显然缺乏"社会情理的合法性",从而出现为包括授权作者在内的各界人士所声讨的尴尬局面。[1]

(二) 商业维权的质疑

一些版权运营主体从事的是所谓"商业维权",它作为代理商向权利人买断某一区域内的维权权利,再以权利人名义进行规模化侵权公证,发函或委托律师与侵权人协商谈判、提起诉讼,最终权利人、代理商和律师分享赔偿所得。华盖创意即是把某一地区的图片维权打包给一家律师事务所,进行批量维权诉讼,双方签订风险代理合同,对获得的

---

[1] 袁同成.转型社会中的知识产权文化悖论——基于"三面向版权现象"的法律社会学反思[J].社会科学论坛(学术研究卷),2009(4):85-88.

收益进行分成,一般比例是华盖创意得 70%①。商业维权是权利行使的异化,背离了著作权法的立法宗旨。侵权人对诉讼的正当性也心存质疑,有抵触情绪,增加了案件审理难度②。同时,商业维权依靠规模化赚取利润,必然进行流水作业,导致大批量、低质量案件涌进法院,极大浪费了司法审判资源。

(三) 恶意诉讼的指责

有很多律师和法律专家质疑,华盖创意批量维权的行为不少涉嫌"恶意诉讼""靠诉讼赚钱"。一方面,有的图片版权的合法取得来源,华盖创意并没有提供清晰的证据;另一方面,在华盖创意母公司美国盖帝公司网站上,图片下载价格从 5 美元到 299 美元不等。但对相同的图片,华盖创意并不在其网站标明价格,而在维权、诉讼中单张图片的索赔价格却往往在万元,两者的价格相差悬殊③。此外,令人担心的是,一些运营主体自己在网上四处传播作品,坐等别人使用,伺机维权,显然,这种欲擒故纵式的手法并不是法律所鼓励的。

(四) 非法集体管理的判定

大多数版权运营主体并非依法成立的著作权集体管理组织,如果其获得授权的内容与《著作权集体管理条例》第二条规定的著作权集体管理组织的管理活动在性质、内容等方面均无实质性差异,极有可能被认定为"非法集体管理组织",从而不能以自己的名义提

---

① 曾亮亮.华盖创意的维权是否包含敲诈[N].经济参考报,2012-11-20(008).
② 何震,杨元新.商业化维权对著作权侵权案件审理的挑战与应对[J].法律适用,2012(7):93-96.
③ 曾亮亮.华盖创意的维权是否包含敲诈[N].经济参考报,2012-11-20(008).

起诉讼,并被依法驳回起诉。上海知识产权法院曾判决,深圳声影网络科技有限公司(简称"深圳声影")通过合同获得的权利性质与集体管理组织的权利类似,其以该合同为依据对卡拉OK经营者进行相关管理并提起诉讼的行为,其实质是在行使著作权集体管理组织的相关职能及权利,违反了《著作权集体管理条例》关于除依法成立的著作权集体管理组织外,任何组织和个人不得从事著作权集体管理活动的禁止性规定,因此维持一审判决,驳回了深圳声影诉讼请求[1]。

（五）社会批评的声音强烈

近年来,以华盖创意和三面向公司为代表的商业维权活动主体,因涉及陷阱取证、恶意索赔等趋利性诉讼行为,在理论和实务界引发了诸多争议[2]。对于三面向公司,支持者说它是"网络王海",反对者却称其是"网络碰瓷儿""网络撞车党"[3]。大多数民众对于作品的侵权传播仍然持以宽容的态度,以至于对某些诉讼攻击频繁的版权运营主体,网上一片反对甚至谩骂的声音,此起彼伏,不绝于耳。甚至一些知识分子也对学术论文的"资产化"表达了不满,称三面向公司"以一种非常荒谬的,不让人能接受的方式使像我这种比较迟钝的人方才意识到知识产权的问题是多么大!"[4]

---

[1] 上海知识产权法院(2016)沪73民终144号民事裁定书。
[2] 詹馥静.版权商业性维权的司法应对策略探究——以三面向公司为例[J].法制与社会,2013(25):141-142.
[3] 袁同成.转型社会中的知识产权文化悖论——基于"三面向版权现象"的法律社会学反思[J].社会科学论坛(学术研究卷),2009(4):85-88.
[4] 王晓明.知识是否应当被资产化?[N].新民晚报,2008-05-04(B16).

四、基于维权驱动的版权运营的发展建议

(一)倡议采取温和的维权策略

基于维权驱动的版权运营主体无论属于哪种模式,最终都会选择寄发警告函、协商和解,甚至提起诉讼的手段。但诉讼攻击是维权手段中最为激烈的方式,容易激化各方矛盾,频繁使用诉讼手段也最饱受非议,易引发舆论谴责。因此,对于提起诉讼须谨慎考虑,斟酌再三。最好选择最为温和的和解协商方式,或者向侵权内容的平台服务商进行投诉,妥善化解争议。比如,自 2017 年伊始,"维权骑士"发起成立版权保护联盟,通过联盟共建处理通道,2 万条侵权线索得到高效处理;联盟对外成功处理侵权内容 5 万次,最终进入诉讼阶段的相对而言数量并不多①。这是值得倡议的维权策略,也节省了社会和司法资源。

(二)注意运营行为的合规审查

基于维权驱动的版权运营模式最终需要经受诉讼的检验和侵权方的质疑,因而更应注重版权运营的合规性。首先,要检核自己运营作品的授权来源是否合法,尤其对作者要如实告知版权利用方式。其次,更为关键的是,要避免陷入"非法集体管理组织"的境地。当前,江苏省高院、广东省高院、上海知识产权法院等法院都相继作出终审判决,以原告主体不具备著作权集体管理的法定资格为由驳回其起诉,在一定程度上是针对愈演愈烈的海量"商业诉讼"而采取的应对措施②。如果版

---

① 维权骑士.内容行业 2017 年度版权报告[R].杭州:杭州刀豆网络科技有限公司,2018.
② 刘平.著作权集体管理组织与权利人个体维权诉讼的区别及其解决途径[J].知识产权,2016(9):88-91.

权运营主体取得权利人的授权,就只是为了以自己名义开展诉讼维权,极有可能被认定为"非法集体管理"。

(三) 区别性判赔抑制过度维权

基于维权驱动的版权运营模式本质上就是逐利行为,如果通过诉讼维权可以获得更高的赔偿收益,就会极大地刺激或鼓励批量诉讼的商业维权。当前,一些法院对于电影作品、美术作品、摄影作品等作品的判赔数额相对固定,容易形成维权利益预期,刺激维权向商业化发展。而以权利人收回维权成本为判赔底线,也让法院判决成为商业维权稳赚不赔的工具[①]。因此,针对频频发生的批量商业维权诉讼,建议法院适用低于一般版权侵权案件的赔偿标准,尤其是可以参照稿费标准或者著作权集体管理组织公开的版权收费标准进行赔偿,而不是以侵权人的获利或权利人的损失来计算赔偿额。如此一来,可以大为削弱商业维权的积极性。比如,湖南省高院考虑到音集协 2014 年以来的维权案件数量陡增,即区分初次侵权和重复侵权,以著作权集体管理组织许可费收取标准为依据来确定赔偿数额,既考虑到对知识产权的保护,也考虑到行业发展,平衡了各方利益[②]。

(四) 鼓励构建版权交易生态体系

对权利人、版权运营主体而言,维权只是手段,授权才是目的。技术的发展可以解决侵权监控的问题,也可以减少侵权行为的发生,还可

---

① 何震,杨元新.商业化维权对著作权侵权案件审理的挑战与应对[J].法律适用,2012(7):93-96.
② 湖南高院.2017 年度湖南法院知识产权审判十大典型案件[EB/OL].(2018-04-25)[2018-07-08].http://www.iprdaily.cn/news_18808.html.

以增加版权授权的便利。比如,微信公众号提供的"原创"功能,一旦为作品加上"原创"标签,其他公众号都不能再发布或转载该作品,有效解决了非法转载的问题。再进一步,如果版权运营平台能够通过技术措施,构建一个和谐的版权交易生态体系,以相对便宜的价格为使用人提供一站式、标准化的授权,将大大降低维权活动的频度。毕竟维权手段特别是诉讼维权,既消耗人力和时间,更耗费金钱和司法资源。基于维权驱动的版权运营平台,应当逐渐放弃或慎用比较激烈的维权手段,转而开发更为便利的版权授权系统,既因应版权市场需求,也避免遭遇"非法集体管理"和"降低赔偿标准"的司法牵制。"维权骑士"2018年新上线的版权分发业务中,即对有分发(授权)需求的权利人文章进行大数据分析处理,以精确匹配需求方的实际需求,提升内容分发的效率,这是值得鼓励的方向。

第二节 基于知识产权重大问题的同步实战教学案例

——以"著名商标制度存废"教学过程为例[①]

"加强知识产权人才队伍建设"是国务院2008年发布的《国家知识产权战略纲要》提出的九大战略举措之一。为培养实战型、技能型知识产权中高端人才,以陶鑫良教授领衔的教学团队一直锐意改革,不断拓展知识产权教学方法,依托"知识产权诉讼与仲裁"等课程,逐步探索形

---

① 本教学成果先后获得"2017上海大学校级教学成果奖特等奖""2017年上海市高等教育教学成果奖一等奖"(沪教委〔2018〕25号)。成果完成人:陶鑫良、袁真富、许春明、李红、徐静琳、王勉青、陈琦华、贡小妹、贺斌、詹宏海。

成"基于知识产权重大问题的同步实战教学法",取得了显著的成绩。

一、基于知识产权重大问题的同步实战教学法简介

(一) 基于知识产权重大问题的同步实战教学法之内涵

本成果所称的基于重大问题的同步实战教学法(Vital Problem-based Sync Practice Learning,VPSPL),系基于当前知识产权领域的重大案例、重大问题、重大事件,围绕其中的热点、难点、焦点,进行同步教学、实战演练。近年来,通过依托"知识产权诉讼与仲裁"等课程,实施 VPSPL 教学法,先后聚焦于吴良材眼镜商标案、盛大网络游戏著作权刑事犯罪案、王老吉与加多宝系列争议案等。最近两年则是聚焦于"著名商标制度存废"进行 VPSPL 教学,取得了显著的教学效果。

(二) 基于知识产权重大问题的同步实战教学法之操作模式

实施 VPSPL 的教学过程中,教师是策划者,学生是执行者。通过授课教师的引导,由学生自主发现、动态跟踪当前的重大问题,并基于问题导向、案例驱动,对外输出解决方案或策略建议,实现教学与实践、课内与课外的双向贯通、循环互动。

比如,在"著名商标制度存废"的教学过程中,授课老师组织学生积极寻找、发现和挖掘重大问题,初步形成了五六个重要议题,然后在授课老师的指导下,筛选出"著名商标制度存废"这一难点问题进行深入研究,将全班学生分成立法政策组、民事诉讼组、行政诉讼组等若干个讨论小组,然后围绕同一问题,多角度、多面向全方位立体研究,形成了多种意见并存的课程论文和模拟诉讼判决书。

(三)基于知识产权重大问题的同步实战教学法之特点

第一,与重大问题同步更新。中国当前正在实施"国家知识产权战略",加快建设"知识产权强国",在科技创新和商业竞争的驱动下,知识产权领域不断涌现知识产权重大案例、重大问题、重大事件。依托"知识产权诉讼与仲裁"等课程,实施 VPSPL 教学,持续跟进、同步跟踪其中的热点、难点和焦点问题。VPSPL 教学法最具挑战性的是,为保持与社会重大问题的同步性,必须每隔 1—2 年选择不同的重大问题同步关注。

第二,教学与实践同步互动。VPSPL 教学法通过对重大问题的关注,开展实践性极强的调查研究、方案撰写、对抗性研讨,实现了教学与实践的良性循环。在"著名商标制度存废"的教学过程中,研究生一共发出了 30 余份立法建议书,并进行了模拟立法辩论和行政诉讼,教与学相得益彰,理论与实践相互促进。

第三,输入与输出同步贯通。依托"知识产权诉讼与仲裁"等课程,实施 VPSPL 教学最大的优点就是可以打通课堂内外,实现教学案例输入、教学成果输出。在"著名商标制度存废"的教学过程中,研究生通过挖掘发现该重大问题,进行课堂讨论、课外研究,对外输出了教学成果——立法建议书,获得了全国人大法工委等主管部门及数十家媒体的积极评价,引起强烈社会关注。

(四)基于知识产权重大问题的同步实战教学法之实施效果

第一,培养了研究生的主动性,调动了研究生的积极性。实施 VPSPL 的教学过程,教师是策划者,学生是执行者。在"著名商标制度存废"的教学过程中,从研究选题、组织研讨、立法建言、对外宣传等,全部由研究生自主策划、自主实施、自主安排,很好地锻炼了研究生的主动性和能动性。

第二,培养了战略性实战型人才,深受用人单位好评。VPSPL教学法顺应了知识产权实践性极强的学科属性,因应了知识产权技能性人才短缺的社会需求。通过对重大问题的同步跟踪、前瞻讨论、实战分析,极大地锻炼了研究生对重大问题的战略性角度观察能力,培养了研究生对重大案例的实战性技能,因此,上海大学知识产权研究生有水平、接地气,获得了华为、中兴等用人单位的广泛好评。

二、基于知识产权重大问题的同步实战教学法之创新

(一) 提升学生家国情怀和社会责任感

身在教室、心怀祖国、眼望天下。通过对重大案例、重大问题、重大事件的战略观察和前瞻讨论,研究生挣脱了具体个案的法律细节,而关注重大问题背后的国家利益、民族利益和社会利益,从而提升了学生的家国情怀和社会责任感。

(二) 动态挖掘、聚焦解决重大问题

动态挖掘,持续跟踪,聚焦解决。每次授课皆在授课教师的带动下寻找和发掘当年有探讨价值的重大案例、重大问题、重大事件。近年来,先后聚焦吴良材眼镜商标案、盛大网络游戏著作权刑事犯罪案、王老吉与加多宝系列争议案、著名商标制度存废问题等重大问题。

(三) 教学成果对外循环输出,教学过程贯通课堂内外

教学案例输入,教学成果输出;教学在课内,成效在课外。在"著名

商标制度存废"课堂教学结束后,一门课的教学内容成为一个实战性的课题,通过组织"2017中国高校知识产权研究生著名商标专题研讨会",联合发出著名商标立法建议书,积极将教学成果参与社会大循环,相关新闻报道延伸全国,引发较大的社会反响。

(四)超越课程教学,实现三个跨越

第一,跨学科。著名商标制度问题跨越知识产权与行政法。

第二,跨学院。法学院/知识产权学院与管理学院联合推动著名商标制度存废研究,举行了跨学院、跨学科的讲座。

第三,跨学校。吸引了20余所大学的学生参与著名商标制度存废讨论和联署立法建议。

三、基于知识产权重大问题的同步实战教学法之应用情况

通过实施VPSPL教学法,取得了显著的成效。以著名商标制度存废的教学过程为例:

(一)全国人大法工委等部门高度重视,积极反馈和高度评价

(1) 2016年4月,研究生发出著名商标立法建议书31份,分别针对5个地方部门文件、8个地方人大法规、18个地方政府规章。2016年,收到陕西省和上海市共2份书面回函。同时收到了福建省、海南省、黑龙江省等五个省市相关部门的回复。2016年4月26日发出的31份著名商标立法建议书如下:

- 关于撤销《陕西省著名商标认定与管理暂行规定》的建议(2016.04.26)

- 关于撤销或废止《重庆市著名商标认定和保护条例》的建议（2016.04.26）
- 关于废止《上海市著名商标认定和保护办法》的建议（2016.04.26）
- 关于撤销《北京市著名商标认定和保护办法》的建议（2016.04.26）
- 关于撤销《黑龙江省著名商标认定和保护暂行办法》的建议（2016.04.26）
- 关于撤销《山西省著名商标认定和保护办法》的建议（2016.04.26）
- 关于撤销《西藏自治区著名商标认定和管理暂行办法》的建议（2016.04.26）
- 关于撤销《北京市著名商标认定和保护办法》的建议（2016.04.26）
- 关于撤销《安徽省著名商标认定和保护条例》的建议（2016.04.26）
- 关于撤销《甘肃省著名商标认定和保护条例》的建议（2016.04.26）
- 关于撤销《河北省著名商标认定和保护条例》的建议（2016.04.26）
- 关于撤销《湖北省著名商标认定和促进条例》的建议（2016.04.26）
- 关于撤销《吉林省著名商标认定和保护条例》的建议（2016.04.26）
- 关于撤销《四川省著名商标认定和保护条例》的建议（2016.04.26）
- 关于撤销《浙江省著名商标认定和保护条例》的建议（2016.04.26）
- 关于撤销《福建省著名商标认定、管理和保护办法》的建议（2016.04.26）
- 关于撤销《广东省著名商标认定和管理规定》的建议（2016.04.26）
- 关于撤销《广西省著名商标认定和保护办法》的建议（2016.04.26）
- 关于撤销《贵州省著名商标认定和保护办法》的建议（2016.04.26）
- 关于撤销《海南省著名商标认定和管理办法》的建议（2016.04.26）
- 关于撤销《湖南省著名商标认定和保护办法》的建议（2016.04.26）
- 关于撤销《江苏省著名商标认定和保护办法》的建议（2016.04.26）

- 关于撤销《江西省著名商标认定和保护办法》的建议(2016.04.26)
- 关于撤销《辽宁省著名商标认定和保护办法》的建议(2016.04.26)
- 关于撤销《内蒙古自治区著名商标认定和保护方法》的建议(2016.04.26)
- 关于撤销《宁夏回族自治区著名商标认定和保护办法》的建议(2016.04.26)
- 关于撤销《青海省著名商标认定和保护办法》的建议(2016.04.26)
- 关于撤销《山东省著名商标认定和保护办法》的建议(2016.04.26)
- 关于撤销《天津市著名商标认定和保护办法》的建议(2016.04.26)
- 关于撤销《新疆维吾尔自治区著名商标认定和保护办法》的建议(2016.04.26)
- 关于撤销《云南省著名商标认定和保护办法》的建议(2016.04.26)

收到陕西省和上海市共2份书面回函,如图2-2、图2-3所示。

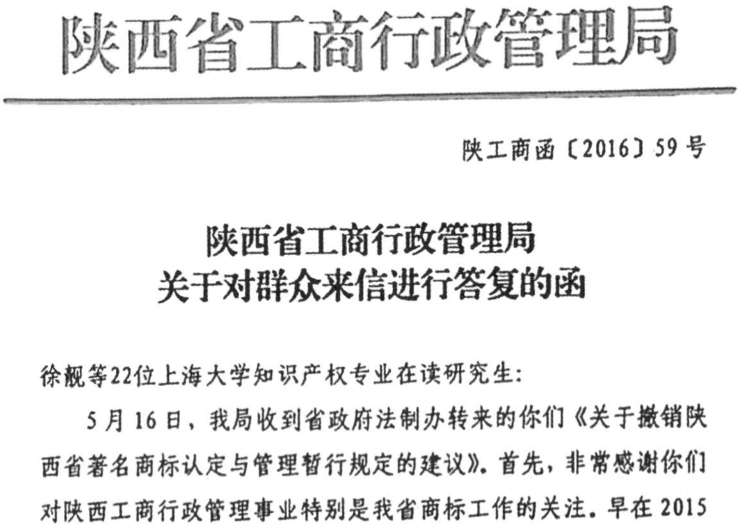

陕西省工商行政管理局

陕工商函〔2016〕59号

陕西省工商行政管理局关于对群众来信进行答复的函

徐靓等22位上海大学知识产权专业在读研究生:

5月16日,我局收到省政府法制办转来的你们《关于撤销陕西省著名商标认定与管理暂行规定的建议》。首先,非常感谢你们对陕西工商行政管理事业特别是我省商标工作的关注。早在2015

图2-2 陕西省书面复函截图

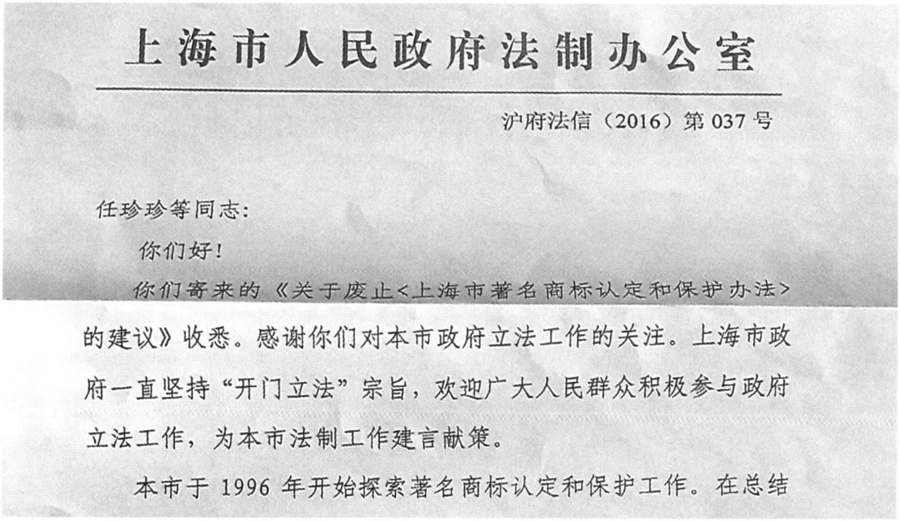

上海市人民政府法制办公室

沪府法信〔2016〕第037号

任珍珍等同志：

你们好！

你们寄来的《关于废止〈上海市著名商标认定和保护办法〉的建议》收悉。感谢你们对本市政府立法工作的关注。上海市政府一直坚持"开门立法"宗旨，欢迎广大人民群众积极参与政府立法工作，为本市法制工作建言献策。

本市于1996年开始探索著名商标认定和保护工作。在总结

图2-3 上海市书面复函截图

（2）2017年4月，研究生发出著名商标立法建议书2份，分别致全国人大法工委和国务院法制办"请求开展著名商标地方立法调研"。全国人大常委会法工委将前述立法建议转送给了重庆市人大常委会办公厅，并提出了"请研究并于2017年6月9日前反馈意见"的要求。

（3）2017年6月，全国人大常委会法制工作委员会法规备案审查室主任梁鹰接受《法制日报》记者专访时，对前述著名商标立法建议如是评价："法学专业大学生通过这种方式来关注国家法治建设，真的让我很受触动。"

（4）2017年6月，国家工商总局局长张茅宣布，已经通知各省区市停止著名商标评比，回应了"著名商标制度存废"教学探讨的结论。

（5）2017年11月，全国人大常委会法工委就《关于对有关著名商标地方性法规提出的审查建议的复函》（图2-4），专门回信研究生银文等。

全国人民代表大会常务委员会法制工作委员会

法工备函〔2017〕58号

关于对有关著名商标地方性法规
提出的审查建议的复函

银文等同志：

你们提出的对《重庆市著名商标认定和保护条例》等有关著名商标地方性法规进行审查的建议收悉。我们对有关著名商标的地方性法规进行了梳理，并依照立法法第九十九条第二款的规定对审查建议提出的问题进行了研究，征求了国家工商总局、国务院法制办、最高人民法院等单位的意见，并赴地方进行了调研，听取了部分地方人大、政府法制部门和工商行政管理部门、部分企业和行业协会、商标代理机构

图 2-4 全国人大法工委书面复函截图

（二）媒体广泛报道，社会影响较大

（1）2017 年 4 月 22 日，研究生自主举办"2017 中国高校知识产权研究生'著名商标'专题研讨会"，会议成果被中国知识产权报、澎湃新闻、法制日报等报道 11 次，并被转载 30 余次（表 2-2）。

（2）2017 年，研究生银文等就著名商标制度存废，接受北京青年报、南方都市报、澎湃新闻、中国知识产权报、上海知识产权杂志等五家媒体采访。

表 2-2 "2017 中国高校知识产权研究生'著名商标'专题研讨会"媒体报道情况

新 闻 报 道	媒体或出处	转 载 网 站
世界知识产权日的"中国青年说"	中国知识产权报官网	人民网、国家知识产权局官网、上海知识产权频道
著名商标"返璞归真"正当时	中国知识产权报官网	人民网、中国知识产权资讯网、上海知识产权频道
著名商标,想说爱你不容易	中国知识产权报官网	人民网、中国知识产权资讯网、搜狐网
百名研究生上书全国人大常委会,建议废止重庆著名商标法规	澎湃新闻	腾讯新闻、搜狐新闻、网易新闻、hao123新闻、新浪网
法规、司法解释与法律抵触怎么办——详解全国人大常委会备案审查工作各环节	法制网	中国人大网、hao123新闻、法律图书馆、中国普法网等
商标品牌价值大小以及是否侵权应由市场说了算——取消著名商标认定是政府职能归位	法制网	大众网、中华网
这届上大知产学生太牛!联名建议废除我国"著名商标"法律规范	智合法律新媒体	搜狐网
工商总局"叫停"地方政府商标评选认定	法制日报	人民政协网、央广网、人民网、搜狐网、风行网、新浪新闻等
我院知产研究生上书全国人大法工委,《建议》得到回复	上海大学法学院官网	
"2017中国高校知识产权研究生'著名商标'专题研讨会"隆重举行	微信订阅号文章	
知识产权研究生致全国人大法工委请求开展著名商标地方立法调研的建议		

(3) 2017年11月,《财新周刊》记者单玉晓等发表专题采访报道:《向著名商标宣战》。

(三)组织全国性研讨会,激发学术研究兴趣

(1)研究生自主组织"2017中国高校知识产权研究生'著名商标'专题研讨会",北京大学、中国人大、中国政法等21所高校的150多位研究生参会,极大地锻炼了研究生的大型会议组织能力。

(2)研讨会收到中国人民大学、大连理工大学等高校研究生会议论文21篇,会议论文即将出版。我校研究生等就著名商标已在报刊上发表文章多篇。

(3)参与著名商标制度存废教学研讨的李骥等研究生已经考上或正在报考博士研究生。

附:参与"著名商标制度存废"教改项目的部分硕博士研究生感想

上海大学　银文:

从课题讨论、调研各地"著名商标"条例,到寄出"著名商标"立法建议书并得到回应、引起反响,历时两年。在这两年中,同学们的精诚合作、学院的支持,以及陶老师、许老师、袁老师等多位老师的引导、帮助,让我们能一直学有所用,在实践中不断磨砺自己与创造价值。作为一名知识产权专业的研究生,非常庆幸自己能够完整地参与"著名商标"系列活动,这样的机会与平台都是可遇而不可求的。我想,无论是对"著名商标"制度还是对研究生自身的发展而言,这都是一件意义极其深远的事。希望研究生们对著名商标予以持续关注,能够继续推动我国"著名商标"制度的变革。

上海大学　徐靓:

从课程中的课堂话题探讨,到课堂外陶老师述说我国驰名商标二

十年之怪象,再结合到生活中处处可见的标注了著名商标字样的商品,作为一名知识产权学子,在课堂内外的专业探讨和陶老师的引导帮助下,开始走上这条实践出真知的道路。参加著名商标课题以来,我个人既对商标法中的驰名商标制度有了更加全面、深入的了解,同时通过课题相关的学习研究更广泛地接触到了国内行政法、立法法、各地的著名商标条例,是一次全面的实践和学习。对于我个人而言,收获是课题中拓展了个人的法律视野,同时受到了法律是在实践中不断巩固和成长的熏陶。

上海大学 李骥:

通过这一次组织并参与全国高校知识产权研究生"著名商标"专题研讨会,一方面通过与来自全国的知识产权研究生针对著名商标问题进行深入的探讨,让我对著名商标问题有了更深入的全方位的认识,开阔了我对于这一问题的视野;另一方面让我真正置身于一次学术活动的全过程中,并与来自全国的研究生朋友们建立了良好的友谊,锻炼了自己各方面的能力。

中国政法 汪源:

通过参加上海大学主办的著名商标研讨会,增进了学力,丰富了视野,对该问题有了更为深刻的理解。个人在会后反思认为:著名商标表面上看是各省为增强省内品牌竞争力与美誉度而为的行政行为,而更为深层次则暴露出我国相当大一部分群体对商标作用和商标制度的严重误读。非常感谢上海大学给了全国的知识产权研究生提供了一个各抒己见、献计献策、思想碰撞的机会,能够切身参与其中,我感到非常荣幸。

华东政法　李若源：

特别感谢上海大学师生精心策划组织的此次论坛,不仅给了我们这些大多是初入学术研究殿堂的小硕们"学术首秀"的机会,更让我们体会到了各自思考视角不同给看待问题的思维带来的巨大提升。通过一日的交流学习,我发现要想正确处理复杂的法律问题,追根溯源可以寻求问题的起因、探寻法理可以探究问题的性质、扎实调研可以决定方案的去留。难忘乐乎楼英才荟萃、脑力激荡的一日,陶老师、袁老师、许老师工作繁忙之际仍全程聆听,为学生成长付出的一片丹心,感动、感恩！

中国人大　龚秋剑：

非常荣幸能够参加上海大学举办的全国高校研究生著名商标研讨会。在会议准备和举办的过程中,深切体会到全国高校知产学子通过这一重要平台,相互交流、相互借鉴、相互启迪、集思广益,真正形成著名商标制度方面的新理念、新观点、新思路,为持续完善我国商标保护制度,促进国家知识产权事业发展,贡献了我们的智慧和力量。商标保护制度与发展同步,与创新同行,需要各方共同努力、共同参与,感谢上海大学为此付出的努力与汗水。

大连理工　郭晓梅：

非常感谢陶老师给我们此次针对著名商标问题进行学习、交流与探讨的机会。知识和友谊是我在本次著名商标研讨会上的最大收获。通过观点分享与交流,使我对著名商标的系列问题有了更深入的思考,对著名商标的态度也在经历了不断的思想斗争后最终确定下来。在会内、会外与同龄人的交流,也使我们逐渐从陌生到熟悉,并建立了深厚的"革命友谊"。最后,再次感谢陶老师为我们提供这次宝贵的机会。我想,作为一名法学研究生,用行动推动国家法律变革的经历会使我毕生难忘。

大连理工　黄朔:

2017中国高校知识产权研究生"著名商标"专题学术研讨会于4月22日在上海大学召开,我非常荣幸能有机会参加此次学术研讨会,此次研讨会提供了一个集思广益的平台,让我对著名商标有了更深入的认识。各地著名商标制度乱象丛生,存在严重的异化现象,长期以来,围绕著名商标存废问题一直争议不断。我的发言题目是"对我国著名商标地方立法与规范的统一调研与指导",其中也对著名商标的异化现象进行论证,并提出调研的紧迫性与必要性。参加此次研讨会的都是各个高校的优秀学子,在他们的发言中不乏精彩的言论,让第一次参加学术研讨会的我产生了不小的压力。其中来自华东政法的一位博士生的发言让我印象深刻,她认为如今著名商标已经"泛滥",标有著名商标的产品比比皆是,著名商标产生的积极作用有待商榷,另外即使废除著名商标之后还会出现别的类著名商标,如何杜绝这种现象值得我们深思。然而我只是想当然地认为著名商标存在积极作用,对著名商标的认识也止步于存废问题,没有进行更加深入的思考。通过听取各家精彩发言,让我深刻认识到自己知识储备和认识水平的不足,对于同样的问题思考深度远远不够,同时也让我认识到虽然以自己现在的水平可能不会有很深刻的想法或见解,但是我相信只要愿意去思考去琢磨,自己的学习能力和认知水平都会不断地提高。最后,我要特别感谢上海大学举办了如此成功的学术会议,更感谢陶鑫良教授等对我们的关心和帮助,感谢他在学术上对我的谆谆教导。通过这次大会,我增长了见识,丰富了经历,也认识到了自己的不足,在今后的学习中我也将更加努力。

重庆理工　师一顺:

回顾上学期有幸参与的著名商标研究生学术研讨会,依然觉得幸运之至、收获满满。坦白讲,这是我第一次以一名研究生的身份参与到一次学术会议之中,第一次总是难忘的,值得回味的,意义深远的。首先,这次会议让我体会到了学术交流的乐趣与意义。原先"学术"与"研究"这两个词在我心里一直是古板的、拘谨的,而这次的学术会议是愉快的、轻松的,在场的都是专注于同一领域的同辈研究生,没有压抑的氛围,没有门户的偏见,只有各抒己见的自由和观点碰撞的愉悦。通过这次会议,我知道了何为学术交流,我学会了如何做一个学术报告,我理解了很多不一样的学术主张,我爱上了做学术的这份纯真与美好。其次,这次研讨会同样是全国研究生的一次欢乐的聚会,除了知识的收割,还有友谊的收获。通过这次活动我有幸结识了来自人大、中国政法、华东政法、中南财经、西南政法等各高校的硕博研究生伙伴。会议期间,我们畅谈学术、畅聊人生,真正的畅快不已。虽然大家面对面相处的时间不足两日,但友谊是可以保鲜长存的。以著名商标论坛为纽带,我们并没有中断交流的快线,微信的互动、学术的分享时时刻刻发生着。这次研究生研讨会带给我太多的美好回忆以及前进的动力。时至今日,我依然清晰记得那天大家报告交流的情形,清晰记得自己上台发言前的紧张激动,清晰记得上海大学研究生同仁们忙碌服务的匆匆身影。回顾以往,我想感谢陶鑫良教授全力推动这次青春美好的盛会,感谢默默服务的上大会务组成员,感谢带来新鲜学术观点的参会小伙伴! 会议结束了,但我对学术的热爱才刚刚开始。

重庆理工　杨珊：

上海大学知识产权学院的著名商标论坛这个活动举办得非常成功。在学术方面，通过现实当中著名商标的各种乱象，深刻并充分地讨论了我国商标领域老大难问题——著名商标制度存在的问题、对策及未来趋势和走向。这使我收获颇多。在交流方面，本次活动以文会友，汇集全国各大高校的知识产权专业青年才俊。不仅展示了上海大学知产学院浓厚的学术气氛，而且为全国的知识产权学子提供了一个交流的平台。这相当于为我打开了一扇新的大门，看到了山外青山楼外楼，开阔了眼界。最重要的是，虽然没有追星那么疯狂，但是能够见到陶老师、袁老师等学界令人慕名已久的大咖，领略大师风采，简直可以用幸福来形容啦！最后就是要感谢上海大学能够全程提供周到热情的各项服务，能办这样的活动可以说是非常有魄力和格局。

第三节　知识产权社会服务
——园区知识产权托管

一、上海紫竹高新区知识产权托管的实践

上海紫竹国家高新区规划面积13平方公里，由大学校区、研发基地和紫竹配套区三部分组成。于2001年9月批准成立，2002年6月奠基，2011年6月升级为"国家高新技术产业开发区"，汇聚和形成了包括集成电路与软件、生命科学、新能源、新材料、航空航天、数字内容等多个高科技产业在内的园区产业结构，进驻了多家世界500强公司的地区总部、研发中心，成为跨国公司技术溢出和人才溢出的重要源头，推

动了相关高新技术产业在高新区的集聚。经过多年来的辛勤耕耘与不懈努力,紫竹国家高新区已建设发展成为环境优美、配套完善、研发机构集聚、产业精英荟萃、创新资源丰富、产城融合的功能集聚区。

【资料】 紫竹高新区开展园区知识产权托管

为了帮助初创期的科技型中小企业解决打理知识产权这一"金娃娃"的问题,紫竹高新区开创了知识产权托管模式——引入的专业第三方机构不仅是中小企业的智力"高参",还将行使"医生"职能,诊断潜在的专利风险,为企业提供服务的新模式。紫竹国家高新技术产业开发区党委书记骆山鹰表示,在讲求"开放式创新"的今天,知识产权的价值正在"提前"。它不再仅是保护自己创造的价值的武器,而成为互补有无、创造更大价值的"敲门砖"。高新区推出的知识产权托管正是应对这一变化而提供的新型服务,打造由专业机构为企业提供知识产权标准化服务和日常咨询的平台,有助于企业增强知识产权意识,强化知识产权布局。而找到上海大学知识产权学院这一合作方,则一举解决了困扰知识产权托管的专家来源问题,也使知识产权托管长效化、稳定化成为可能。

资料来源:沈湫莎.紫竹张江等高新技术园区率先开创知识产权托管模式[N].文汇报,2015-02-10(2).

(一)开展知识产权托管的意向

在园区企业的走访过程中,园区发现作为园区重要发展力量的中小型科技企业,专业人员缺乏,传统知识产权服务的针对性不足,中小型科技企业的知识产权工作举步维艰、收效甚微,同时,对于园区一些大企业的知识产权服务要求,园区也很难及时进行响应和满足。这些问题不但影响到企业的知识产权工作和经济发展,也对园区完善科技服务创新体系,提升知识产权服务能力的目标实现构成了障碍。为了有效解决上述问题,更好促进园区和企业知识产权工作的开展,高新区在2011年下半年与上海大学知识产权学院进行了多次沟通和协商,达成了为期一年的合作意向,开展园区知识产权托管的可行性研究,探索园区知识产权托管的发展路径。

在这一年的意向合作中,通过连续的走访、访谈和调研,结合企业的要求和园区自身条件,园区认为开展知识产权托管工作,不但有必要,而且也是完全有可能的。基于园区已有的高科技产业结构、科技企业和人才集聚的发展状况,以及区内当时正式启动的以中国(上海)网络视听产业基地为核心的文化科技产业的建设,知识产权工作的重要性毋庸置疑,为企业量身定制知识产权的一揽子服务,提供知识产权公共服务和专业化服务成了园区科技服务创新体系的应有之义;与此同时,通过知识产权托管,引入外来的知识产权专业力量,不但可以完善园区孵化器功能,有效帮助园区中小企业开展知识产权工作,还可以满足大中型企业知识产权服务的专门需求。通过知识产权托管,构建园区知识产权服务体系,提升园区的科技服务能力,扩大园区产业集聚的吸引力,为高新区的创新及快速发展增添动力和活力。

意向合同的一年工作开展以来,根据区内企业反映的问题和要求,托管研究的成果,以及托管工作的部分成果,园区上下对知识产权托管达成了共识,决定正式开展知识产权托管工作。

(二)确立知识产权托管的基本模式

园区知识产权托管从无到有,先从小企业入手,数量不在多,但贵在又专又精。首批知识产权托管于2012年正式启动,园区联合上海大学知识产权学院正式签署了知识产权托管协议,成立了知识产权办公室,定期派驻专家、研究人员在岗在位答疑解惑,随行园区走访企业排忧解难。首批选择的入托企业共5家,均为根据企业意向,由园区挑选出来的科技型中小企业,有一定的科研成果基础,却没有像样的知识产权工作经验。由于企业数量不多,首批托管采用了园区统筹协调下的知识产权顾问的托管方式,通过一对一,即一家企业对一位知识产权专家的形式开展托管工作。经过几个月的试点,知识产权托管取得了一系列的进展,不但成功推进了试点企业华鸢机电与高新区内的申联生物医药开展多肽合成仪的项目对接,而且还帮助试点企业东锐风电解决相关知识产权纠纷;协助试点企业冠勇控制企业发展中的知识产权风险,助推企业参加伦敦奥运会网络监控的投标等。

通过园区的知识产权托管,帮助企业在软件著作权申请上实现零的突破;通过协助企业对技术路线进行论证,确定了企业研发路线,减少企业在创新时走弯路,帮助企业节约了研发时间与研发成本;还通过协助企业搭建网络维权渠道,通过其提供的网络版权维权服务,辐射带动相关企业的知识产权保护意识与能力的提升。正是首批托管取得的这一系列先期成果,坚定了园区开展知识产权托管的信心,为全面推行知识产权托管奠定了基础。

【案例1】 冠勇科技,央视春晚的幕后英雄

上海冠勇信息科技有限公司是由CEO吴冠勇博士领衔,上海交大博士团队、上海交大技术转移中心和上海市大学生科技创业基金会在紫竹园区共同创建的。这家民营信息科技企业成立于2011年4月,2012年冠勇科技参加了紫竹高新区的首批知识产权托管。依托园区知识产权托管服务,企业已在信息科技领域拥有了达到国内领先水平的多项自主知识产权,并以其FBI-VIDEO影视版权监测系统过硬的技术,先后为土豆网、乐视网和央视春晚节目做了全程网络监控服务,获得了企业初创期的初步成功。冠勇科技的成功不仅来自创业团队的较高起点,而且也来自企业从领导层就极为注重科技成果的推广应用和知识产权的管理保护,同样也离不开紫竹高新区孵化平台的哺育、知识产权托管的支持、科委对公司的专业市场形成的支撑,还有政府部门人保局等政策扶持的各种助推能量。

冠勇科技的成功案例说明,面对市场的激烈竞争,科技企业的核心竞争力在于不断坚持科技创新,重视知识产权工作。同时,企业应积极依托高新区、协会的专业帮助,主动寻求政府政策的积极支持,以加速企业的发展。

资料来源:王悌云.他们,是央视春晚的幕后英雄[N].上海闵行,2015-08-10.

(三) 全面推行知识产权托管

基于意向托管和首批托管所产生的良好效果,园区开始全面推行知识产权托管。2013年5月30日,"知财论道"——上海紫竹高新区企业知识产权管理论坛隆重举行,会上园区正式宣布紫竹高新区开展知识产权托管项目,希望通过知识产权托管,进一步提升紫竹高新区知识产权工作水平,推进园区知识产权环境建设,提高区内企业知识产权创造、运用和保护与管理能力。为了使得知识产权托管能够落到实处,切实对园区和企业起到帮助作用,紫竹高新区以建设上海知识产权示范园区,申报和建设国家知识产权试点园区作为园区开展知识产权托管的航标,依托知识产权托管的各项具体工作和措施,逐条开展和完成试点示范园区建设的各项指标任务,并在这一过程中达到有惠于园区和企业的目标。

1. 园区知识产权托管

紫竹高新区通过知识产权托管办公室,嫁接、建设各种渠道,介绍、引入专业的知识产权服务机构,并在办公室的监督下,在总—分—总的知识产权管理下,为高新区企业提供有效的知识产权服务。一是园区的知识产权服务工作。包括知识产权咨询和建议;知识产权培训;知识产权政策、新闻、案例和"知识产权咨询"介绍;企业知识产权工作相关的合同、制度流程等示范文本或模板提供等。二是引入专业的知识产权托管机构,结合市场操作,帮助企业开展知识产权经营性服务活动。三是通过建立高新区平台,提供政策优惠通道,帮助企业提升知识产权资产经营管理水平等知识产权工作。

经过三年多的知识产权托管,园区已经形成了相应的知识产权服务体系,为落实国家、地方知识产权战略及其实施计划,提高园区知识产权服务水平,推进园区知识产权文化氛围建设做出了积极的贡献。

2. 企业知识产权托管

园区知识产权托管不但要在园区层面上建立知识产权服务体系,完善科技服务创新体系,更重要的是要在帮助推进园区企业的知识产权工作,包括为孵化小微企业提供知识产权给养,培育科创企业的发展;通过提供支持和扶持手段,帮助中小企业克服知识产权的人、财、物困境;通过提供知识产权专业服务和渠道,帮助大型企业解决发展中遇到的问题。截至2015年6月,仅在中小企业的知识产权托管工作上,园区在中小企业申请的基础上,通过审核,已经分期、分批组织了30余家企业入托,取得了良好的成效。其中,上海汉翔信息技术有限公司于

2018年10月在美国纽交所成功上市。

【案例2】 上海紫竹高新区知识产权托管助力汉翔胜诉"337"

2011年11月底,紫竹园区开展知识产权托管后,知识产权托管办公室就在例行走访中对上海汉翔信息技术有限公司进行了调研。办公室了解到汉翔公司在知识产权工作方面已经有了初步的积累,在手机输入法市场领域呈现出快速发展的态势,已经有可能威胁到该行业领导者的市场地位,因此向汉翔公司提出了进行专利申请部署和积极应对可能发生争议的准备工作。

随着汉翔公司的触宝输入法市场占有率逐步提升到全球第二,并且其产品开始打入美国市场后,问题接踵而至。2012年12月底,在手机输入法市场占有率最高的T9输入法的权利人,美国纽昂斯通信公司突然对汉翔公司进入美国市场的触宝输入法及手机产品提起5项"337"调查,要求美国的国际贸易委员会(ITC)裁定汉翔公司侵犯其专利权,并对汉翔公司的触宝输入法进入美国发出禁令。对于纽昂斯这种国际科技巨头而言,利用"337"调查所产生的高额诉讼费用拖垮进入市场的中小型创业公司,从而消灭或者吞并竞争对手,获得对方的知识产权和市场份额是十分常见的竞争手段,在此之前纽昂斯公司已经向汉翔公司发出了并购邀约,在被汉翔公司拒绝后,纽昂斯公司十分罕见地一次性提出了5项"337"调查,试图以诉讼手段打压汉翔公司的目的昭然若揭。

汉翔公司在收到美国方面递交的诉状后,除了立即联系帮助其申请PCT专利的美国飞翰律师事务所的律师应诉,同时在第一时间找到紫竹高新区知识产权托管办公室,希望办公室能够协助其应对"337"调查。托管办公室陪同汉翔公司奔赴上海市知识产权局寻求政策支持,得到了积极回应。托管办公室还进一步联系一批知识产权方面的专家、律师等共同会诊、研究此案,商讨如何通过国内司法程序影响纽昂斯在美国启动的"337"调查。

汉翔公司采纳了会诊专家们的建议,在其公司的有效专利中选取了与纽昂斯输入法最为接近的技术方案,用最快的时间完成了诉状撰写、证据保全、法院立案、涉外送达等程序,赶在2013年6月"337"诉讼质证阶段前完成了汉翔公司对纽昂斯公司的起诉。同时,汉翔公司还委托了专利代理公司,就纽昂斯的同族专利提起了无效宣告请求。通过这样两个措施,终于使得汉翔公司在美国和中国两个战场上扭转了不利的诉讼形势。

"337"调查对大部分中国企业来说,意味着极为高昂的律师费用和不熟悉的法律程序,而中国境内对国外企业提出的诉讼,也存在着因不了解所带来的心理压力。基于对风险的回避和对成本的考虑,在2013年7月,汉翔公司与纽昂斯公司双方表达了和解的意向,由此开始了一轮又一轮冗长而艰巨的谈判。整个谈判过程同样富于戏剧性,其中最紧张的莫过于在双方要进行和解的关键时期,却遭遇了美国政府因债务危机临时关门,在ITC不办公的时间,纽昂斯公司又突然发难,在原来已经基本达成一致的和解协议基础上再提出了一个不平等的条件,如果双方无法达成一致,那么一旦ITC开门办公,整个案件就将进入实体审理阶段,不仅前期的努力付之东流,由此产生的后续费用和诉讼风险也难以控制。在经过了汉翔公司与律师的深入交流后,仔细判断了纽昂斯公司的心态,认为其真实意图是为了在原有基础上再获取一些额外利益,并非是真的想推翻原有和解基础,而为了让对方回到原来的立场上,必须再增加"压倒骆驼的最后一根稻草"。于是律师根据汉翔公司提供的证据资料做好了反垄断投诉的准备,并且让汉翔公司通过各种渠道向对方透露了我方即将采取行政投诉的信息。情势再次转向平衡,2013年10月21日,双方终于签订了和解协议,纽昂斯公司向ITC申请终止其针对汉翔公司提起的"337"专利侵权调查,汉翔公司新一代输入法产品可以自由进入美国市场了。

汉翔公司此次能够在众多中国企业都栽了跟头的"337"调查中赢得漂亮的一仗,一方面离不开其自身长期以来对知识产权的重视和积累,另一方面也得益于紫竹高新区推出的知识产权托管。高新区通过这项托管工作,汇聚了一批知识产权管理、服务、诉讼方面的专家学者,一旦高新区内企业有知识产权工作方面的需求,均可以对号入座找到有经验、有能力的专家为企业出谋划策,解决实际问题,这就大大节省了企业的时间成本和筛选工作,从而能够以最快的速度应对问题。同时,由于高新区在日常工作中和专家建立了良好的合作关系,当高新区企业需要服务时,不仅在时间上可以得到及时响应,在费用上也能够获得最为优惠的待遇。以此次汉翔应对"337"调查为例,汉翔公司的在国内反诉纽昂斯公司的实际支出控制在一个非常低的水准,但获得的实际效果却是非常理想的。

资料来源:吴海寅.上海紫竹高新区知识产权托管助力汉翔胜诉"337".紫竹知识产权通讯,2013年专刊。

二、上海紫竹高新区知识产权托管的成果

(一) 知识产权创造量质同步提高

托管的三年中,紫竹高新区的企业在知识产权申请上出现了三个

方面的变化：一是在专利申请数量上趋于理性，更加注重专利质量；二是更加重视知识产权运用和保护能力的提升；三是知识产权影响力不断增强，涌现了一批有代表性的企业，如国家纳米工程研究中心、吉尔生化（上海）有限公司、上海至纯洁净系统科技股份有限公司、中国航空无线电电子研究所等。截至 2015 年年底，高新区累计的专利申请量约为 17 390 件，其中发明专利约 16 040 件，约占总申请量的 92%，专利授权量为 9 236 件，其中发明专利 7 888 件，约占总授权量的 85%，每万人专利拥有量约为 4 712 件，每万人商标注册量为 0.91 个。

（二）知识产权管理水平逐步提高

1. 改进知识产权政策体系

从工作规划和政策体系建设的角度而言，紫竹高新区 2013 年起每三年制定《紫竹国家高新区知识产权三年行动方案》，并严格按照方案予以执行。同时，高新区根据企业的实际需求和发展特点，适时出台了促进知识产权工作的相关政策，帮助企业从创造、运用、保护、管理和人才培养等多方面提升知识产权综合能力与实力，有效地促进了企业的发展。另外，知识产权作为主要指标已列入紫竹高新区的统计范围，并已形成月报制度。

2. 完善知识产权工作体系

从工作体系建设的角度而言，高新区成立了知识产权工作领导小组和工作小组，在机制、体制上保障知识产权工作的顺利进行。知识产权领导小组由紫竹高新区党委书记、副总裁任组长，各子公司领导为领导小组成员，投资服务中心总监担任工作小组组长，旨在把知识产权服务全覆盖到所有注册在高新区的企业。高新区领导多次在相关会议上强调指出要重视知识产权工作，提升知识产权工作的深度与广度，在工作机制上开拓创新。同时，高新区还给予了人、财、物的全方位支持，并配备专职人员和专项资金。

3. 提高知识产权运用转化能力

高新区积极推动知识产权产业化项目,促进专利、商标、版权的许可转让工作,一方面促成邀请专家、学者对企业探索知识产权转化机制进行指导,帮助企业实现科研成果转化,开发知识产权许可、转让、投融资等多种运营手段。另一方面以高新区产业集聚发展为目标,为区内企业建立沟通合作机制,延长园区产业链,完善区内企业相互的关联度和支撑性,构筑产业的完整性,实现园区的产业集聚到集群的发展。

4. 提高知识产权保护水平

园区通过提供咨询、资源和渠道等方式,帮助企业提高知识产权保护意识,掌握知识产权维权方式,通过诉讼或非讼方式实现维权成果,帮助区内企业走出国门,在国际市场上通过知识产权诉讼等方式,有效维护企业的知识产权权益。正是经过各种措施并举,高新区知识产权保护情况较好,从未发生群体性、反复、恶意知识产权侵权事件,知识产权保护工作的社会反响良好。

(三) 营造了良好的知识产权文化氛围

紫竹高新区不断整合宣传资源,加大宣传的覆盖面和普及率,以提高紫竹高新区企业对知识产权工作重要性的认识。在国家、上海市、闵行区知识产权局的指导和帮助下,紫竹高新区采用各种方法开展知识产权宣传活动,不但在园区内形成良好互动,也通过巡回展示等方式将影响扩展至周边地区。通过各类宣传活动,园区在各个层面全面普及了知识产权相关知识,树立企业知识产权保护意识,提升企业创新意识。另外,紫竹高新区还特别编纂了季刊《紫竹知识产权通讯》,方便企业了解高新区知识产权动态、高新区企业知识产权情况及专家观点。

(四)助推园区取得国家及省市级荣誉与资质

紫竹国家高新区建设至今,已经获得了数十项国家及省市级荣誉与资质,包括"海外高层次人才创新创业基地""中国(上海)网络视听产业基地""国家新型工业化产业示范基地(软件与信息服务业)""国家科技兴贸创新基地(生物医药)""全国文明单位""全国模范职工之家""上海国家生物产业基地""上海信息服务产业基地""上海品牌园区""长江经济带国家级转型升级示范开发区"等。其中,在知识产权工作方面,遵循逐步积累、循序发展的指导思路,高新区知识产权托管工作成绩得到了充分肯定,不但得到了企业的高度评价,增加了园区产业发展的吸引力,也得到了国家、市、区知识产权局的认可。紫竹高新区2009年被评为上海市知识产权试点园区;2012年成为上海市版权工作服务站,并被评为上海市知识产权示范园区;2013年被评为上海市版权示范园区;2014年被评为国家知识产权试点园区;2015年被评为全国版权示范园区(基地);2017年被评为国家知识产权示范园区等。

三、园区知识产权托管的必要性和可行性

知识产权管理之于产业园区的重要性在当下已经毋庸置疑,未来只会更加重要。而在园区企业类别百态、产业发展不一的情况下,知识产权托管在园区的知识产权管理中有着独特的地位和作用。

(一)园区知识产权托管的必要性

1. 扶持中小企业发展的需要

产业园区中很多创新型企业都是中小企业,奠定国家经济基本面

的中小企业容纳了社会绝大多数的劳动力,中小企业集群也是园区发展的基石,所以,园区为区内中小企业特别是创新型中小企业提供知识产权托管是园区扶持中小企业、促进区内经济发展的重要手段。由于任何风险对于中小企业造成的伤害都可能是致命的,因此,为园区中小企业特别是创新型中小企业提供适合这些企业发展的知识产权管理服务有助于帮助这些企业的顺利发展。

对中小企业而言,知识产权管理并非企业发展面临的主要问题。一般来说,中小企业开展知识产权管理面临如下三大问题:① "三无"的现象。因为受企业规模和资金限制,大部分的中小企业并未配备知识产权部门或专业人员,造成了在知识产权管理与运营上无投入、无部门和无人员的处境[①]。② 研发技术模仿多、创新少。很多中小企业的技术来源于对大企业或国外技术的效仿和改进,自主创新不足,容易造成知识产权侵权等问题。③ 缺乏知识产权意识。中小企业尽管是以自主创新立足,但这些企业既不知道如何保护企业自身的知识产权,也不知道如何避免侵犯他人的知识产权。这反映出中小企业缺乏保护自主知识产权的意识和能力,会成为企业未来发展的潜在风险和阻碍。中小企业对知识产权管理的态度是既有需求又由于人力、物力的原因而无法兼顾,因此,需要园区从整体经济角度考虑,能够为中小企业提供知识产权托管来帮助企业解决这些基本的知识产权管理问题。

2. 完善园区知识产权管理体系的需要

对于产业园区来说,科技含量高、低耗能、高附加值产业已然成为园区产业发展的主导,高新技术企业、创新型中小企业等正在成为园区企业分布的重点,企业、产业的知识产权不仅日益凸显经济效益,保护

---

① 彭文胜,刘逸星.企业知识产权战略与实施方案制作指引[M].北京:法律出版社,2009:131-135.

知识产权也正在成为企业的自觉意识,也向企业所在的园区提出了要求。由于知识产权管理是一项政策性、专业性极强的工作,从目前我国产业园区特别是基层园区的知识产权工作机构和人员配备的整体来看,存在着机构权责不清、工作内容不明、人员配备不够、业务能力不足等诸多问题。根据企业发展的基本要求,园区的知识产权管理需要为区内企业提供科学的管理机制、高效的工作机构、完备的政策体系、优质的服务平台和及时的保护预警等一系列知识产权措施。同时,园区企业在行业、规模、投资等方面存在巨大差异,园区知识产权管理需要通过系统化工程,构筑完整的专业化、高端化服务,才能满足不同企业、不同产业在不同阶段的知识产权服务需求。知识产权托管是园区知识产权管理体系中重要的组成部分,可以在为园区企业和产业复杂需求提供有效解决方案和发展路径,这不仅是知识产权托管作为一种管理模式设计的目的所要求的,也是被近年来园区知识产权管理实践的经验所证明了的。

(二)园区知识产权托管的可行性

1. 我国的知识产权产业发展迅速

知识产权作为企业的一项重要资产,是企业不可缺少的生产要素和经营要素,拥有的自主知识产权的数量和质量,直接决定了企业竞争力的高低。企业在市场竞争中也认识到了这一点,因而我国知识产权的数量逐年连续增长,而且企业的专利授权量已经占据了专利授权量的90%以上,与国外发达国家的发展趋势相符,也证明了在我国,企业已经成为技术创新的决定性力量。

日益增长的专利授权量、商标注册量、作品登记量更产生了大量的知识产权服务的需求,然而目前的知识产权服务体系与企业的要求差距越来越大,服务机构的服务质量良莠不齐,这给企业在选择服务机构时带来困扰。这种现状迫切需要能够综合管理知识产权事务的机构来满足企业日益增长的知识产权服务的需求,而知识产权托管机构明显优于现有的很多知识产权服务中介机构的一点就在于能够集合起社会上最有经验、专业能力最强的专业人才队伍,为知识产权事务提供最为优质快捷的服务。因此日益增长的知识产权数量使对知识产权托管机构的需求变得紧迫。

2.企业的知识产权积累明显

大量中小企业的知识产权从无到有,整个社会拥有知识产权的企业的数量也日益增长,可是与之相对照的是,我国国内知识产权市场和保护环境制度还不够完善,国内中小企业面对的管理成本、侵权风险也随之水涨船高。知识产权托管的实施和落实,可以带动企业的发展信心,增强企业的市场竞争力。通过高效的知识产权专业管理,企业能够更加自信地走向市场,并在知识产权竞争中再开发、再进步。中小企业虽然拥有一定的创新性知识产权,但由于先天在规模、资金、人才等方面存在不足,在优胜劣汰的市场竞争中往往无法充分发挥知识产权的竞争力,而通过知识产权托管,不仅可以扬长避短,推动企业的发展与进步,保持自由市场的生机与活力,还将有助于中小企业解决受制于人力、物力、财力和知识产权专业知识背景下的知识产权管理与保护工作问题。

四、园区知识产权托管的模式

(一)园区知识产权托管的目标和内容

1.园区知识产权托管的主要目标

《中小企业集聚区知识产权托管工作指南》第一条第三款规定:

"知识产权托管的目标是构建供需对接平台、优化资源配置,引导、推动和帮助各类企业与优秀知识产权服务机构开展紧密合作,为企业提供知识产权公共服务和专业化服务,有效提升企业的知识产权创造、运用、保护和管理能力,培育一批知识产权优势企业。"在国家制度政策的鼓励下,产业园区在区内积极推广知识产权托管的主要目标则是为了使得区内企业可以尽快形成知识产权意识、完成技术能量积累、掌握知识产权制度使用规则、开展知识产权资产的商业化经营等。

结合国家知识产权托管的目标要求以及区内企业知识产权工作的实际要求,园区开展知识产权托管工作需要制定具体的实施方案,针对区内企业的不同类型和发展阶段要求,确立不同的托管层次目标。

一是针对一般企业的知识产权托管。这是知识产权托管服务的底层服务,主要包括企业知识产权的申请、获取、日常管理和保护等事务性内容。

二是针对中小型企业的知识产权托管。这是当前我国知识产权托管的主要形式,是一种服务于企业知识产权资产经营管理需要的综合知识产权委托服务关系。由于中小企业囿于自身规模、成本和发展的需要,这种托管服务往往采用外包服务的形式。

三是针对知识产权大中型企业的知识产权托管。这类服务是立足于企业内部知识产权职能部门管理的特殊需要,依靠托管机构的知识产权高端服务能力所提供的特色服务,是知识产权服务中的顶层服务形式。

只有根据不同层次的企业托管要求,才能有效地确定知识产权托管目标。其中,一般企业的知识产权托管是开展知识产权工作的基本内容,满足拥有知识产权的企业的最低要求;中小型企业的知识产权托管目标定位较低,以树立知识产权管理意识,建立知识产权清单,建构知识产权管理机制,预防知识产权侵权和保护知识产权为主要内容;大中型企业则对知识产权托管提出了较高的专业性要求,以开展知识产权战略研究,建立知识产权数据库和专利导航,从事知识产权资产运营,开发知识产权商业模式等为托管的目标内容。

根据园区知识产权托管工作经验,在企业确立明确的托管目标后,园区可以通过引进、推荐知识产权托管服务机构,为区内企业提供知识产权托管公益服务,开展与知识产权托管相关的宣传、培训和孵化,加强知识产权托管监管等,实现园区的知识产权托管目标,并最终达到落实国家知识产权托管目标要求。

2. 园区知识产权托管的主要内容

为了满足区内企业的知识产权服务需求,园区知识产权托管的主要内容包括:

(1)解读国家知识产权战略、法律法规、政策规章。在我国,知识产权制度政策对于企业知识产权工作的有效开展具有重要意义。因此收集、整理国家及地方政府制定颁布的各类知识产权制度政策并进行有效研究和解读,对于企业领会精神并在实践中加以落实具有重要意义。通过制度政策的解读,适时地提醒和提供对策与方案,也是园区为企业特别是中小型企业提供福利的重要内容。由于企业往往缺乏专业性知识产权人才,因此通过园区的协助,尽快掌握国家制度政策,对于企业及时享受国家资助,规避知识产权制度风险是大有裨益的。

(2)建立、执行、监督、完善知识产权的制度和平台。园区可以利用社会公共服务平台和园区自有服务平台,整合社会资源以及园区资源,为区内企业提供知识产权制度、文件等范本,帮助企业开展专利、商标、软件著作权等查询、登记等日常事务;开通知识产权绿色通道,帮助企业在遇到知识产权问题时可以迅速找到方法解决问题。

(3)协助企业开展知识产权资本运营。提供场地、线路和数字化平台,帮助企业实施专利、著作权的试点、示范工程,协助企业开展品牌战略,实现品牌经济价值等。引进金融、评估、知识产权中介机构等各方力量,建立知识产权发展基金,帮助企业开展轻资产经营等。建立知识产权交易渠道,建立园区企业新兴技术的孵化机制和成熟技术的输出机制,引进各类资本开展园区合作,探索技术+产业的结合模式。

(4)定期进行知识产权宣传、培训。积极参加政府组织的各类知识产权宣传和展示活动;编写、发布、寄送知识产权相关宣传资料、简报、手册和活页;组织与知识产权有关的论坛研讨知识产权热点和焦点问题等。组织讲座、沙龙等为企业普及知识产权知识;为企业提供知识产权经验和案例;组织、督促企业培养中高级专利工程师、知识产权工作者等专门人才;鼓励企业中高层、员工参加各类知识产权培训和活动,提高企业知识产权认识水平。

(5)建立与政府、相关部门的沟通协调渠道。园区应发挥政府行政管理部门、行业组织和企业沟通的渠道作用,及时向企业传达、通知、提醒各级政府的相关信息和政策,及时转达企业的相关要求,邀请政府部门、专家学者及社会行业组织人员召开座谈会,建立通畅的沟通渠道和路径。

3. 园区知识产权托管流程

根据园区知识产权托管工作内容,知识产权托管流程主要环节如图2-5所示。

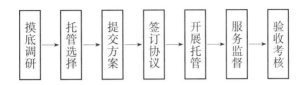

图 2-5 园区知识产权托管流程

园区开展知识产权托管中,需要注意以下工作环节:

(1) 建立健全的知识产权托管工作机制。配备专职知识产权托管人员,建立知识产权托管工作网络;将知识产权托管工作纳入工作目标管理之中,加强对知识产权托管的引导、服务、监督和协调。

(2) 强化知识产权托管的政策导向。把知识产权托管纳入园区管理工作的考核指标。在园区发展计划的制定、审查和考核中,强化知识产权托管指标内容。

(3) 开展知识产权托管的宣传培训工作。有计划、分层次、分类型地组织开展知识产权的宣传、培训工作,重点是在企业领导、中高层管理人员、科技研发人员中普及知识产权教育,使其认识开展知识产权托管的重要性,保证企业的知识产权托管工作的顺利进行。

(4) 建立知识产权托管平台。充分利用政府、社会资源和托管服务机构力量,建立园区知识产权托管信息网络共享平台,方便为企业提供随时查询、跟踪和监督托管事务进度的服务,指导企业充分利用专利信息资源,开展技术创新,提高园区知识产权托管工作的服务效率。

(5) 推进园区知识产权的产业集聚和商业开拓。园区开展知识产权托管的主要目的是为了促进企业创新发展、园区产业集聚。知识产权托管的重点是协助中小企业的知识产权产业化、规模化,充分利用园区平台开展知识产权交易,促进种子企业孵化成功,吸引更多的企业加入园区形成产业集聚持续发展。

（二）园区知识产权托管的实施方案

园区为了贯彻、落实国家、地方知识产权战略实施政策措施，提升园区的创新能力和产业集群水平，结合园区自身的定位和企业特点，在区内推行知识产权托管，为企业和知识产权服务机构嫁接知识产权托管渠道时，总会先行制定园区的知识产权托管工作实施方案，以便于知识产权托管工作的有序开展。

1. 调研阶段

积极参加各级政府召开的与知识产权托管工作相关的工作会议，领会制度政策精神，根据各级政府的政策要求，结合园区工作实际，制定园区知识产权托管工作方案，确定园区知识产权工作的目标和工作规划。

园区内实地走访或召开区内企业工作会议，对各类企业的知识产权状态进行摸底、调研、登记和汇总。

根据推荐、交流和筛选，确立园区知识产权托管服务机构名单以及知识产权托管服务内容。

根据走访调研的成果，在企业、园区双向选择、自主自愿的基础上，结合园区工作目标、条件和部署，确定在相关企业中开展知识产权托管。

整理需要知识产权托管的企业资料，向企业推荐知识产权托管服务机构，为企业与机构之间建立知识产权托管提供有效沟通平台和渠道。通过园区、企业、托管服务机构的三方协商，由园区与托管服务机构签署《知识产权托管工作协议书》，由区内企业与托管服务机构签署《实施知识产权托管工作协议书》。

2. 托管实施阶段

根据企业知识产权工作需要,结合知识产权托管服务内容,确立不同的知识产权服务套餐。

(1) 制定知识产权制度。

① 拟定知识产权托管企业的托管工作的实施目标及其实施细则。

② 指导建立托管企业的专利、商标、版权、商业秘密的知识产权管理制度以及相关人事制度。

(2) 知识产权档案管理制度。

① 建立托管企业的知识产权业务制度。将合同、知识产权研发和实验记录、知识产权的申请、答辩、授权文件、PCT申请等文件资料存档,并根据业务进展变化及时更新状态等。

② 已有知识产权法律状态的跟踪制度。根据企业已有知识产权法律状态,跟踪法定保护期限、及时答辩、缴纳费用等;针对竞争对手以及关键领域的专利、商标等公布信息的跟踪监视;对已有知识产权在市场中被侵权和可能被侵权的情况实施监视并及时采取措施等。

③ 采用电子化管理,建立具有申请管理、客户管理、时限管理、财务管理等功能的知识产权管理系统,便于档案查询和利用。

(3) 知识产权人才培养。

① 对托管企业全员培训。对专利、商标、软件著作权等知识产权知识开展普及性教育,使企业增强法律意识,遵守保密协议和合同保密条款,掌握企业的知识产权制度和守则等。

② 对托管企业知识产权管理人员和技术开发人员的培训。管理人员和开发人员需要掌握技术查询、研发、应用中的知识产权保护问题;了解申请、维护知识产权的条件和策略;掌握判断知识产权侵权的方法和回避手段;了解知识产权的保护方法;采取有效措施开展知识产

权许可和转让。

③ 对托管企业负责人的培训。认识企业知识产权战略工作的重要性,建设企业知识产权文化,培养创新发展意识,积极支持和推进知识产权托管工作。

(4)信息化管理。

① 建立知识产权数据库,便于相关知识产权信息查询。

② 建立与国家行政管理业务部门以及社会公共服务平台的对接的信息化平台。

③ 对托管数据及时备份,保障数据完整性和安全性。

④ 建立信息管理制度和流程。

(5)专项服务。

① 根据托管企业的需要,提供专利、商标、版权、软件著作权等知识产权申请、登记、授权等专项代理服务。

② 根据托管企业的需要,提供知识产权许可、转让等合同的谈判、实施、备案等专项法律服务;起草有关专利、商标申请,专利、商标和软件著作权的转让、许可、登记备案等所涉法律文本的专项委托法律服务。

③ 根据托管企业的需要,参与知识产权谈判,为托管企业提供尽职调查;对引进的技术进行法律状态及有效性鉴定,产品出口时对知识产权进行侵权评估等专项委托服务。

④ 根据托管企业的需要,对知识产权的价值进行评估,出具评估报告;参与知识产权质押、担保、投融资等金融服务。

⑤ 根据托管企业的需要,为知识产权案件的仲裁、诉讼,提供专项法律服务,包括取证、调解、谈判、起诉、开庭、上诉、执行等。

(6)监督考核。

① 中期检查和考核。园区根据《协议书》规定,对企业与知识产权

托管服务机构进行中期托管工作检查和考核,考核目标,如检查托管企业的知识产权管理制度、知识产权档案制度、对知识产权法律状态专人负责监视和维护制度情况;检查托管企业专利、商标、软件著作权等申请消零和质量情况;检查托管企业通过培训实际落实贯彻知识产权管理的情况和事例。

② 验收检查和考核。根据中期检查和考核结果,围绕工作经验和意见建议做出工作调整,深入知识产权托管企业,落实知识产权托管工作的细节。托管到期后,全面审核《协议书》履行情况和目标完成情况,签署验收报告,可以由园区、托管服务机构和知识产权托管企业向知识产权相关行政部门进行汇报和备案。

3. 总结阶段

全面检讨《知识产权托管工作协议书》和《实施知识产权托管工作协议书》的落实情况,主要包括以下几个方面:

一是知识产权托管工作的工作目标。检查园区和企业的知识产权托管目标和工作的完成情况及完成质量。

二是知识产权制度建设,包括企业内部各项知识产权制度制定情况;各项制度实施情况,机制配套是否健全,机构人员配备等。

三是托管企业的宣传培训工作情况,包括培训计划、培训方案和培训次数;培训的考核制度和测评效果。

四是托管企业知识产权工作情况,包括技术信息的检索、归档、数据库建设和利用。

五是托管企业的知识产权建档制度,包括知识产权建档、归档制度及使用流程。

六是托管企业知识产权管理和保护,包括知识产权授权和登记,以及相关的维护管理;知识产权的许可和转让;知识产权的质押和担保权;知识产权投资和产业化经营等。

通过总结知识产权托管中的经验和不足,形成知识产权托管总结报告,推广知识产权托管中的好方法好措施,为下一批知识产权托管工作做好各方面的准备。

第四节　文献视野中的晚清上海地方政府与春节民俗文化消费

上海是中国最早开启对外通商贸易与近代工商业化进程的城市之一。开埠之后,伴随着工商业化进程,上海地区自给自足的小农经济生活方式逐步瓦解,消费活动逐渐成为上海城市居民日常生活的核心。无论是与衣食住行有关的物质资源,还是与教育、媒体、娱乐有关的文化资源,都必须通过消费获得。消费活动不仅具有经济意义,还具有文化意义,因为消费的过程不仅是消费品与货币的交换过程,还是以消费品为载体的符号传播过程与意义生产过程。近现代上海城市文化,特别是民俗文化,正是在城市商品经济发展所推动的消费浪潮中逐步走向成熟,形成鲜明的城市文化特征。

上海春节民俗是上海地区民众基于中国阴历历法,在长期社会历史实践中形成、积累、传承并集中在年末岁首实施的民间风俗。上海春节民俗消费是指上海地区民众在阴历年末岁首购买、使用具有典型春节民俗文化特征的商品(包含产品与服务)的行为及其过程。春节民俗消费是近代以来上海民众筹备、实践、参与春节民俗文化活动的重要方式。

本节通过文献史料的挖掘与梳理,考察晚清上海地方政府及官绅阶层如何直接或间接影响春节民俗文化商品的供需,引导上海民众的春节文化消费,从而展示上海春节民俗文化的历史面貌与嬗变过程,为研究上海春节民俗文化发展历史提供新的研究资料与视角。

一、上海传统春节民俗与典型文化商品

上海春节民俗不仅被具象地视为上海春节期间民间风俗习惯的总和,也可以被抽象地看作是"经社会约定俗成并流行、传承的民间文化模式"①。文化是以语言或符号作为媒介,在一个社会或集团成员间实现意义生产和交换的实践及其过程。作为交流媒介的文化符号,可以是上古先民使用的记号、图像,可以是体系完备的语言、文字,也可以是近现代工商业社会中满足民众物质生活与精神生活需求的各类商品。因此,理解不同时期上海春节民俗的发展传承,需要关注各个时期的典型春节民俗文化商品。

所谓"上海传统春节民俗"是指自元代至元二十九年(1292)立县以来上海民众在岁末年初传承积淀的风俗习惯之总和。通过上海方志的记载,对这些风俗可窥一斑。选取道光二十三年(1843)以前具有代表性的上海方志有关岁时习俗的内容,兹录如下:

清乾隆十七年(1752)《金山县志》:"十二月二十四日祀灶,曰送灶。除日祀先。正月,元旦,主人肃衣冠,焚香拜天地家庙,男女序拜,饮椒柏酒。亲朋互相投刺,曰贺节。女子曳彩,戴珍珥,以金珠、翡翠相夸尚。一日至三日,禁不扫除室中。小儿竞击锣鼓,至元宵始罢。三日,挨户祀灶,谓之接灶。田间束刍于木末,扬以绯帛,击金鼓而焚之,曰烧

---

① 仲富兰.上海民俗:民俗文化视野下的上海日常生活[M].上海:文汇出版社,2009:5.

田蚕,盖祈年也。"

清乾隆二十三年(1758)《奉贤县志》:"十二月一日,乞人始偶男女傅粉墨妆为钟馗、灶王,持竿剑望门歌舞以乞,亦傩之遗意云。二十四日扫屋尘,曰除残。各家祀灶,以灯篝为灶神之座,积薪焚之,名曰送灶。除日,祀神祭先。除夕喜静。谚云:'除夜不犬吠,新年无疫疠'。一日,鸡初鸣,男妇悉起,启扉则放纸爆三枚,旋肃衣冠,焚香拜天地、宗祖及家之尊长。邻里交贺,有投刺者,名曰'贺节'。晨占风云:风自东北来岁稔,西则歉。云有黄色则稔,赤黑则歉。"

清乾隆四十九年(1784)《上海县志》:"除日祀先,易门神、桃符,贴春联,檐间遍插柏叶、冬青,至暮烧糁盆。先期,取松柴晒干,至是叠架于庭,以豆萁实而燎之。击锣鼓,放爆竹。邻家互擎炒豆相逆,且餐且祈曰'凑投'。田间秉高炬,名照田蚕。封井。画灰于地,象弓矢之属以辟邪。老幼聚饮,围炉守岁。正月,一日鸡初鸣,男妇悉起,开门则举爆竹三声。肃衣冠,燃烛炷香,陈果,拜天地、家庙、尊长,饮屠苏酒。邻里交贺,鲜帽绮服,杂逻街市,曰贺岁,三四日乃已。一日至三日,禁扫除室中,儿童竞击鼓敲钲为乐。元夕,采竹柏结棚通衢作灯市,游人往来达曙。以珍珠圆为节食,家户迎接灶神。"

清乾隆五十三年(1788)《青浦县志》:"正月一日,鸡初鸣起,肃衣冠,拜天地、家庙、尊长,以次拜邻里亲戚,各投刺于门,曰贺岁。禁扫除。小儿击金鼓为乐。十二月自望后至除夕,各以年物相馈,曰年礼。除日前祀神。除日祀先。易荼垒,桃符,贴春联。击锣鼓,烧糁盆,爆竹。室内遍焚膏,曰照虚耗。"

清嘉庆二十二年(1817)《松江府志》:"十一月 冬至,治花糕。十二月二十四日,以夜祠灶神,谓之'送灶',妇女不得参祀。物用粉团、糖饼,谓灶神朝天言人过失,用糖者取胶牙之意。……除日祀先。……旧志又载,五鼓一筹,更烛炷香,陈果设,祝家神,参祠堂,然后举家东向立,自卑而尊饮屠苏酒。饮醻,尊者就席,以次贺毕,遂出贺。正月一日,鸡初鸣悉起,正衣冠,拜天地、家庙、尊长后,以次拜邻里亲戚,舆服华焕,杂逻街市,各投刺于门,曰贺岁。一日至三日,禁扫除室中,小儿竞击金鼓为乐。老幼聚饮,有围炉守岁达旦不寐者。"

清道光十六年(1836)《川沙抚民厅志》:"十二月二十三日,作粉团祀灶以送之。除夕,易荼垒,贴春联。作馄饨食之,曰包财。向卧床作一二枚,曰包蚤虱。听邻语以卜休咎。燃爆竹以封门,待旦开门亦如之。竟夕不寐,曰守岁。先几日,扫屋尘,供诸神纸马,具牲醴,设果饼以酬卒岁之平安,曰做年。正月,初一日早起,肃衣冠,拜天地、家庙,谒尊长,悬祖先像,供以果饼,曰斋尊。出贺邻里族亲,鲜衣炫服,杂踏街市,或各投刺于门,曰拜年。晨食小糖圆,午煮白菜作食,曰有彩头。"

根据1843年开埠之前上海地方志中关于岁时民俗的记载,梳理出上海地区民众在传统春节民俗活动中的典型行为与器物,依时序列表如表2-3所示。

表2-3 上海传统春节民俗之典型行为与器物

阴历时间	民俗行为	民俗器物
冬至到腊月初	乞人傩戏,祀先	历书,花糕,祭牲
腊月二十三/二十四	做年,送灶,除残	粉圆,花糕,糖饼,祭牲,祭醴,纸马
除日(除夕)	祀先祭祖,祛瘟神,凑投,画灰于地,聚饮守岁,照虚耗	门神,桃符,春联,柏叶,冬青,糁盆,锣鼓,爆竹,炒豆,压岁钱
元旦	开门放爆竹,祀先祭祖,投刺贺岁	香烛,果品,屠苏酒,椒柏酒,压岁钱,"鲜衣炫服",名刺
元月一至三日	击锣鼓为乐	锣鼓
元宵(元夕)	观灯,接灶神	珍珠圆,纸扎,灯彩

伴随着明清以后的商品经济萌芽，特别是开埠以来的上海近现代工商业以及国内外贸易的发展，上海地区的传统春节民俗活动与器物也发生着潜移默化的改变。其一，部分具有农业文明特征的春节习俗，在19世纪中叶以后逐渐简化乃至消失。例如清代乾嘉年间上海地方志中常见的"画灰于地""凑投""檐间遍插柏叶冬青""烧燅盆""照田蚕""照虚耗"等传统春节民俗，已鲜见于道光以后的方志①。其二，一些具有典型商业社会特征的春节民俗逐渐兴起，如接财神②、压岁钱③等习俗，在道光以前的方志中未见，而在其后的方志中多有记载。其三，开埠以后，上海地区民众在春节中使用的民俗器物不再只是依靠自家生产、自给自足，而是越来越多地通过商品交换获得。例如腊月至正月间祭坛上供的纸马、神像（即"神模"），接财神所用的锡箔制"财神元宝"，以及作为祭品和食品的年糕，街市上都有现成的商品可买。每到岁末年初，善于经营的上海商家根据民众所需，批量生产各种春节民俗文化商品。以上海民众春节消费的火腿等腌腊制品为例，每到冬至到春节的旺销季节，小东门十六铺、董家渡一带以及老闸、新闸等地，咸肉充街，堆积如山④。

上海春节民俗文化商品，分别从正朔意义、祭祀意义、辟邪意义、社

---

① 参见《上海县志》清同治十年刻本，《华亭县志》清光绪五年刻本，《川沙厅志》清光绪五年刻本等。
② 同治十年《上海县志》卷一《疆域·岁时》："（正月）五日'接财神'，用鲜鲤鱼，担鱼呼卖曰'送元宝'。至暮轰饮，曰'财神酒'。"光绪《川沙厅志》载："五日，商贾家接财神，用鲜鲤，曰元宝鱼，至暮轰饮，曰财神酒。"光绪《青浦县志》载："五日接财神，用鲜鲤鱼，曰元宝鱼；轰饮，曰财神酒。"
③ 《上海县志》清同治十年刻本："老幼团坐饮膳，为'合家欢'，亦称'吃年夜饭'，分压岁钱。"《重辑张堰志》民国九年金山姚氏松韵草堂铅印本：除夕"长者以绳缀百钱贻小儿，曰压岁钱。"《法华乡志》民国十一年铅印本：元旦"赠小儿钱，曰'压岁钱'。"
④ 夏福荣.关于火腿腌腊行业的一些回忆[M]//上海市政协文史资料委员会.上海文史资料存稿汇编：第6卷.工业商业[M].上海：上海古籍出版社，2001：210.

交意义与休闲意义等五个方面,满足上海地区民众不同层次的精神文化需求。从正朔意义来看,一岁之首为"正",一月之始为"朔","正朔"是历法的基础,确定了正朔即确定了历法。上海地区民众自古以来遵循朝廷每年颁布的历法行岁,以建寅孟春为岁首,阴历元旦为一岁之始,腊月为一岁之末。阴历腊月与正月的各种节庆活动是上海地区全年最重要的岁时民俗,民众严格依据历法,有序安排岁末年初的各项民俗活动。新年历书是满足此类需求的典型文化商品。

从祭祀意义来看,祀神与祭先是上海地区民众岁末年初最重要的活动,无论是腊月至除夕之前的"做年",还是除夕至正月十五元宵,各种祭神、祭祖活动是上海地区传统春节民俗的重头戏。春节期间上海民众会购买具有特殊寓意的食品作为祭品。

从避邪意义来看,趋吉避凶是明清以来上海民间岁时节日中日益凸显的主题,春节也概莫能外,"人们既主动地运用各类祈吉巫术(包括吉语化、吉物化的形式),期以达到吉祥如意的目的,也恪守各类禁忌习俗,以此规避灾祸与厄运"①。从最初的文化内涵来看,门神、年画、桃符、春联、爆竹等是此类典型春节文化商品。

从社交意义来看,自腊月十五至正月十五的各种民俗活动,为上海地区民众提供了加强社群、亲族之间沟通交往、交流互动的机会,例如投刺拜年、聚饮守岁等更是专为满足社交需要而发展出的民俗活动。上海民众在春节期间出门拜年,有穿着"鲜衣炫服"之风俗,因此服饰也可以被看作是具有文化符号意义的典型春节文化商品。

从休闲意义来看,民众经历了一年的辛苦劳作,春节是休养生息的重要契机,因而发展出丰富多彩的、满足休闲娱乐需求的春节民俗活

---

① 范荧.上海民间信仰研究[M].上海:上海人民出版社,2006:366.

动。以击锣鼓为乐、聚饮守岁、哄饮接财神、观灯等为代表的上海传统春节民俗文化活动，发源于自给自足的封建小农经济，具有典型的农业文明特征。开埠以后，伴随着上海城市化的进程和商品经济的发展，此类春节文化民俗活动逐渐向消费化、娱乐化的方向演变，上海出现了戏园看戏、看电影等春节新民俗。

基于以上春节民俗文化消费需求的分析，以下选取历书、祭品、食品、戏曲演出、服饰作为典型的上海春节民俗文化商品，基于历史文献资料，梳理上海政府及官绅阶层对诸类商品供需的影响。

二、晚清上海地方行政与商品消费

清代末期，对上海地区春节民俗消费产生重要影响的地方行政机构，为上海县署和分巡苏松太兵备道。

上海立县始于元代至元二十九年（1292），辖于松江府[①]。元代至元年间，松江府仅下辖华亭县[②]（府治所在）、上海县两地。历经明清两代，至清代嘉庆十年（1805），松江府基本确定下辖七县一厅[③]的格局，并延续至清末。

清代松江府隶属于苏松太道。雍正年间，随着江南苏松地区商品经济日益繁荣，上海作为苏松地区的一个口岸，地位日趋重要，雍正八年（1730）为"弹压通洋口岸"，清廷将原驻于苏州的分巡苏松道署移至

[①] 松江府在元代至元十五年（1278）由华亭府改置，府治设于华亭（今松江镇）。松江府初建时，仅华亭县一县，上海建县后，领华亭、上海两县。后来明清两代，几经分合，至清代嘉庆十年（1805），松江府属七县一厅的格局基本稳定下来，包括华亭县、上海县、青浦县、娄县、奉贤县、金山县、南汇县、川沙抚民厅。
[②] 今松江区。
[③] 包括华亭县、上海县、青浦县、娄县、奉贤县、金山县、南汇县、川沙抚民厅。

上海,为使"兵民皆得治之",又特加"兵备"衔于其上,称为"分巡苏松兵备道"。至乾隆元年(1736)太仓州也划入苏松道管辖范围,于是再改称"分巡苏松太兵备道",在官书文札、史籍著述中简称"巡道""兵备道""苏松道""苏松常道""苏松太道",又因从雍正二年(1724)起,其兼理上海江海关关务,故又被称为"江海关道""海关道""关道"。自此至清末,分巡苏松太兵备道就成为治理苏州、松江、太仓三府的最高文武长官,兼理政务、军务、水利、渔业、关务等,"上可不通过督抚直接向朝廷奏事,下有监察地方各府县之职权"①。

由于道署设在上海县,使原本只是松江府下八个行政辖区之一的上海县,政治地位空前提升,成为苏、松、太地区的行政中心,在清朝中后期逐步发展成为影响力辐射苏州、松江、太仓乃至整个江南地区的区域中心与枢纽。同时,由于苏松太兵备道驻在上海县,负有监察上海之责,上海知县于重大事件必就近随时请示报告,道台因而直接参与了上海的治理,加强了道台在上海的地方行政管理中的影响力。因此,苏松太兵备道在后代文献典籍中,又常被称为"上海道""沪道"。

作为封建中央集权下的一个属县,上海县的行政建制与全国其他地区相同,为"一县三厅制":"各县设知县一员,正七品;县丞一员,正八品;主簿一员,正九品;典史一员,未入流。因为县丞兼理管粮,所以也称粮厅;主簿兼管水利,也称水利厅;典史理巡捕事务和看守监狱,也称作捕厅。"②清代州县官虽然在地方官系列中品秩较低,但在地方行政中扮演着极其重要的角色,是真正的行"政"之官,地方行政全在州县官手中③。知县作为一县之长,总理全县的政务、户籍、赋役、税收、缉捕、诉

---

① 张仲礼.近代上海城市研究(1840—1949)[M].上海:上海文艺出版社,2008:473.
② 上海通社.旧账簿中的掌故[M].北京:北京图书馆出版社,1998:532.
③ 瞿同祖.清代地方政府[M].范忠信,晏锋,译.北京:法律出版社,2003:31.

讼、文教、农桑等事务,政令所出皆在其一人。

开埠之前,上海县城既是县级的政治统治中心,又是区域经济中心。作为重要的埠际贸易转口地,清嘉庆年间,上海县城内已形成三牌楼、四牌楼、新衙巷、陆家桥等 60 多条大街小巷,其中商号集中的专业商业街有豆市街、花衣街、芦席街、篾竹街、咸瓜街、火腿街、猪作弄,以及专营海味、香料、象牙等进口货的洋行街等①。聚居在城内的官吏、缙绅和地主是主要消费人口。"他们所需要的消费品,诸如土特产以及奢侈品等一些高档消费品,主要是靠商人贩运或靠城市手工业生产来满足。城市手工业产品中很大一部分是金银、锡器、犀象、玉石、丝灯、纨扇、名贵笺纸之类。这些商品,只供本城所需,并不销往农村,没有摆脱地方小市场的格局"②。

开埠以后,由于国内外贸易增长、人口迁移、工商业发展,到光绪年间,上海已经成为商品流通频繁、消费力旺盛的商业城市。一大批经营进口商品的新式商店和批发字号逐渐兴起。最初是洋布业和百货业,之后经营五金、钢铁、西药等工业制品的商行商号快速发展,多为外商设立,或外商授权华商特许经营。1862 年,来华的日本人名仓信敦所见:"城内店铺栉比,士女杂沓,繁华之极。余闻之,在城里者为老街,城外近世盛设洋馆,由是渐成街市,列店铺(但城之东南自古有街坊云)。……城内之居处最狭隘,店口(铺面)一步半,广亦不过二步至二步半。每铺题某字号。兑换银洋之处颇多。……十字街及便利之空地必有摆摊头。"③19 世纪 80 年代,"上海货物皆有聚市之所,如绸缎在抛

---

① 《上海通志》编纂委员会.上海通志:第 4 册.第 19 卷.商业服务业[M].上海:上海社会科学院出版社,2005:2478.
② 汤伟康,杜黎.沪城风俗记[M].上海:上海画报出版社,1991:15.
③ 名仓信敦.中国闻见录[M]//比野辉宽,高杉晋作,等.1862 年上海日记.陶振孝,阎瑜,陈捷,译.北京:中华书局,2012:347.

球场路南及东门内外;纱缎蟒袍在盆汤弄;丝茶栈居二摆渡者多;洋布呢羽在大马路抛球场及东门内;衣庄在大东门内彩衣街东街;洋广杂货在棋盘街及四马路;……书坊在城中四牌楼旧教场,城外二、三马路;米业大东门外大码头大街;……酒馆、戏馆、茶馆宝善街一带居多"①。街巷数量与商业集聚度,反映了晚清上海县城城市商业活动的活跃程度。

三、晚清上海地方政府对春节民俗文化消费的影响

清代末期,上海道台、上海知县作为上海地方政府的首脑以及上海官绅阶层的代表,主要通过授历、祭祀、采购、监管规范等形式,直接或间接影响上海地区民众对于历书、祭品、食品、戏曲演出、服饰等春节民俗文化产品与服务的消费。

(一) 晚清上海地方政府与历书消费

作为上海地区最重要的综合性岁时节庆,春节是依据历法而确定的节日。历书②是按一定历法排列年、月、日并提供有关知识数据以供查考的书,是上海民众在岁末年初消费的最重要的民俗商品之一。晚清上海地方政府对上海春节民俗文化消费的首要直接影响,表现在影响民众历书消费。春节之前,上海道台与上海知县最重要的职责之一是授历。

---

① 葛元煦.各货聚市[M]//葛元煦,等.沪游杂记·淞南梦影录·沪游梦影.上海:上海古籍出版社,1989:26.
② 又称"历日""历本",因须由朝廷颁布,故民间又称"皇历"。清代避乾隆"弘历"之讳,改称"时宪书",近现代又称"年历""日历"等。古代印制历书的书商为适应民众生产、生活需要,并为增加销量,在历书中加入了婚丧嫁娶、择吉避凶等内容,以至历书内容涵盖日常生活的各个方面,可谓无所不包,故民间又称此类历书为"通书"。近代以来,在商业文化发达的港澳台地区,因"书"与"输"同音,为讨口彩,改称"通胜"。

作为商品的历书，在进入消费市场之前，要经过编制、审定、印刷出版、流通等多个环节。编制审定并颁布历法，在中国古代，是帝王独有的权力。在封建社会，天子每年定正朔、颁历法，百姓遵循朝廷颁布的历法行岁，新正元旦为一岁之始，故而除旧布新以贺。中国历代帝王都极为重视历法的编制、审定与颁行。确定正朔与颁布历法是与上天沟通的重要象征，并且需要依靠具备天文观测知识的专职官员，历代帝王皆通过颁行新历法、采用不同于前朝的正朔以强调自己的合法性。

历书在各个朝代均由专司天文历法的朝廷官员修订。太和九年(835)，唐文宗下令编制了我国第一本雕版印刷的历书《宣明历》。为了防止民间滥印历书，唐文宗还下令历书必须由皇帝亲自审定，官方印刷，再由皇帝分赠王公大臣，颁饬民间[1]。此后各朝皆依唐代之例。宋太宗时，每当年末岁尾，太宗都要给文武官员、王公贵戚赠送一本历书。宋代苏轼曾作《谢赐历日表》云："夙颁温诏，宠拜新书，吏得承宣，民知早晚。"

清朝于顺治二年(1645)首次完成修历，行颁朔之礼，并确定每年十月初一日黎明在午门外举行盛大的颁朔典礼及其礼制。"凡颁朔之礼，岁以孟冬[2]一日颁来岁十有二月之朔"[3]，典礼上按例王公百官"众皆跪，鸿胪寺官宣：'钦天监进某年时宪书，其赐王公百官，颁行天下。'宣毕，群臣行三跪九叩礼毕。亲王郡王各令所属依次跪领，贝子公亲跪领，文武官各以其长一人跪领回署颁给所属官"[4]。雍正三年(1725)，对于颁布历书的时间再做了具体规定："时宪书于每年颁俸币时一同给

---

[1] 《旧唐书·文宗本纪》。
[2] 即农历十月。
[3] 《大清会典》卷二十七"礼部·仪制清吏司·授时"。
[4] 《大清会典则例》卷六十二"礼部·仪制清吏司·授时"。

发。"①乾隆十六年(1751),改为孟冬豫日颁朔。

清代修历、审定、印刷、颁历的流程至乾隆年间完全成熟。清代皇帝颁朔以后,将官印历书赏赐百官,由各布政使司分发各道府,再转行所属州县。各地道府州县依中央政府之例,行使授历职责:"钦天监时宪书印贮于库,四月钦天监以奏准来岁时宪书式,颁各布政使司刊刻成书,钤以所贮监印,孟冬月汇送督抚署,督抚设香案陈时宪书,礼生引赞,率所属文武官朝服望阙行三跪九叩礼,祇领讫。布政使司乃分发专城之道府转行所属州县,分驻之提镇转行所属标营。到日行礼祇领,均与会城同乃颁布,民间山陬海澨无有不徧,伪造者论如律。"②

由于印刷数量稀少,官方的历书远远不能满足民间的需求,因此出现了民间印制、以商品形式满足民众消费需求的历书商品。作为商品的历书,至迟在南北朝时已出现。《梁书·傅昭传》有"(傅昭)随外祖于朱雀航卖历日"之语。唐僖宗中和元年(881)时,江南地区曾出现民间历书售卖者因内容之争引起的官司:"僖宗入蜀,太史历本不及江东。而市有印货者,每差互朔晦,货者各争节候,因争执,里人拘而送公,执政曰:'尔非争月之大小尽乎?同行经纪,一日半日,殊是小事。'遂叱去。"③唐僖宗中和二年(882)在四川成都民间刻印的历书保存至今,其首行刻有"剑南西川成都府樊赏家历",以此作为供买家识别的商业标志,次行刻"中和二年具注历日"。宋元以来,朝廷实行历书专卖制度。明代规定历书不得售卖,封建特权阶层利用垄断特权将历书转化为敛财牟利的工具④。

---

① 《大清会典则例》卷六十二"礼部·仪制清吏司·授时"。
② 《大清会典》卷二十七"礼部·仪制清吏司·授时"。
③ 王谠:《唐语林》卷七。
④ 参见:汪小虎.明代颁历民间及财政问题[J].自然科学史研究,2013,32(1):13.

清代逐渐放开对民间印售历书的限制，并对民间印制历书予以规范监管。雍正七年（1729），"议准定例钦天监每年给发各衙门时宪书，外听匠役备纸刷印售卖，以便民用。今各省布政使司亦应照例请"①。雍正八年（1730）开始，清廷进一步详细规定了颁布历书的时间、印行方式、经费预算来源，甚至指定民间售价："每岁四月由钦天监颁发考定时宪书式，令各布政使司敬谨刊刷，钤盖库贮'钦天监时宪书印信'。凡见任文武大小官及在籍有职官、举人、贡生等，各给一本，以彰敬授人时之意。其刊刻纸墨工价，各动用正项钱粮。至于各省民户繁多，势难遍给，应将所刻书版发贮公所，听匠役或书坊备纸刷印，赴布政使司钤盖'钦天监时宪书印'发卖，每本定价一分二厘。俾深山僻壤咸知时序月令。"②

虽然清朝允许民间印制、销售历书，但是严禁民间私印伪造历书："仍饬该地方官严禁伪造，务使官书广布，以便民用。如有伪刻私书及捏称缴官、于定价外需索等弊，将该有司从重治罪。督抚如不察究，并严加议处。"③

按照清廷规定，清代上海知县负有举行典礼以接领皇历，向辖区颁布，并稽查惩办伪造历书的职责。从这个意义上来看，晚清上海州县官是联结上海民众与春节历书消费的重要纽带。

（二）晚清上海地方政府与春节祭品食品消费

晚清上海地方政府对于春节民俗文化消费的影响，还体现于上海地方行政及官绅阶层在春节祭祀与社交活动中对春节祭品、食品的直

---

① 《大清会典则例》卷六十二"礼部·仪制清吏司·授时"。
② 《大清会典则例》卷六十二"礼部·仪制清吏司·授时"。
③ 《大清会典则例》卷六十二"礼部·仪制清吏司·授时"。

接消费,以及由此产生的示范效应。

所谓"国之大事,在祀与戎"①,包括州县长官在内的清代所有地方官员都是中央政府的代表,祀神是清代上海地方官员日常工作的重要组成部分。"知县掌一县治理,决讼断辟,劝农赈贫,讨猾除奸,兴养立教。凡贡士、读法、养老、祀神,靡所不综。"②按照历法设定的岁时节气,平日"每月各有应祀的神祇,由上海知县领衔各级官员依例按时一一致祭","每月朔望两天,知县老爷例须躬临城隍庙拈香,除非因事公出不在上海,否则是必不可省的"③。到了岁末年初,上海道台与上海知县还要特别组织各类官方祭典。每年岁末年初重要的"正月有祭海的典礼,日期大概临时择定,由海防同知主持,知县官可以不去"④。

官方祭祀活动之外,清代上海地方官员在岁末年首有一整月的假期。"中国定例,文武官员改岁之时,封印一月,可以少事偷闲,非有紧急要事,均可延至开印以后办理。封印例则以腊月廿日为期,开印则以正月廿日为度。至于小有变通,先后亦不过一日而已。开印以后,各官照例办事,而年事亦毕矣。"⑤清代的衙门生活,"怕是在十二月二十日到明年正月二十日的一个月中,最是逍遥自在。这个月内衙门里是封印的,一切政务概行停顿,并且还有吃喝,确是得其所哉的时候"⑥。在封印休假的一个月里,上海道台或知县则以家族尊长的身份,组织参与家族各种祀神祭祖活动与社交娱乐活动,消费种种祭品与食品。

以晚清上海地方行政长官为代表的官绅阶层,凭借雄厚的财力,在

---

① 《春秋左传·成公十三年》。
② 《清史稿》卷一百一十六。
③ 上海通社.旧账簿中的掌故[M].北京:北京图书馆出版社,1998:534.
④ 上海通社.旧账簿中的掌故[M].北京:北京图书馆出版社,1998:534.
⑤ 续年贺新年说[N].申报.1874-02-24(1).
⑥ 上海通社.旧账簿中的掌故[M].北京:北京图书馆出版社,1998:535.

祭祀避邪用品、食品、饮食服务等各个方面，成为上海县城消费人群的主力。清代知县在首府者年俸 60 两。清雍正以后，在名义年俸之外，还发给州县官一份"养廉银"，作为实质性的津贴①。参考清代上海县周边的浙江与江苏地区，知县的养廉银最高可达 1 800—1 899 两。② 此外，清代知县还可以通过多如牛毛的陋规费等惯例性收费增加收入，弥补收支差额。并且衙门每日必需的大米、肉类、薪柴、炭、棉布、丝绸等消费品，或向商人无偿索取，或以"官价"购买③。

清代晚期上海官宦富绅家庭在岁末年初的各种祭祀活动颇为庄严隆重，花费不菲。以曾在上海受命督办洋务的清廷重臣盛宣怀为例，盛家每年年末及春节的各种祀神祭祖活动始于腊月，有极为严谨的祭祀流程与丰富的致祭形式与祭品规格。盛家总结为成文家规，以供子孙依例遵循，兹录于下④：

> 腊月十二月二十三日（或二十四日）傍晚送灶。用送灶糍一格，丰糖粉、丰白粉搓成玛瑙式糖粉元宝六只，糖粉鸡六只（三雄三雌）加在送灶糍之上，蒸好后设中锅盖上加箸一把，并用白糖一盘（五寸式），盘从锭，马料苴稻草［缺字］一寸长，合一盘，净水一钟，香烛一副。送用黄纸三张、锭鞋三副、双响三个、鞭炮一条。
>
> 十二月二十六日办素。堂屋正间：方桌二张，桌围一条，香烛一副，酒杯二十四只，箸二十四双，豆腐五碗（三海），每碗二［缺

---

① 瞿同祖.清代地方政府［M］.范忠信，晏锋，译.北京：法律出版社，2003：40 - 41.
② 参见：瞿同祖.清代地方政府［M］.范忠信，晏锋，译.北京：法律出版社，2003：43.表六《各省州县官额养廉银额》.
③ 瞿同祖.清代地方政府［M］.范忠信，晏锋，译.北京：法律出版社，2003：54.
④ 盛宇怀.盛氏家族从元旦至除夕祭祀程序［DB］.上海图书馆民国报刊文献，索取号：090183 - 3.

字],即在下座豆腐一箱内取用,又随驾取用二块,余适成胜式,面巾、粉皮、腐皮、白干、鱼饼各一碗(三海),加盐酱各一碟(三寸碟),年糕二格(洗沙馅,外圈平头,中皆寿桃),果品五盘(五寸盘,桔、风菱、荔枝、龙眼穿、酥饼)。下座:酒杯六只,箸六双,豆腐一箱,素菜一篮(面巾、粉皮、腐皮、白干、鱼饼),盐酱合一碟,年糕一格,果品五盘,香烛一副。

十二月二十七日过年。早晨迎牲,在大门家堂前,第一起,灵观……。第二起,福德。第三四起,后门外。午前,纳熟,仍在大门家堂前。

除夕。午前,敬五路神、安宅同清明。午刻,家祭。上灯时各处点香烛,敬悬祖先神像,供菜荤素九篮酒饭,焚锭帛。自元旦起每早供朝汤点心,每日午刻供酒饭菜,每晚点香烛。元宵供糖元。十六日午刻祭毕,焚化锭帛,敬收神像。

元旦。堂屋正间:香烛一副、面一钟、豆腐一碟([缺字]寸碟)、箸一双、大糕团一副。佛堂:香烛一副、面三钟、豆腐三碟、箸三双、大糕团三副。灶神:香烛一副、面一钟、豆腐一碟、箸一双、大糕粞一副。祖堂:每龛香烛一副,每位面一钟、豆腐一碟、箸一双、大糕粞三副。

五路日。早晨,敬五路神。堂屋正间:方桌一张、桌围一条、香烛一副、酒杯六只、箸六双、干素菜三盘(五寸盘,春菌、洋菜、金针)、面六钟(用汤碗)、米粉元宵六只。送神用:黄纸二张、元宝二串、双响三个、高[缺字]三枝、鞭炮一条。

上元。午前,敬五路神。堂屋正间:方桌一张、桌围一条、香烛一副、酒杯六只、箸六双、素菜三盘(香干一百页、粉皮、汤饭二碗,加调羹二个)、肉一盘(约二三斤,加刀一把)、鲤鱼一盘(约二三斤,加红蛋二个)。

元宵各处点香烛,供糖圆。自元旦至五路日早各处早晚俱点香烛行礼,五路日晚停止。十二日晚起各[缺字]每晚[缺字]点香烛,名为试灯,至十八日晚间停止。

以上盛家祭祀程序中,作为祭品的各种食品多达三十余种,祭祀用品近十种,时间从腊月二十三日开始持续近一月,足见祭祀开支之奢靡。

家族聚餐燕饮,亦是上海传统春节民俗的重要组成部分。以同治十一年(1872)至光绪元年(1875)任上海知县的叶廷眷为例,"叶廷眷做上海县,每年十二月二十日封印,正月二十日开印,都备有鱼翅席欢宴,还要放全红鞭二千;除夕和正月初一、初二等三日,也是有鱼翅席和鱼翅便饭,每年逢到这三天,总要消费绍酒一百多斤。……元旦要放鞭二千或四千,表示迎喜神、接财神和拜年的意味"[①]。

官员家中的筵席通常由自家厨房或是衙门内厨房办理。当时的鱼翅席"十二碟六大六小四点心的,每席四千二百文,减少大碗一件,还可以省四百文或六百文","鞭炮每千三百八十文","绍酒每斤四十至四十四文"。以上述开销计,叶廷眷在腊月及正月间宴饮娱乐上的消费,最少在二万七千文以上,对比当时抬轿的轿夫工钱是"全天长路每名一百十二文",近乎一名轿夫大半年的收入[②]。

正月投刺拜年贺岁也是上海传统春节民俗的重要活动。春节前后,晚清上海地方官场各种交流逢迎,送礼迎客络绎不绝,从叶廷眷账簿中的记载可见一斑。其中既有下属、上级之间的互致贺礼,又有同乡

---

① 上海通社.旧账簿中的掌故[M].北京:北京图书馆出版社,1998:535.
② 上海通社.旧账簿中的掌故[M].北京:北京图书馆出版社,1998:530.

熟友、本地绅董的往来之礼。如上级官员的贺礼,"道员盛宣怀送建兰四盆土物四种;殿撰陆润庠送对"。同级官员的贺礼,"儒学韩鸿飞送年礼收腊梅二盒;海防沈壬昌送年礼收佛手茶叶;会审同知陈宝渠送年礼收洋炮、酒杯;法界会审员孙士达送年礼收笋橘"。来自下属的贺礼,"粮厅周恭先送年礼收花八盆;捕厅许占梅送年礼收馒头;吴淞司潘仕祺送年礼收于术;眼线郑姓二名送年礼收年糕;旧吴淞司袁承恩送年礼八色收三色"。同乡熟友、本地绅董送礼,"刘光廉送年礼收福橘蜜饯;董事龚蓉坪新年送灯及点心"[①]。

从上述记载可以看出,当时上海官宦阶层赠送的年礼,既有年糕、馒头、点心、蜜饯、灯等具有岁时特征的本土物品,还有通常生长于气候温暖的华南地区的时令蔬果,如佛手、福橘、笋等,以及建兰、腊梅、于术等鲜花植物。甚至还有来自国外的洋炮、酒杯等各色珍玩。当时上海国内外贸易与货物流通之频繁,可见一斑。

1843年上海开埠以后,清廷并未在上海地方行政机构中专设负责对外事务的部门,而是将对外交涉事宜授权给分巡苏松太兵备道处理,自此分巡苏松太兵备道在管理军事、民生之外,还是上海地区处理外交事务的最高行政机关。上海知县是上海县城的最高行政长官,亦承担外交职责。县城以外租界的外国官使也借拜年之机,向叶廷眷赠送名贵礼品,拉近关系。叶廷眷的账簿一一记录在案:"税务司送年礼八色收甜果无花果各一盒;德领事送年礼八色收巧克力糖一盒;俄副领事送年礼收旱烟漆盒;主教朗怀仁送年礼八色收四色;日本领事送年礼八色收针松一盆;日本翻译送年礼八色收茶花一盆;奥领事年节送自鸣钟一架;法领事送年节收酒十八瓶;荷兰领事送年礼八色全收。"[②]

---

① 上海通社.旧账簿中的掌故[M].北京:北京图书馆出版社,1998:537.
② 上海通社.旧账簿中的掌故[M].北京:北京图书馆出版社,1998:537.

(三) 晚清上海地方政府与春节戏曲娱乐消费

开埠之后，上海地方行政机构与官员对春节民俗消费的直接影响，体现在针对上海春节民俗文化娱乐活动的监管之中。

清代乾嘉年间以降，上海商界有一不成文的规定，即每年新春伊始，各商帮同业公所轮流出资延请戏班在上海县城南市邑庙戏台（即豫园西园戏台）演剧。市人称此一约定俗成、相沿成习的演剧活动为"唱年规戏"。道光年间，本地人张春华有感于"春月各业次第演年规戏"，作诗曰"豫园晴午景轩眉，同上春台次第窥，相约破工夫早到，庙台日日有年规"。开埠以前，除了此类私人堂会和会馆公所的戏曲演出之外，尚未形成专门化的戏园。其时，上海尚无大规模的戏曲演出市场，戏曲消费人群以本地官宦富绅、地点则会馆公所为主，因此在开埠以前，上海地方官署并无监督戏曲演出的专门职能。

开埠之后，随着租界的兴起、城市规模的扩大以及城市人口的增加，上海民众对戏曲等休闲娱乐活动的需求日益旺盛，催生了大批戏园。上海最早的对外营业性质的戏曲演出场所，是位于老城厢上海县署西首四牌楼附近的三雅园。其于1851年开张，由上海县城内顾氏老宅改建，可算是上海戏曲演出走向商业化的发端。咸丰初年，大量受到太平天国运动影响的江浙商民涌入上海，不仅产生了庞大的戏曲消费人群，而且也带来了盛行于吴中地区的昆曲戏班，俗称"文班"。同治六年（1867），法租界石路南靖远街的满庭芳开张，"沪人初见，趋之若狂"[①]。从天津邀来一批

---

① 民哀.《南北梨园略史》（据交通图书馆1922年版影印），周剑云编《菊部丛刊》，传记文学出版社，1974：205。

京班艺人演出,是为京剧首次进入上海①。同年,丹桂茶园在租界五马路宝善街开张,好评如潮,带动了金桂园、大观园、天仙园等一批戏园兴起,与丹桂并称"四大京班"。旅居沪上的葛元煦在《沪游杂记》中记载:"文班唱昆曲皆姑苏大章、大雅两班所演,始于同治二年。自徽班登场而文班减色,京班出而徽班皆唱二黄。迩来京班以丹桂茶园、金桂轩为最,金桂武戏较胜文班,惟三雅园皆吴下旧伶,惜知音鲜矣。其次富春茶园,角色有大小,天仙茶园京徽合演。此外丹凤园、同乐园亦以徽调间京腔。"②

同治年间,戏曲娱乐逐渐成为满足上海民众日常社交与休闲需求的重要消费形式。时人曾作竹枝词,"第一开心逢礼拜,家家车马候临门。娘姨寻客司空惯,不向书场向戏园"③,"清早纷纷送戏单,新来角色大奎官。恰逢礼拜闲无事,好把京班仔细看"④。每当岁末年初,上海民众对戏曲娱乐的消费需求达到一年中的最高峰。上海戏园"新年所唱之戏,不外《财源福凑》《摇钱树》等吉祥戏","《财源福凑》等剧,以灯彩为主。清德宗中叶,以此等戏为新年出色当行之剧"⑤。

戏园的增加与戏曲消费市场的扩大,给同光年间的上海地方行政管理带来一系列亟待解决的新问题。一方面,戏园的大量涌现,不仅增加了可供消费的演出场所,更大大拓展了晚清上海戏曲娱乐的消费人群。戏曲演出不再局限于官绅宅院与会馆公所,上海县城与租界的普通民众也能消费。特别是上海女性也成为戏曲的主要消费人群。在古

---

① 黄式权.淞南梦影录[M]//葛元煦,等.沪游杂记·淞南梦影录·沪游梦影.上海:上海古籍出版社,1989.
② 葛元煦,等.沪游杂记·淞南梦影录·沪游梦影[M].上海:上海古籍出版社,1989:33.
③ 鸳湖隐名氏.洋场竹枝词[N].申报.1872-07-12(1).
④ 苕溪洛如花馆主人未定草.春申浦竹枝词[N].申报 1874-10-17(14).
⑤ 覃.旧剧新年谈[N].申报,1922-01-31(18).

代上海,妇女受到礼制的约束,鲜能随意出入演出戏曲的公众场合,通常只有官宦人家的妇女才有机会在自家欣赏岁时节庆的堂会戏曲演出。随着上海商业化戏园的发展,原先无缘看戏的上海普通女性也能日常去戏园消费,"上海一区,戏馆林立。每当白日西坠,红灯夕张,鬓影钗光,衣香人语,沓来纷至。座上客常满,红粉居多"。这令上海士绅大为不满,"合邑绅董,正本清源,谢禁妇女看戏"①。

另一方面,扩大的戏曲消费市场带来的激烈竞争,迫使各家戏园经营者不断求新求变,想方设法招揽顾客,上海地方官署及地方士绅多以为败坏风俗。晚清上海戏曲诸腔杂陈,时人所见"上海在同治季年,租界上早已有相当的繁华了,戏馆有丹桂园、金桂轩、山凤园,有时还有广班戏和外国戏"②,"尚有帽儿戏、花鼓戏"③。所谓"花鼓戏",时人称"无业流民及梨园子弟之失业者,纠土娼数辈,薄施脂粉,装束登场,荡态淫声,不堪听睹,名曰花鼓戏",由于消费人群为底层民众,故多在小戏园或街头演出。所谓"帽儿戏",又作"髦儿戏""毛儿戏""猫儿戏","英租界地方,初时有某妓购置雏鬟学习唱戏,名曰猫儿班。红氍贴地,翠袖扬风,绕梁喝月之声,拨雨撩云之态,足使见者悦目,闻者荡心。人家有喜庆事,往往招之。嗣有某某等接踵而起,此风大盛,名园宴客,绮席飞觞,非得女伶点缀其间几不足以尽兴"④。为了招徕顾客,戏园还在门外、街市大作广告,1872年《申报》刊文云:"近日上海各戏园中专演淫戏,榜诸门首,帖诸街衢。"⑤

---

① 严禁妇女入馆看戏告示[M]//蔡世成.申报京剧资料选编:附梨园公报资料选.上海:《上海京剧志》编辑部刊印:21.
② 上海通社.旧账簿中的掌故[M].北京:北京图书馆出版社,1998:548.
③ 葛元煦,等.沪游杂记·淞南梦影录·沪游梦影[M].上海:上海古籍出版社,1989:33.
④ 英租界谕禁女伶[A]//蔡世成.申报京剧资料选编:附梨园公报资料选.上海:《上海京剧志》编印部刊印:25.
⑤ 劝戒点演淫戏说[N].申报,1872-07-04(3).

面对"戏馆愈多,戏情愈坏"①,春节前后问题尤甚,上海地方官署出手监管日益扩大的戏曲演出市场中诸多不合礼制的问题。同治五年(1866)正月前后,上海知县去函英国驻沪领事,抱怨租界戏园林立,成为不良分子聚集场所,请求在下午六时关闭戏园,并将招牌上的"英商""美商"戏园字样去除②。同治六年(1867),上海道台应宝时颁布"永禁淫戏"的告示并将告示刻立碑石,"一体严加禁止,以正人心而端风俗"③。

然而上海戏园多位于租界内,由于晚清上海华界租界"华洋分治"的特殊政体,上海道台与上海知县并无权对租界内事务直接加以管理,上海道台的上述告示通令形同虚设。同治年间任上海知县陈其元在《庸闲斋笔记》中曾感慨对租界事务的鞭长莫及:"上海自泰西通商后,环北门外十余里,奏明给洋人居之。洋人岁输其租,谓之租界。租界为英、法、美三国分踞,一切公事,归华洋同知暨三国事会同办理,除命、盗案外,地方官不复与闻焉。夷夏猱杂,人众猥多。富商大贾及五方游手之人,群聚州处。娼寮妓馆,趋风骈集,列屋而居,倚洋人为护符,吏不敢呵,官不得诘,日盛一日,几于花天酒地矣。余摄县事时,欲稍稍裁抑之,而势有不能。"④

1869年,上海公共租界和法租界先后设置"会审公廨",由上海道台选派官员(称"谳员")主持,受理租界内以华人或无约国人为被告的

---

① 淫戏难禁说[N].申报,1885-05-12(1).
② 上海市档案馆编.工部局董事会会议记录:第2册[M].上海:上海古籍出版社,2001:548.
③ 上海道通饬示禁淫戏颁发永禁碑石示[M]//王利器.元明清三代禁毁小说戏曲史料[M].上海:上海古籍出版社,1981:140-141.
④ 陈其元.庸闲斋笔记·卷十[M]//丛书集成三编:卷六.台北:新文丰出版公司,1997:219.

民刑案件①。同光年间，上海地方官署唯有通过"会审公廨"机制，在公共租界与法租界当局的支持下，不断加大对包括租界在内的上海区域内戏园演出内容的规范与管制。1872年，上海道台沈秉成禁绝女艺人和花鼓戏，得到了各国领事的支持，公共租界内女艺人被驱逐，所有演唱花鼓戏的戏园均遭封闭②。1874年腊月之前，上海道台沈秉成发布文告开列昆剧和京剧淫戏剧目18种，要求上海知县和租界会审公廨谳员"会同严切示禁，将告示实贴戏馆，使之能触目警心，违即重究"③。1890年，管辖上海道的江南苏州等处承宣布政使司黄方伯，发布禁演淫戏的告示，列明《卖胭脂》《打斋饭》《唱山歌》《巧姻缘》《珍珠山》《小上坟》《送灰面（二不知）》等戏目为淫戏，要求"自示之后，凡属淫盗之阕，一概不准演唱。如敢故违，一经访闻，定即封班拿究。须知不禁演戏已属从宽，藐玩不遵即难宽贷"，"英（租界）会审员蔡太守奉到苏藩司黄方伯禁演淫戏告示，发贴通衢"④。

然而，由于市场利润驱动，上海道台与布政使司的三令五申，对于戏园经营者来说，都无异于一纸空文。光绪二十九年（1903）腊月初，"本邑英租界中，会仙、天仙两戏园诸伶搬演《小上坟》《送灰面》等淫戏，先后经张才宝、胡瑞龙、金立生诸包探将各园主传送英美租界公堂，禀请判罚。译员张柄枢司马以近来境内戏馆林立，难免阳奉阴违，因特重申禁令，出示严禁"，官署再次重申《卖胭脂》《打斋饭》《唱山歌》《送灰面》《巧姻缘》《珍珠衫》《小上坟》《打樱桃》《看佛牙》《挑帘裁衣》《下山》

---

① 参见：熊月之，袁燮铭.上海通史·晚清政治：第3卷[M].上海：上海人民出版社，1999：153.
② 参见：魏兵兵，赵山林，等.近代上海戏曲系年初编[M].上海：上海教育出版社，2003：64.
③ 道宪查禁淫戏[N].申报，1874-12-30(2).
④ 蔡世成.申报京剧资料选编：附梨园公报资料选[M].上海：《上海京剧志》编辑部刊印：25,26.

《倭袍》《瞎子捉奸》《杀子报(天齐庙)》《秦淮河(大嫖院)》《关王庙》《荡湖船》等 17 部为淫戏名目①。

由于岁末年初上海戏曲演出市场消费旺盛,上海道台与上海知县在春节前后严加规范,特别针对租界内戏园的违禁演出与消费,通过"会审公廨",会同租界当局予以管制。同治十二年(1873),上海发生名伶杨月楼被告诱拐粤商之女并卷走财物一案。次年正月之前,上海知县叶廷眷借审理杨月楼一案,出告示严禁妇女入馆看戏:"出示谕禁事:据合邑绅董江承桂、郁熙绳等禀称,上海五方杂处,良莠不齐。近因洋泾浜一带尤为华靡,戏馆优觞,男女杂沓。兹悉优伶杨月楼犯事解讯。计其在馆演剧,大都肆其淫荡,始由勾引青楼,继渐串诱良户,求提严办。并请移会审委员会外,合行出示谕禁。为此示仰军民人等知悉。尔等为家长者,务各约束妇女,不准入馆看戏,免伤风化。各宜凛遵毋违,特示。"②然而"示者自示,而看者自看,言之而不行",大有禁之不绝之势③。

上海道台与上海知县对于戏曲消费的管理,出于维护封建礼教的动机,更多关注演出内容是否合乎道统,而非具有现代特征的文化市场管理,不关注新兴的戏曲消费市场为社会经济增长带来的效益,以及背后蕴含的税捐潜力。反而是租界当局对于戏园管理,虽然与华界在禁绝淫秽问题上有着共识,但更多是从经济效益的角度出发,故首先引入了具有现代特征的工商管理机制及税收体系。同治三年(1864)农历五月二十五日(6 月 28 日)公共租界工部局规定:"洋泾浜及内外、虹口一

---

① 英租界示禁淫戏[N].申报,1903 - 01 - 10(3).
② 严禁妇女入馆看戏告示[M]//蔡世成.申报京剧资料选编:附梨园公报资料选.上海:《上海京剧志》编辑部刊印:21.
③ 严禁妇女入馆看戏告示[M]//蔡世成选编.申报京剧资料选编:附梨园公报资料选.上海:《上海京剧志》编辑部刊印:21.

带开设之娼、赌、土行、戏馆、茶馆、酒店、烟馆、书院、押店及抬客轿等业,自本月底以后,不准无照营业。"1871 年 5 月 6 日,公共租界纳税人会议通过决议规定,领取执照的戏园等娱乐场所均按营业等级每晚交纳 1 角到 5 元,且须提前交纳,开设戏园者须交纳保证金 50 元①。

上海地方官署与租界当局,对于春节戏曲消费管理所存在的理念分歧,由具体事例可见一斑。光绪十六年(1890)正月初七,英租界会审员蔡二源太守因为"猫儿戏"伤风败俗,与英租界麦总巡捕头商量下令禁止,麦巡捕头考虑到该女班已向工部局缴纳捐洋,陈请让其继续营业,延至元宵节后再作处理,被太守驳回:"麦捕头亦知女班之干禁,惟已由某甲代该班等缴工部局捐洋,可否俟至华历元宵后再行禁止。太守令出惟行,饬差传谕某甲,转行知照各班,即时停演,违干究。"②

据统计,开埠以后至 1912 年以前,上海先后有大大小小戏园 120 多家③。上海戏曲消费市场的蓬勃发展,为晚清上海民众的春节民俗文化消费增加了新的内容与形式。晚清上海地方官署在戏曲消费市场发展情势的倒逼之下,无奈被动回应,加以监管。然而,自同治初年至光绪末年的半个世纪中,监管并未取得成效,不光"淫戏"屡禁不止,而且越来越多妇女进入戏园。至 20 世纪初叶,看戏已经成为上海男女老少在春节期间重要的娱乐方式。

(四)晚清上海地方政府与春节服饰消费

在晚清上海地区,正月初一穿着锦衣华服逛街拜年是典型传统春节民俗文化。开埠以前上海地方志对此多有记述。清乾隆十七年

---

① 《上海租界志》编纂委员会.上海租界志[M].上海:上海社会科学院出版社,2001:520-521.
② 英租界谕禁女伶[N].申报,1890-01-27.
③ 张庚,孙滨.中国戏曲志·上海卷[M].北京:中国ISBN中心,1996:665-675.

(1752)《金山县志》载:"亲朋互相投刺,曰贺节。女子曳彩,戴珍珥,以金珠、翡翠相夸尚。"乾隆四十九年(1784)《上海县志》云:"邻里交贺,鲜帽绮服,杂遝街市,曰贺岁,三四日乃已。"嘉庆二十二年(1817)《松江府志》刻本:"鸡初鸣悉起,正衣冠,拜天地、家庙、尊长后,以次拜邻里亲戚,舆服华焕,杂遝街市,各投刺于门,曰贺岁。"道光十六年(1836)《川沙抚民厅志》:"出贺邻里族亲,鲜衣炫服,杂踏街市,或各投刺于门,曰拜年。"

晚清上海民众的春节风俗是在新年第一天穿上最华丽显贵的服饰出门拜年,衣帽、服裳、舆车皆有讲究。"鲜衣炫服"在上海传统春节民俗文化中成为典型符号,有着深刻的社会经济背景。其象征意义与传统封建服制无关,而与上海地区商品经济的发展关系密切。依照传统封建社会的服制,人们依据不同的身份等级,衣饰亦有规范与差别,不可随意僭越。清代乾隆年间,上海地区民众屡屡打破服制规范,乾隆二十三年(1758)《奉贤县志》云:"其服制,貂帽、缎服,律例非绅士不得僭越。迩来,民间商贾以至胥役舆事,缎衣貂帽俨然贵介,虽屡奉明旨申饬分别,而其风仍不能革。"①清代康乾年间,上海已经发展成为一个埠际贸易频繁的区域性港口城市,商品经济的迅速发展,使上海民众对于服饰消费的偏好更多以消费能力作为判断标准,而不再受到传统服制的约束。即使官方屡次申令禁止,也不能革除风俗。

随着上海发展成为外贸主导的国际性"通商巨埠",僭越服制之风愈演愈盛。相较乾隆年间上海官方对于僭越服制现象"屡奉明旨申饬分别",开埠以后上海地方官署采取听任由之的态度,并不监管。"衣服之制,历来宽长,雅尚质朴,即绅富亦鲜服绸缎。咸丰以来,渐起奢侈,

---

① 《奉贤县志》(十卷·清乾隆二十三年刻本)。

制尚紧短。同治年,又尚宽长,马褂长至二尺五六寸,谓之湖南褂(时行营哨官、管带,皆宽袍长褂,多湘产,故云)。光绪年,又渐尚短衣窄袖。至季年,马褂不过尺四五寸,半臂不过尺二三寸,且仿洋装,制如其体。妇女亦短衣窄袖。"①在同治年间的上海,原本非士绅不能消费的貂帽皮草,普通人亦可穿戴。同治十二年(1873),时人有云:"新交因狐裘而订,不问出身。旧友以鹑结而疏,视同陌路。遂令舆台隶卒辉煌而上友,官绅寒士贫儒蓝缕而自惭形秽。"②当时,上海民间往来"不问出身"而以"狐裘"服饰来分辨身份,以至"官绅寒士贫儒"自惭形秽。光绪十年(1884),据官方编修的《松江府志续》记载:"男子衣服,无论士庶舆台,但力所可为即缎衣貂帽,亦所不忌。"③"力所可为即缎衣貂帽",正是上海开埠之后商业社会消费文化取代封建等级阶层文化的写照。

  在19世纪下半叶的上海,保守刻板的封建服制逐渐被逐新求变、消费导向的服饰文化所取代。每年正月初的拜年活动,更是成为上海民众集中展示"鲜衣炫服"的重要契机。如1876年《申报》刊登《论贺岁》所记:"同在一乡之内,少有一面之缘,无有不以拜贺为礼者。……盖在复归之家,貂褂狐裘,高车驷马,身则不觉其冷,体则不觉其劳。虽日拜数十家,而下舆者则有几处,余皆仆从投帖留片而已。"④光绪年间,每至岁末新正之时,"斗丽争华者层见叠出"⑤。宣统末年时人所见:正月初一,法租界男女一早出门"兜喜神方","许多妇女穿红着绿,满身崭新,身穿绫罗缎面皮袄,脚踏绣花鞋子,有的还是小脚,有的是放大脚。头上戴着嵌满珠翠的剪刀口帽条,有的不戴帽条,后面梳个'发饼',耳

---

① 《重辑张堰志》(十二卷·民国九年金山姚氏松韵草堂铅印本)。
② 申江陋习[N].申报,1873-04-07.
③ 《松江府志续》卷五,风俗。
④ 论贺岁[N].申报.1876-01-31.
⑤ 岁除论[N].申报,1880-02-08.

朵两边戴上像手掌那么大的珠花,脸被珠宝围得只显出一点点,真是成了'珠面'。宝石金戒指满指皆是,金玉手镯一副、一副地直到快戴满小手臂。个个打扮得像'观音菩萨'一样好看。"①

清代同光年间,关于服饰消费时尚与服制规范之间的矛盾,曾引起上海士绅民众的热烈讨论,从中可一窥现象背后的原因。首先,开埠之后经济的发展以及移民在上海人口结构中比例的增加,催生了一批豪富阶层:"(上海)生活程度颇高,中人之产,支持维艰,自其外观之,固已备极繁盛,实则乘肥策坚极、徜徉于歌楼舞馆之间,类皆侨居之豪富。若土著之普通人民,恒以撙节相警惕,惟婚丧葬,专尚外观。"而豪富阶层以服饰新奇攀比自矜,并引来民众效仿,使得以封建皇权与宗族为基础的传统封建礼制文化体系,受到挑战与冲击:"风俗之靡不自今日始矣,服色之奢亦不自今日始矣。溯当立约互市之初,滨海大埠,富商巨贾与西商懋迁有无,动致奇赢。财力既裕,遂于起居服食诸事斗异矜奇,视黄金如粪土,见者以为观美,群起效之。……其始通商大埠有此风气,继而沿及内地各处。……近今风俗之侈靡日甚一日,较之三十年前已有霄壤之别。"②

其次,当时上海民众在商业文化和中西文化交流的熏染下,对于作为服制基础的封建阶层等级文化,已经开始产生质疑。同治十二年(1872)腊月,《申报》曾有论者撰文提出"夫人类各有分,如士、农、工、贾是也。欲较量其上下,则以其所行所为之大小,子(仔)细而求之","夫西人通商之事,于国计为大事","奏效于此役也,功莫大焉","士人有高有低,以其所行所为,尚有不如商人者"③。在上海近代商业化浪潮中,商人不仅拥有了强大的消费能力,同时现实中的政治地位也得到提升。

---

① 董竹君.我的一个世纪[M].北京:生活·读书·新知三联书店,1997:19.
② 论服色宜正[N].申报,1894-03-16.
③ 本馆劝慰香山人论[N].申报,1873-01-03.

光绪十六年(1890),时人感叹:"顾明知而故犯者固亦有人,而实出于不知者,则更不乏人也。"① 可见僭越服制的现象或包含新富阶层故意凭借衣饰的符号象征功能以夸示自身身份地位的用意。

再次,开埠之后上海国内外商品贸易日益频繁与发达,可供消费的时新服饰大大增加。上海"大体在19世纪40年代前产生小京货店,50年代左右产生广货店,60年代左右产生广杂货铺,70年代左右产生洋广杂货铺"②。光绪初年,"沪俗装束竞尚京式,棋盘街、宝善街新开京货铺四、五家,所售皆内城靴鞋、雕翎扇、各式时新绣货、挂件耍货,无不咸备"③,"这时上海出现较大型的京货店,与1840年前的小京货店已有所不同,主要经营各种高贵商品如玛瑙、珊瑚、翡翠以及朝珠顶戴等朝服上的装饰品和玩物"④。以衣服所用布料的消费为例,鸦片战争以前上海民众的衣着用料主要是土布,而后随着洋布的大量输入,物美价廉的洋布受到上海民众的欢迎。"1850年,上海出现专营洋布的'清洋布店',1884年洋布店增至60余家",至宣统年间发展至300家左右。⑤ "当洋布输入之初,京货店也有兼营洋布业务,如德润祥、同春祥等,后来有一些京货店专门销售洋布。"⑥

此外,上海在国内外丝绸贸易港口的特殊地位⑦,也带动了本地民

---

① 服色辨[N].申报,1890-10-18.
② 上海百货公司.上海近代百货商业史[M].上海:上海社会科学院出版社,1988:13.
③ 葛元煦.沪游杂记[M]//葛元煦,等.沪游杂记·淞南梦影录·沪游梦影.上海:上海古籍出版社,1989:28.
④ 上海百货公司.上海近代百货商业史[M].上海:上海社会科学院出版社,1988:16.
⑤ 上海社会科学院《上海经济》编辑部编.上海经济1949—1982[M].上海:上海人民出版社,1983:548.
⑥ 上海百货公司.上海近代百货商业史[M].上海:上海社会科学院出版社,1988:16.
⑦ 1846年上海出口的由邻近产地提供的桑蚕丝绸,超过了广州,此后在全国丝绸出口总值中长期地占有90%以上的比重。参见:《上海丝绸志》编纂委员会.上海丝绸志[M].上海:上海社会科学院出版社,1998.

众消费受到服制限制的绸缎。1843年上海开埠,吴江、盛泽的绸缎同业凭借地理优势率先来沪创设申庄,主要开展对闽、粤、鲁、甘等省的交易业务。接着设在苏州的各地行庄也纷纷在上海开设分号。其时上海著名的绸缎行庄有同沅亨、朱合顺、吉泰、张义成、李同盛、叶德泰、朱锦云、鼎顺、潘宏成、潘恒元等十余家。1860年后,专营杭绸的唐仁丰、夏顺昌,以及经营广东拷绸,山东河南柞蚕府绸,山东周村麻丝绸等的外省绸缎同业也来沪设庄,开展行销和转口业务。据有关公所、会馆的不完全统计,当时上海绸缎商业户数已在100家以上,至20世纪初,上海已出现了相当庞大的绸缎商业体系,形成了全国最大的丝绸集散中心。①

通过上述分析可见,上海民众于每年新正之始着"鲜衣炫服"的春节民俗,是清初以来上海民众崇尚衣饰消费现象之缩影。此风俗由来已久,其背后虽有僭越服制、不合礼法之处,但在强大的消费需求的驱动下,被上海地方官署默许认可。

四、总结

通过上述对历书、祭品、食品、戏曲消费、服饰等上海春节民俗文化商品的梳理,可以看出晚清上海地方行政对上海传统春节文化变迁产生的直接与间接影响,更多是被动因应外在的政治、经济、人口等因素的变化,而非主动变革并推动春节民俗文化发展。晚清上海春节民俗文化及其消费,既与开埠之前的上海传统春节民俗一脉相承,又受到开埠之后租界华界分治、城市商业经济快速发展、中西文化交流以及城市人口增长等因素的影响,呈现出新的时代特征。

---

① 参见:《上海丝绸志》编纂委员会.上海丝绸志[M].上海:上海社会科学院出版社,1998;第五篇《丝绸的国内商业》.

第五节 博物馆商店及文创产品的新经济模式分析

"博物馆商店"(Museum Store)是指隶属于博物馆,以开发、销售博物馆文创产品为主的企业[①]。博物馆的文创产品指一系列由藏品派生出来的衍生产品,包括文物复制品、旅游纪念品、书籍等。博物馆商店的运营和文创产品的开发,不仅可以满足人们收藏的需求,也是博物馆实行"后续教育"的重要方式,更是当代博物馆经营管理的重要组成部分。随着近年来中国经济与文化的快速发展,人们的消费层次逐步由物质性消费向精神性消费转变,博物馆也随之成长为拥有巨大发展潜力的文化新经济市场原型。

一、博物馆商店和文创产品兴起的背景

一直以来,博物馆都是定位为"非营利性"组织,其主要功能是藏品收藏、研究和教育,博物馆商店的经营和文创产品的开发在博物馆产生之初并非是博物馆的主要业务。然而,随着一系列内外环境的变化,博物馆开始对博物馆商店和文创产品重视起来。

(一) 当代社会思潮的推波助澜

1984年《魁北克宣言》的发布标志着新博物馆学(New Museology)

---

① 冯林英.关于博物馆商店的思考[J].中国博物馆,2003(1).

的诞生。相对于传统博物馆学强调的藏品整理、保护、研究和陈列等，新博物馆学的重心在于博物馆对社区需求的关注，反对忽略社会关系、执意坚持精英观念的博物馆，提倡大众化博物馆[1]。在新博物馆思潮的影响下，博物馆的工作重心由传统对"物"的管理，转向对"人"的服务。除了维持传统的藏品整理、保护、研究与陈列之外，新博物馆学更注重博物馆外部的联系，包括与自然环境的联系及与人类社会的联系。博物馆经营博物馆商店和文创产品正是从参观者的文化消费需求出发，为参观者提供相应的产品服务与体验[2]。

与此同时，服务营销的核心也在由传统营销的 4P 组合向 4C 组合转变，即由产品（Product）、营销渠道（Place）、促销方式（Promotion）、价格（Price）四要素改为满足需求（Consumer's Needs）、友好沟通（Communication）、权衡成本（Cost）、顾客购买的便利性（Convenience）四要素。4C 组合更以人为本，体现人性化服务的宗旨，其每一个营销决策都是从消费者的角度出发，以满足消费者需求为最终归宿点[3]。

以顾客需求为导向的博物馆商店服务以及文创产品营销的出现，正是这种新博物馆思潮和以人为本市场营销精神的体现。在各方思潮的影响之下，博物馆商店和文创产品需以研究消费者为出发点，从找到参观者的购买需求开始，满足现代博物馆"了解公众需求、熟悉观众、争取观众、组织观众、为观众服务、满足观众的需求"的根本宗旨[4]。

---

[1] 皮埃尔·迈朗.新博物馆学的确立[J].国际博物馆，2016(3-4).
[2] 黄美贤.台湾地区博物馆发展文化创意产业的理念与实践[J].东南文化，2011(5).
[3] 王丽明.博物馆的双重营销理念——关于博物馆公益事业与经济产业营销的思考[J].中国博物馆，2008(1).
[4] 詹姆斯·盖拉特，等.21 世纪非营利组织管理[M].邓国胜，等译.中国人民大学出版社，2003：4.

(二)博物馆自身面临的财务危机

由于政府拨款削减等原因,博物馆面临着重大的经济危机,资金的匮乏致使一些博物馆运营维艰,许多博物馆不得不开源节流,减少预算支出、裁员、减少展览数量等。比如,美国大都会博物馆2009年得到的捐赠数额比2008年同期减少25%,而其预算的三分之一来自捐赠收入,为此博物馆把预算从2.2亿美元降到2.06亿美元,并且裁员350人,这些员工来自策展、行政、维护和其他核心部门。有的博物馆甚至采取更为极端的方式应对财务危机,如英国纽卡斯尔大学博物馆曾出售了部分19世纪非洲民族学的重要藏品,以此获得周转的资金。在缩减开支的同时,博物馆也在积极地寻找增加收入的方式。

1978年,美国耶鲁大学美术馆馆长亚兰·沙塔发表题为《馆长——学者和企业家、教育家和游说者》的论文,率先提出馆长应该把博物馆当作企业来经营的观点,在当时这一观点并未受到太多的重视。但随着从1980年起美国政府对博物馆财政支持的日渐减少,亚兰·沙塔之说开始被人们所奉行。很多高校开设博物馆学研习班,教授博物馆经营管理等课程,博物馆组织机构中也开始设立与营销相关的部门[①]。这种博物馆的管理改制几乎蔓延欧美地区主要的博物馆大国,体现出博物馆生存与发展的需要。

(三)参观者日益增长的文化消费需求

随着现代社会人们受教育程度的提高,传统的书籍等文化消费方式已然不能满足人们多样的文化需求,越来越多的人对参观博物馆兴

---

① 闵泉.市场环境下的博物馆经营管理[J].中国博物馆,2001(2).

趣陡增，具有深度文化底蕴的博物馆参观由此受到人们的青睐，这也意味着博物馆文创产品有大量的潜在客户。对博物馆而言，设计开发出消费者喜爱的高质量博物馆文创产品并投放市场，不仅可以增加博物馆的经济收入，也可以借助于这些文创产品的传播，加深参观者对博物馆的印象，有效提升博物馆的知名度和游客认可度。而对下游消费市场，这也可以改变以往游客在参观博物馆时"只能看、拿不走"的尴尬局面，能够满足消费者对于文化消费的需求，实现博物馆与参观者的双赢。

在上述背景下，自20世纪90年代以来，欧美博物馆的运营已普遍采用市场营销模式，把博物馆当作企业来经营已是共识。以2006年美国纽约古根海姆博物馆的财务报告来看，博物馆商店的经营收入约为955万美元，在总收入中所占的比例高达14.2%。然而，作为国家全额拨款的文化事业单位，我国国有博物馆的财政管理制度长期以来是"收支两条线"：一方面博物馆各项运营经费由国家财政全额拨款，这些经费不能用于经营开发与投资；另一方面博物馆所有收入都要上交。如1987年颁布的《文化事业单位开展有偿服务和经营活动的暂行办法》明确规定："文化事业单位把社会效益放在首位，同时要注意经济效益，积极开展'以文养文'的有偿服务和经营活动，但不得影响本职工作，弃文经商。"这就导致了我国博物馆在经营管理活动上积极性不大，文创产品市场在很长一段时间一直处于十分缓慢的发展状态。如何调动博物馆及其从业人员的积极性，以及更广范围内调集人才、技术，并广泛吸纳社会资金进入博物馆文创产业领域，从而做大做强文创产业投融资主体，真正实现博物馆的自我造血功能，需要国家有更明晰的激励政策出台。

在国际博物馆经营管理大趋势以及中国特色社会主义市场经济确立的背景之下，我国也逐渐出台了鼓励博物馆发展经营活动的政策。2006年1月1日，文化部颁布了《博物馆管理办法》，其中第四条规定："国家鼓励博物馆发展相关文化产业,多渠道筹措资金,促进自身发展。"第二十七条规定:"鼓励博物馆利用电影、电视、音像制品、出版物和互联网等途径传播藏品知识、陈列展览及研究成果。"第三十条规定:"鼓励博物馆研发相关文化产品,传播科学文化知识,开展专业培训、科技成果转让等形式的有偿服务活动。"2015年1月14日经国务院第78次常务会议通过、2015年2月9日中华人民共和国国务院令第659号公布的《博物馆条例》,其中第三十四条明确规定:"国家鼓励博物馆挖掘藏品内涵,与文化创意、旅游等产业相结合,开发衍生产品,增强博物馆发展能力。"这些政策法规给予博物馆开发文创产品相关的政策指引,也激发了明确出资人、受益人、剩余利润的分配机制、政策配套、税收减免等方面的思考。我国博物馆也开始尝试开发设计博物馆文创产品,从出售明信片等简单的商业活动,到设立专门的博物馆商店,文创产品的经营与管理规模在逐渐扩大。

二、我国博物馆商店和文创产品的经营机构模式

目前,我国博物馆商店的经营和文创产品开发主要有以下三种模式:

(一)由博物馆的内设机构自行开发设计、委托企业加工生产

我国博物馆内设机构主要分为行政部门和业务部门,行政部门下设人事、保卫、财务等部门,业务部门下设陈列部、保管部、宣教部、考古部等,有的博物馆会专设一个与这些部门平行的部门专门负责博物馆商店经营和文创产品的开发。如首都博物馆下设文化产业部,中国国家博物馆下设经营与开发部,后者又细化为综合管理科、市场营销科、采购管理科、经营服务科、文化产业研究室等,对经营活动进行细化管理,如图2-6所示。

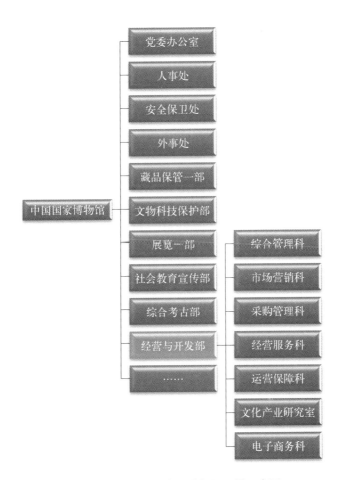

图 2-6　中国国家博物馆部门设置示意图

(二) 通过艺术授权的方式由公司全权负责

博物馆的文创产品是基于博物馆藏品的衍生品,要设计和开发藏品,必然需要先解决由谁来合法使用博物馆文化资源以及如何使用等问题,这就涉及文化资源的艺术授权问题。"艺术授权"又称艺术作品认可,是指授权者将自己所拥有或代理的作品或艺术品等以合同的形式授予被授权者使用;被授权者按合同规定从事经营活动(通常是生产、销售某种产品或者提供某种服务），并向授权者支付相应的费用，同时授权者给予一定的指导与协助①。比如，故宫文化服务中心为隶属故宫博物院、具有独立法人资格的经营实体，中心成立之初就明确了其主要职责为：在法律法规及故宫博物院规章制度允许的范围内自主开展经营活动，为社会提供文化产品服务；经院授权负责开发故宫元素的文化产品，并在院内进行销售；经院授权负责文物展览的随展商店经营工作，包括随展商品的开发、设计及销售工作。从中可窥见艺术授权公司的具体职责。

台北"故宫博物院"是较早通过授权与企业合作来实现文创产品开发的博物馆。以2010年为例，与台北"故宫博物院"合作的各类文创产品厂商已达79家，年营业总额约新台币4.3亿元②。目前，大陆地区采用的艺术授权模式多是建立博物馆隶属公司，由隶属公司获得博物馆的艺术授权来专门从事文创产品的开发，采用这种模式的主要有上海博物馆、浙江省博物馆、故宫博物院、湖南省博物馆等。上海博物馆早在1996年就成立了一个具有独立法人资格的经营企业——上海博物馆艺术品公司，建立了"上海博物馆"品牌，当前文创产品数量有1万多款，包括小产品类、服饰类、首饰服饰类、家居制品类、复仿制品类、书籍等，每年开发新产品将近20种，年销售额达3 000多万元③。湖南省博物馆于2003年成立了湖南省博物馆文化产业开发中心，下设经营销售、市场综合、财务、设计开发等部门，全面负责博物馆产业经营和项目的规划、开发，各项经营销售活动的组织。文化产业开发中心下属的商店专营漆器、丝绸刺绣、青铜器、瓷器等文物的复制品和具有鲜明的楚汉地方特色的文创产品。

---

① 刘勇伟.艺术授权：博物馆文创产业发展的新途径[J].博物馆研究,2018(2).
② 台北"故宫博物院"."国立"故宫博物院99年年报[R].台北"故宫博物院",2010.
③ 上海博物馆文创：200万何以运转20年？[EB/OL].[2015 - 10 - 27].http://www.hong bowang.net/interview/2015 - 10 - 27/3627.html.

(三)由品牌联盟的"连锁店"负责

对于一些不具备独立经营和开发实力的地市级博物馆,难以建立获得艺术授权的博物馆隶属公司,但又希望在更大的平台做大文创产品的销售,于是品牌联盟的商业模式应运而生,比较典型的是江苏省的"博苏堂"。2012年,南京博物院联合省内13家地市级博物馆组建了江苏省博物馆商店联盟,采用连锁运营的模式,整合开发全省博物馆的馆藏文物资源。基于各地市博物馆藏品设计的产品按照一定的章程审核后直接纳入联盟系统,采用统一的包装和博苏堂logo,在联盟商店内销售,这样参观者无论走进江苏省内哪一座地市级博物馆,都能在博物馆的"连锁店"里买到省内其他地市博物馆重要馆藏文物的文创产品。

这种模式的优点是可以解决地市级中小博物馆独立经营成本过高、人才缺乏、藏品有限等问题,综合全省中小博物馆的相关资源进行统一开发与经营,打通博物馆藏品、版权、产品流通、终端需求之间的壁垒。然而,品牌联盟的模式也存在一定的缺陷,比如可能会出现各地市博物馆所售文创产品趋同的问题,文创产品难以体现出当地博物馆独特的地域特色。

三、博物馆商店的营销模式

目前博物馆商店的营销模式主要采用的实体店销售和电商销售两种模式。

(一)实体店销售模式

实体店销售是博物馆商店经营的传统模式,也是最主要的模式。

对于实体店来讲,店面的选址十分重要。博物馆的实体店通常会选择设立在馆内出口处、馆内展厅出口处和馆外人流较大处等地。

1. 馆内出口处

绝大多数的博物馆都会选择在馆内出口处设立一家博物馆商店,这种模式适用于所有博物馆,店内所销售的文创产品种类齐全。建在出口处的博物馆商店通常也被称为博物馆的"最后一个展厅",是观众参观完各展厅后的一个必经之处,如美国纽约大都会艺术博物馆商店就设在入/出口处的大厅旁,是进出博物馆的必经之地(图2-7)。商店销售的文创产品近2万种,内容丰富,形式多样,其产品类别包括首饰、手表、书籍、电子产品、家居装饰、文具、服装等。有些博物馆商店甚至还专门

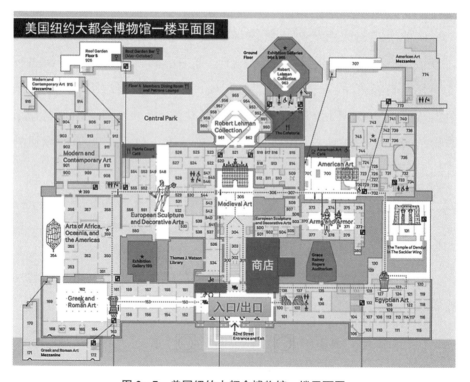

图2-7 美国纽约大都会博物馆一楼平面图

辟有一个直接对外的出入口,以满足一些只想购买文创产品而不想参观展览的公众的需求,如纽约现代艺术博物馆、东京国立博物馆等。

将博物馆商店设在博物馆出口处,可以最大限度地利用参观者的人流,而且由于观众刚刚参观完博物馆,对展品有较好的内涵认识和印象,通常而言此时购买欲望最为强烈。然而,由于藏品所具备的文化信息大,普通参观者需要具备一定的文化素养并在购买之前取得了较好的参观效果,因而在馆销售的博物馆文创产品的市场面相对于其他类型的文化消费比较狭窄。而且有关博物馆体验研究发现,观众在博物馆商店消费的时间也视为博物馆参观的一部分,同时也是参观的最后一部分,在时间一定的情况下停留在出口处商店的时间较为有限[1]。

2. 馆内展厅出口处

博物馆通常会根据藏品的种类设置不同主题的展厅,有的常规展厅的主题内容可能会大相径庭。对于一些著名的大型博物馆,观众参观展厅的时间都十分有限,甚至无法在特定时间内参观完所有展厅,预留在博物馆出口处的商店购买特定藏品主题的文创产品的时间则少之又少。与此同时,对于一些多次来博物馆的会员来说,再次参观博物馆的动机可能仅为参观某个热门特展,不会预留时间参观常规展厅或出口处的博物馆商店。因此,为了应对这些情况,一些拥有多个常规展厅的大型博物馆,或是在举办某个热门特展的博物馆,会直接在相应展厅的出口通道上专门设置小型销售柜,只出售与该展厅或特展直接相关的文创产品。这些文创产品主题非常明确,且观众在看完一个展览后,对与展品相关的文创产品的兴趣是最浓厚的,会有一定的购买需求。

---

[1] McIntyre C. Designing Museum and Gallery Shops as Integral, Co-creative Retail Spaces within the Overall Visitor Experience [J]. Museum Management and Curatorship, 2010, 25(2): 181-198.

比如美国纽约大都会博物馆在欧洲绘画展厅出口处设置的销售柜,专门销售以欧洲绘画藏品为基础开发设计的文创产品,包括莫奈绘画系列的冰箱贴、T恤衫等(图2-8、图2-9)。

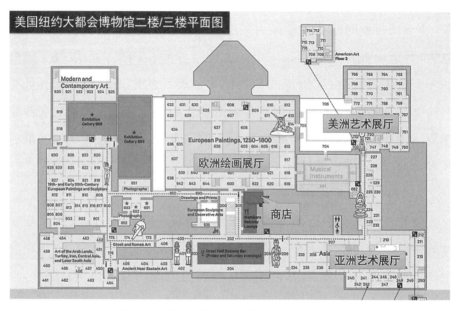

图2-8 美国纽约大都会博物馆二楼平面图

图2-9 美国纽约大都会博物馆莫奈绘画系列文创产品

3. 馆外人流较大的地方

绝大多数的博物馆文创产品的销售场地位于博物馆内,其销售情况大多受制于参观的淡旺季、观众数量、观众购买力等因素。许多国际知名博物馆也会选择在机场、大型购物商场、城市地标处设立博物馆商店。比如,美国纽约大都会博物馆就在纽约梅西百货商店(Macy's)、肯尼迪机场,以及法国、德国等其他国家的城市开设有多家博物馆商店,店铺外都有其著名的"M"标识性 logo;上海博物馆商店在上海浦东国际机场、新天地和东方明珠也设有博物馆商店。在馆外其他地方设立博物馆商店的模式适用于具有品牌效应的知名博物馆,所销售的文创产品以高档产品为主。这些设于馆外的博物馆商店不仅可以为博物馆带来更多的经济收益,同时也可以进一步扩大博物馆的知名度,一些城市博物馆的博物馆商店也可以成为城市品牌的宣传窗口。其缺点是场地租赁、人员雇佣等费用较高,使得运营成本增高。

除了店面选址,博物馆实体商店的内部规划也十分重要,需要遵循博物馆自身建筑与装饰风格统一的原则,在此基础上利用色彩的差异,以及灯光、橱窗等衬托出商店的特色,为消费者提供较好的购物环境。

(二) 电商模式

网民数量的剧增以及上网方式的日渐便捷使网络营销具备巨大的发展空间,彻底改变了传统实体店的营销模式。许多博物馆也注重利用自身网络平台对文创产品进行宣传和销售,如波士顿美术馆、上海博物馆等,在其官网上都有博物馆商店的版块和购买链接。同时,也有博物馆在专业的 B2C 或 B2B 平台上建立网络商店,如故宫博物院的故宫淘宝、苏州博物馆的苏博淘宝,均为博物馆在淘宝网上开设的官方旗舰店。2008 年创立的故宫淘宝店,现有近 200 件文创产品在线销售,总计销售 20 余万件，博物馆线上销售已经成为常态。

博物馆网络销售是对传统营销的重要补充，主要优势体现在：首先节约了实体店运行中场地租赁、人员雇佣的经费，让销售成本更低；其次，受众范围更广，互联网使用者都是网络营销的潜在客户，网络消除了因空间、时间、消费习惯等造成的市场障碍，让博物馆文创产品的销售范围扩大至世界各地。然而，由于电商模式并不要求消费者在购买之前有参观体验，因此消费者对产品的文化内涵并不一定有较深的了解，所以需要博物馆有一定的知名度，销售的产品多以创意佳的中低价产品为主，例如故宫淘宝的定位为 Q 版卡通形象，让店面从感官到产品都具有亲和力。

四、博物馆文创产品的定位与设计

发展文创产品的目的不是复古，而是在于创新。文创产品其实是一种对藏品"再设计"的产物，其核心思想在于对原有文化与艺术进行解读和创作，赋予我们所熟悉的日常用品一种新视觉。这种对藏品的"再设计"过程，应当遵循一定的原则。

（一）产品的定位与设计应当选择博物馆最具代表性的藏品

对于博物馆文创产品，博物馆文化特色的唯一性是他们考虑购买的主要因素。与市场上销售的同功能产品相比，博物馆文创产品的竞争力则体现在它具有更高的人文和科技含量或附加值。1990 年我国大约只有 300 余家博物馆，到 2016 年已经达到了 4 873 家[1]，许多主题

---

[1] 2018 中国博物馆发展现状与趋势[EB/OL].[2018-06-22].https://www.sohu.com/a/237139374_488370.

鲜明的行业博物馆、民办博物馆如雨后春笋般建立了起来,如上海汽车博物馆、上海琉璃艺术博物馆、中国邮政博物馆、青岛博物馆等。这些主题鲜明的博物馆的藏品都是独一无二的,博物馆藏品本身所具备的文化积淀和品位,是其他文化资源无法替代的,因此博物馆文创产品的设计应该选择博物馆最具代表性的藏品,否则则会失去文创产品的独特性,比如故宫博物院的文创产品如果放在兵马俑卖就失去了纪念的意义[①]。

苏州博物馆开发的"国宝味道之秘色瓷莲花碗曲奇"受到了公众的广泛认可,开创了利用馆藏设计食品类产品的先例,并荣获"2014年中国博物馆文创产品优秀奖"。这款产品的设计构思是选择了苏州博物馆知名度最高的文物——"秘色瓷莲花碗"作为造型元素。这件莲花碗是1956年在维修苏州虎丘云岩寺塔时出土,为五代越窑青瓷精品中的代表作。莲花碗由碗和盏托两部分组成。碗外壁饰浮雕莲花三组,盏托上部刻划双钩仰莲两组,下部为向外撇的圈足,饰浮雕覆莲两组。整件器物瓷胎呈灰白色,胎质细腻致密,施青釉,釉层厚且通体一致。"国宝味道之秘色瓷莲花碗曲奇"通过食品的天然颜色体现了文物原本的釉色,通过对线条的重新勾勒追求造型的神似,加之其是以文物为原型创作的一款便于携带的快消食品,工艺和配料均相对其他传统工艺食品简单,包装也相对容易,所以定价也更亲民,仅为25元/盒。这便让观众在食用"国宝"的过程中产生一种独特的消费体验,拉近观众与文物的距离,使得这款曲奇饼干大卖,月均销售数量近1 000盒,年销售额可达近30万元[②]。

(二)需注重艺术性与实用性的结合

博物馆藏品不仅是历史、艺术信息的载体,也是高精华浓缩的文化

---

① 杨静,余隋怀.论博物馆纪念品的设计研究与开发[J].包装工程,2011(2).
② 蒋菡.苏州博物馆文创产品开发的实践与思考[N].中国文物报,2014-12-23(5).

或科技作品,对它的解析和欣赏要求参观者必须有一定的专业知识基础。因此早期博物馆的复制品常以一种高端姿态远离了大众市场,之所以销量不好,也是因为复制品仅具有展示功能而不具有实用功能,消费者买回去也只能束之高阁,忽略了消费者的实际生活需要。反观畅销的文创产品,无不具有实用功能,能够在日常生活中发挥作用。比如台北"故宫博物院"的藏品翡翠白菜玉雕仅仅是用作展示的艺术品,但是这组以翡翠白菜为原型的文创产品十分畅销,因为以翡翠白菜为原型的雨伞、橡皮擦、耳环、椒盐罐、水果叉等赋予了它实用功能,具有浓浓的生活气息(图 2-10)。

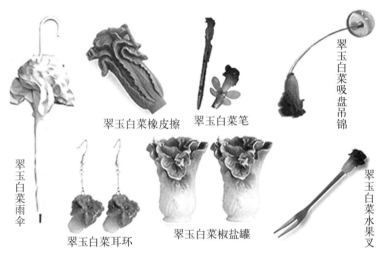

图 2-10 台北"故宫博物院"翡翠白菜藏品为原型的部分文创产品

有了好的产品构思,产品落地也十分重要,不论制作工艺还是外包装,甚至文案说明等诸多细节都是一件完整产品的组成部分,将带给消费者最直观的体验。畅销的博物馆文创产品一般都制作精良,且附有相关的文化背景资料,具有很强的吸引力,所以,普通民众往往将博物馆文创产品作为一个高雅、有品位的礼物赠送给亲朋好友[①]。苏州博物馆的"文衡山先生手植藤种子"文创产品是选择馆内文徵明手植藤所结的种子,取其传承"文脉"的寓意。种子本身非常简单,无品质好坏之分,但设计人员对诸多细节进行了充分琢磨,外包装用仿宣纸洒金材料,将文徵明"衡山"印图案作为封条,延续整个展览的logo符号,内包装采用纸艺制品盛放3颗种子,并印刷了关于文徵明手植藤的相关信息,精良的包装表现和优美的文案令这款文创产品在推出的首月内就销售一空。

(三)"7+2+1"的分众营销模式

因为观众是博物馆的服务对象,这个服务对象具有极大的广泛性,包括不同民族、肤色、性别、文化素养的各种各样的人,只有对观众有了深入的研究,博物馆的各种服务才能更有针对性。观众研究的内容大体可分为三个方面:观众类型特征研究、观众行为心理研究、观众活动反应研究。其中观众类型特征研究中就包括对观众的教育背景、兴趣、性别、年龄、收入水平等的分类研究。博物馆应在开展观众类型研究的基础上,深入了解观众的消费需求,精准定位,有针对性地开发文创产品。目前来看,文创产品"7+2+1"的销售模式能够最大程度地满足不同类型观众的消费需求。

低价产品:占70%,要求价格便宜,体积小巧、方便携带,批量生产,种类繁多,色彩鲜亮、时尚,种类为老少皆宜的饰品和工艺品,比如苏州博物馆商店的观音尊书签(15元)、藤种子(18元)、笔记本(25元);

[①] 张颖岚.美国博物馆的运营理念与文化产业[N].中国文物报,2007-05-11(6).

中价产品：占20%，要求产品用材讲究，制作工艺复杂，具有一定的收藏价值，主要是锁定在购物中端的游客群，比如苏州博物馆商店的衡山杯（128元）、纪念邮册（120元）、沈周玉兰帆布包（98元）；

高价产品：占10%，体现产品制作高超的手工技艺或高科技含量，具有一定的收藏和升值潜力，价格昂贵，以满足部分高收入观众的需求，比如苏州博物馆的紫光檀木扇（780元）、《三绝书卷》茶具（800元）、铜剑纹丝巾（620元）以及首饰等。

五、对博物馆文化新经济模式的评论

（一）博物馆文化新经济模式的积极影响

博物馆商店的经营和文创产品的开发，能够产生十分乐观的文化效益、社会效益和经济效益。

首先，可以满足人们的文化消费需求。观众走进博物馆观看展览，随之产生一个直接或潜在的需求，即如何"带走"这次参观的真实感受。博物馆建筑和展品当然不可带走，唯一可以带走的就是具有这个博物馆鲜明特色的文创产品。

其次，可以满足博物馆的文化传播和社会教育需求。博物馆特色文创产品的研究和开发，与博物馆其他主要职能（如藏品保护、展览、学术研究等）一样重要。它能在博物馆之外的地点、参观展览以外的时间，成为观众日常生活的一部分；自身带有的历史、科学及艺术等信息则以这样的方式在公众之中流动，是博物馆文化的一个传播渠道。其满足了博物馆作为文化事业单位，为社会公众服务、满足公众对文化的需求的职能要求。

再次,可以满足发展文化新经济、获取经济利益的要求。理论上,博物馆文创产品是审美价值与使用价值相结合的工艺性产品,具有符合现代标准的实用价值与审美意识,可推广到社会生活的方方面面,具有广阔的市场潜力。而且,文创产品并不是简单的文物复制,而是具有文化、创意的高附加值,并且这些附加值可以通过市场销售而转化为真正的经济价值,弥补博物馆作为文化事业单位的经济压力。以台北"故宫博物院"为例,2010 年总收入逾新台币 10 亿元,其中礼品部的营业收入就达新台币 6.476 3 亿元,而排名第二的传统项目门票收入仅为新台币 2.905 亿元[①]。

(二) 对博物馆文化新经济模式的质疑

以上叙述的博物馆文创产品所产生的积极效益,早已在国内外得到普遍的认可和实践。然而,对博物馆商店的运营和文创产品开发的质疑声和批评声也不绝于耳,主要有如下几个方面:

首先,博物馆作为一个非营利性机构,从事商业活动是否合适?《国际博物馆协会章程》第 2 条对博物馆有明确的定义,即"博物馆是为社会及其发展服务的非营利的永久机构,并向大众开放。它为研究、教育、欣赏之目的的征集、保护、研究、传播并展示人类及人类环境的见证物。"其中就明确了博物馆的"非营利性",那么,这种以销售为最终目的的博物馆商店和文创产品是否违背了博物馆的宗旨?非营利性的具体含义包括以下三层意思:第一,从组织的目的上来说,是不以营利为目的,也就是非营利组织的宗旨并不是为了获取利润;第二,不能进行剩余利润的分配,非营利组织可以开展一定形式的经营性业务而获得剩

---

① 黄美贤.台湾地区博物馆发展文化创意产业的理念与实践[J].东南文化,2011(5).

余收入,但是这些收入不能作为利润在成员之间进行分配,这一原则即"禁止利益分配原则";第三,不得将非营利组织的资产以任何形式转变为私人财产。所以,从这个角度来看,"非营利性"并不排除博物馆从事经营性活动的可能性,而是不以营利为终极目的。为此,《博物馆条例》也专门规定:"鼓励博物馆多渠道筹措资金促进自身发展……鼓励博物馆挖掘藏品内涵,与文化创意、旅游等产业相结合,开发衍生产品,增强博物馆发展能力。"

其次,博物馆商店的运营是否会影响到博物馆教育职能的发挥?收藏、研究与教育是博物馆的三大职能,由于在博物馆商店消费的时间是被囊括在博物馆总参观时间之内,因此如果在博物馆商店消费时间过长,则可能会挤压在展厅的参观时间,影响到博物馆展览教育职能的发挥。Sandra Mottner 利用 7P 模型对侧重教育和经济目的的博物馆策略分别做了统计,如表 2-4 所示,认为基于不同的教育和经济目的,博物馆会有完全不一样的行为策略,两者似乎难以兼容[1]。然而,博物馆商店并非无法展开教育活动,相反,博物馆商店作为博物馆参观的"最后一个展厅",反倒能够起到延续教育的作用。比如博苏堂南京博物院总店在销售文创产品的同时,还会摆放特定产品的海报进行相关宣传,延续博物馆展厅的教育功能,如对于"长毋相忘"系列文创产品,博物馆商店门口位置摆放的海报上有对"长毋相忘"创意来源因素的相关介绍:"'长毋相忘'银带钩,西汉,出土于江苏盱眙大云山汉墓,该汉墓距今已有 2 100 余年,于 2011 年被评为'中国十大考古新发现'。银带钩现藏于南京博物院。银质、龙首形。器表以错银工艺通饰云气纹。左右可分合,两侧内铸'长毋相忘'阴、阳铭文,钮底部有双重同心圆饰,

---

[1] Sandra Mottner, John B. Ford. Measuring Nonprofit Marketing Strategy Performance: the Case of Museum Stores [J]. Journal of Business Research, 2005, 58(6): 829-840.

暗喻男女双方永结同心,永不相忘之意。"①所摆放的这幅海报就在展厅之外再次延续了对"长毋相忘铭文银带钩"的阐释。

表 2-4　7P 模型下的博物馆不同目的的策略列表

目的	教育目的	经济目的
产品	与藏品密切相关的复制品	具有消费者私人标志的产品
价格	在正常价格之下的需求价格	高/低价格,长期的减价,在减价基础上有竞争力的折扣活动
地点	无	靠近出口处
活动	在橱窗、网站或邮件中对产品进行教育性的描述	提高博物馆商店访问量的活动
人员	强调教育培训和讲解;商店管理层应具有专业的博物馆专业背景知识或相关从业经历	商店管理层具有专业的零售业知识系统或从业经历
过程	提供教育材料;产品研发过程有馆员的参与;教育观众研究;博物馆商店的教育示范	POS 机管理系统;市场研究活动
物理证据	商店的设计和常售商品陈设等需要有馆员的参与;商店氛围与藏品密切相关,在广告、标签和产品中有体现	商店所占博物馆空间比例较高;商店设计和常售商品陈设主要是为了购物的方便以及最大限度提高销量

总而言之,博物馆商店和文创产品为代表的博物馆经营活动,是以文博馆藏文化为主题元素的文化消费模式,是一种新的经济增长形态。这种文化新经济模式,不仅为来博物馆参观的观众营造了一种博物馆体验,也让观众实现了教育和娱乐相结合的多重体验。

---

① 陈静.我国博物馆商店联盟运营模式研究[D].济南:山东大学,2014.

第六节 从设计策略的角度解构多人在线竞技游戏的沉浸体验
——以《王者荣耀》为例

一、多人在线竞技游戏

（一）多人在线竞技游戏的大众狂欢

多人在线竞技游戏（Multiplayer Online Battle Arena，MOBA）又称"动作即时战略游戏"（Action Real-Time Strategy，ARTS），是从1998年《星际争霸》（Star Craft）中自定义地图衍生而来的。早期比较成熟的一款多人在线竞技游戏是由暴雪公司《魔兽争霸3》的开发者们利用游戏引擎中的地图等内容再造的《遗迹守卫》（Dota，Defense of the ancient）。《遗迹守卫》实现了使用单个"英雄"和其他玩家分组对抗并摧毁对方基地的多人在线竞技游戏玩法，随后经过不断完善推出了《遗迹守卫2》（Dota 2），就是如今玩家们所熟知的"刀塔"。《遗迹守卫》虽然不是第一款多人在线竞技游戏，但它确实是第一款普及性较高的多人在线竞技游戏。在它之后又出现了《英雄联盟》（League of Legends）、《风暴英雄》（Heroes of Storm）等一系列多人在线竞技玩法的电脑游戏。数字市场研究机构Newzoo公布的2018年8月电子竞技赛事观看量游戏排名，《遗迹守卫2》成功拿下了游戏直播平台Twitch电竞赛事观看量冠军，以及视频网站Youtube游戏频道的亚军。全球玩家通过Twitch平台观看2018年"Dota 2国际邀请赛"的总时长达到了4 140万小时,与2017年同期的3 690万小时相比,同比增幅达到了12%①。多人在线竞技游戏从早期的即时战略游戏(RTS, Real-Time Strategy)中精简了其中场景建造和多个兵种操控这两类游戏玩法,让玩家仅仅只能控制一个"英雄",一切都围绕这个玩家控制的角色来展开。从游戏类型归类上多人在线竞技游戏被认为是实时战略游戏中的一个子分类②。多人在线竞技游戏往往设置成两支有五名玩家的队伍,游戏的目的是两支队伍必须互相摧毁对方的基地或建筑物来获得胜利。

由腾讯公司旗下天美游戏工作室开发的《王者荣耀》是一款在IOS与Android平台上运营的多人在线竞技5对5英雄公平对战手机游戏。从2015年开始,《王者荣耀》逐渐成为一款风靡中国的多人在线竞技游戏,它不仅具备游戏的娱乐性,也包含了对战竞技游戏的元素,这为它在普通玩家和硬核玩家同时受到欢迎奠定了坚实的基础。《王者荣耀》经典地图王者峡谷就是典型三路对战地图,从上、中、下三条主路来引导两队玩家的对战并让玩家攻克主路上的建筑物来获得胜利(如图2-11)。每个玩家必须选择或者说是扮演一个游戏角色,这

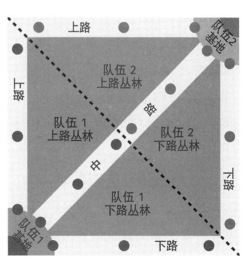

图2-11 多人在线竞技游戏地图

---

① Newzoo:《Dota 2》成8月电竞赛事观看最多游戏,《堡垒之夜》第3[DB/OL]. [2018-09-18]. http://sports.eastday.com/a/180918112913895000000.html.
② Marcal Mora-Cantallops, Miguel-Angel Sicila. MOBA Games: A Literature Review [J]. Entertainment Computing, 2018(26): 128-138.

个角色在游戏的过程中通过杀死敌人来获得经验和金币,使用经验和金币在游戏中购买主动的或是被动的技能,从而使该角色变得越来越强大。同时游戏中还为两支队伍设置了大量小兵(NPC,None-Player Character),这些小兵会沿着地图的路径帮助玩家攻击对方玩家和小兵,摧毁或是保护基地。

根据极光大数据提供的《王者荣耀研究报告》,2017年5月《王者荣耀》用户规模超达到2.01亿户,渗透率高达22.3%,日活跃人数与月活跃人数较2016年12月都增长了100%[①]。2017年第一季度的数据显示,腾讯移动手机游戏的营业收入达到129亿元,其中主要是由以《王者荣耀》为主的手机游戏的火爆表现所带来的[②]。2017年12月,腾讯公司根据《王者荣耀》的基本玩法在任天堂Switch平台推出了它的海外版《传说对决》(Arena of Valor),尽管它是由完全不同的一个团队开发的,作为《王者荣耀》的海外版依然挺进了28个国家畅销榜的前10名,入围了18个国家免费榜的前5名,并始终处在榜单前列[③]。在"网游那点事"公众号文章"深度探究网易腾讯2017年两大出海巨作:《Rules of Survival》和《Arena of Valor》美国变现首月收入对比"中发现,2017年12月19日美国市场正式上线以后30天内的苹果APP Store和谷歌Google Play的综合流水达到55万美元左右[④]。从最早的《遗迹守卫》仍然保持着很高的观看量和持续不断的赛事支持到现如今《王者荣耀》在

---

① 极光大数据:王者荣耀研究报告[DB/OL].[2017-05].https://www.jiguang.cn/reports/722017.
② 王新业.解锁《王者荣耀》火爆的法门[J].销售与市场(管理版),2017(8):30-32.
③ 曾挺近28国畅销榜Top 10,腾讯这款MOBA游戏什么来头?[DB/OL].[2018-02-16].https://baijiahao.baidu.com/s?id=1592536760937944462&wfr=spider&for=pc.
④ 观察|深度探究网易腾讯2017年两大出海巨作:《Rules of Survival》和《Arena of Valor》美国变现首月收入对比[DB/OL].[2018-01-26].http://www.myzaker.com/article/5a6b15db1bc8e0ca0a00014f.

中国市场与海外市场的斐然表现,足以见得多人在线竞技游戏在全球的火爆程度。研究它的沉浸性体验,不仅有助于进一步探索这一类型游戏的设计语言和设计方法,也是分析其他类型游戏的重要参照。

(二)多人在线竞技游戏的理论背景

尽管多人在线竞技游戏获得了社会的广泛关注和讨论,也为游戏公司创造了高额利润,在学术研究的领域却没有受到相应的关注。在海外研究中对于多人在线竞技游戏的研究更多是集中在对于个人情感控制和用户体验的探讨,加拿大萨省大学计算机科学部门的 Max Birk 博士和 Regan L. Mandryk 教授的论文"Control You Game-Self: Effects of Controller Type on Enjoyment, Motivation, and Personality in Game"使用数据模型来衡量玩家体验,从玩家情感和玩家体验的角度探索多人在线竞技游戏在游戏过程中如何自我约束,选择合适的交互工具来实现在游戏体验中的自我满足;英国伯恩茅斯大学的 Alexandra Buchan 博士和 Jacqui Taylor 教授的文章"A Qualitative Exploration of Factors Affecting Group Cohesion and Team Play in Multiplayer Online Battle Arenas(MOBAs)"则使用数据定量分析的方法对多人在线竞技游戏展开研究,计算出影响玩家表现最重要的一个分类:"交流",并对"交流"中团队组合模式、玩家心理状态和游戏难度层级三个部分进行数据建模和分析。

在中国知网上以"多人在线竞技游戏"为关键词搜索的结果显示:一是从计算机科学的角度对多人在线竞技游戏的数据平衡和游戏平衡的分析和研究,二是从交互设计的角度对多人在线竞技游戏类型手机平台的交互体验的研究,还有就是从设计学的角度分析多人在线竞技游戏中的角色造型和玩家情感。从数字游戏设计研究的角度来看,多人在线竞技游戏还值得从更多的视角进行探索。西班牙阿尔卡拉大学的 Marcal Mora-Cantallops 和 Miguel-Angel Sicila 对于多人在线竞技游戏的研究分类认为,如果把游戏作为"第九艺术",以艺术学理论中主客体分类,对游戏的研究可以从游戏设计本体论的角度出发,把多人在线竞技游戏的设计过程作为主体研究对象(即对游戏产品和游戏类型的研究);也可以从游戏受众的客体论出发(即玩家的角度),对游戏沉浸体验的设计、游戏玩家社区的设计等方向的研究;还可以从产业发展设计的角度对游戏商业运行模式和电子竞技产业规划与设计的角度进行探索(如图 2-12)①。

图 2-12 游戏研究分类图

学者们关注的焦点主要集中在对文化传播、青少年教育、网络社交以及游戏沉浸审美的研究角度,其中着墨较多的是游戏对于网络和文化的挑战,从传播学角度来探索游戏爆红背后的因素和带来的影响。

---

① Marcal Mora-Cantallops,Miguel-Angel Sicila. MOBA Games:A Literature Review [J]. Entertainment Computing,2018(26):137.

在文章《传播学视角下游戏〈王者荣耀〉"爆红"原因探析》中,作者从传播学的角度分析并认为《王者荣耀》如此广泛的玩家基础是基于该游戏较强的社会属性:第一,虚拟关系与现实关系的相互加强;第二,游戏时间短,契合现代社交时间;第三,相对公平的游戏规则,加强了社交乐趣;第四,被熟知的英雄名字,唤起集体记忆;第五,羊群效应使其成为社交必备[1]。同时也有不少学者对于一款手机游戏爆发式发展所带来的网络文化的影响充满了担忧,中国社会科学院研究员时统文提出了对于未成年玩家所带来的负面影响和文化的三聚氰胺化的深刻反思,尤其是腾讯公司对于未成年玩家的限制和相关媒体对于网络游戏的抨击之后更显得对于游戏和网络文化反思的重要性。2017年《青年学报》提出的关于《王者荣耀》的讨论中还提及了对于电子竞技的思考,知名媒体人吴驷把电子竞技看作是与体育竞技完全不同的世界,电子游戏与体育游戏没有直接的关系;也有学者认为电子竞技未来具有不确定性,传统体育游戏有更强的社会性,网络游戏虽然给玩家提供了虚拟社交平台,但是每个玩家又与现实社交渐行渐远,玩家个体趋向于更为封闭的状态。

  本文则是属于从游戏客体论的角度出发,在游戏设计的视角下来探索影响游戏沉浸体验的不同因素。其中丰富而强烈的沉浸感正是《王者荣耀》备受玩家推崇的重要原因之一。文章研究和归纳出这些构成游戏沉浸体验的诸多元素将会有利于解读多人在线竞技游戏为何成功以及玩家沉迷不同类型游戏背后的深层次原因,为进一步的研究提供更多的参考和素材。

---

[1] 王建业.传播学视角下游戏《王者荣耀》"爆红"原因探析[J].传播力研究,2017,1(4):143.

二、支撑《王者荣耀》沉浸体验的设计策略

《王者荣耀》设计师使用多人在线竞技游戏玩法,即"对抗—获取点数—升级装备—对抗"的循环结构,在战斗中以摧毁对方基地的目标要求来安排5对5、3对3和1对1不同类型的对战。游戏不仅包含了基本对抗模式,更为重要的是在游戏设计和游戏操作设计上保证了游戏可玩性。天美工作室为《王者荣耀》的沉浸体验搭建了一个流畅而又回馈及时的操作平台,这是《王者荣耀》作为一款游戏产品能在市场中脱颖而出的基础。以下将从设计策略的角度分析虚拟按钮设计、游戏平衡设计、团队合作设计以及现实社交设计多重对战中的玩法系统,解构了《王者荣耀》的沉浸体验。

(一)虚拟按钮设计建构沉浸体验

手机游戏平台多点触控的操作模式决定游戏的操作与虚拟按钮设计是直接建构游戏沉浸体验的基础。《王者荣耀》不同于《英雄联盟》等电脑端的多人在线竞技游戏,手机端的交互设计需要简化键盘和鼠标的精确操作来符合手机用户的习惯。《王者荣耀》通过左侧的虚拟摇杆和右侧的技能按键来简化复杂的键鼠点击和按键释放技能的操作,提高了手机操作界面的效率,这样的手机端操作设计架构极大地推动了手游版本的多人在线竞技游戏的沉浸体验,同时在手机端的芯片功效低于电脑端芯片的处理能力并不意味着手机端可以放松对于游戏及时反馈的要求,几毫秒的反馈误差往往是决定游戏胜负的关键。《王者荣耀》在游戏反馈上的设计体现在:第一,游戏的用户界面设计也有利于玩家游戏过程中把注意力集中在释放技能和控制角色路径,提供了清晰且直接的游戏用户界面体验;第二,网络对战的情况下游戏反馈及时且完整,

画面帧数稳定;第三,游戏虚拟按钮回馈生动,在游戏信息回馈上通过生动的动画效果和特效渲染使得无论玩家在释放技能、击杀敌人或是获得金币和经验等属性上都能够给玩家带来刺激感,这也是丹麦皇家艺术大学的 Jesper Juul 教授在他的 *A Casual Revolution Reinventing Video Games and Their Players* 一书中所提及的在目前休闲游戏中反映出来的过于积极的回馈:"如迷一般多汁的回馈"能给玩家带来流畅的游戏体验,甚至是达到游戏中的"心流"体验①。

(二) 游戏平衡设计维持沉浸体验

游戏平衡在许多类型的游戏中都起着至关重要的作用,在实时策略类游戏中仰仗各个游戏单位攻防参数的平衡来实现对战的平衡,而在卡牌类游戏中对游戏平衡要求更为明显,每一张卡牌的功能设计都需要在玩法设计中相生相克。

首先,游戏参数不平衡性构成游戏整体平衡。《王者荣耀》成为爆款之前,《Dota 2》已经流行了接近 10 年,如此长久的生命力在游戏产业中并不多见,两者虽然分属于不同的游戏平台,但是其游戏进化机制却大同小异,两者都会在每隔一段时间后根据玩家的对战结果和数据,发布游戏补丁来改变游戏中的部分参数。《王者荣耀》中每个英雄角色都具备不同的技能和获胜率,2018 年 8 月 6 日至 12 日这一周的数据显示,获胜率最高的角色"武则天"是 57.22%,出场率为 1.10%,而获胜率最低的角色"高渐离"为 46.80%,出场率为 1.17%,两者在不考虑出场率的情况下也相差无几,以角色的功能来划分的话各个不同功能的角色之间的获胜率差异也不大。角色参数之间的差异性和不平衡性随着

---

① Juul Jesper. *A Casual Revolution Reinventing Video Games and Their Players*[M]. London England: The MIT Press, 2010: 45 - 49.

组队的变化配合和玩家自身水平的学习和适应维持了完美的平衡从而使得游戏性大大提升①。从 2018 年 8 月 6 日至 12 日各种类角色获胜率最高统计中,搜集了各个功能英雄种类的获胜率和出场率,虽然每个角色之间的功能存在着极大的不平衡,例如"坦克"这一种类角色在血量参数的设置上远要比其他类型的角色更高,但是在去除出场率影响的前提下,坦克类型的角色与其他类型角色相比获胜率几乎在同一水平线上(如表 2-5 所示)。这意味着尽管各个角色之间的功能和参数设置不同,但是组合的队伍却保持着平衡,游戏参数设置对于游戏胜负的影响降低,通过玩家操作的优劣来决定游戏的胜负。

表 2-5　2018 年 8 月 6 日至 12 日各种类角色获胜率最高统计

分　类	坦克	战士	刺客	法师	射手	辅助
排名第一	白起	宫本武藏	李白	武则天	鲁班七号	太乙真人
获胜率(%)	51.69	54.16	54.41	57.22	52.43	56.18
出场率(%)	6.37	16.73	23.69	1.10	59.64	1.43

其次,等级限制和玩家社区。《王者荣耀》存在吸引新手玩家和留存高段位玩家的要求,但是如果在游戏中让新手玩家与高段位玩家对垒则会让游戏局势呈现出一边倒的局面,破坏了游戏平衡和可玩性。所以《王者荣耀》的开发者设置了玩家升级通道,该升级通道分为七大段位:倔强青铜、秩序白银、荣耀黄金、尊贵铂金、永恒钻石、最强王者、荣耀王者。每一段位又分成不同的积分级别。这样的升级通道一方面保证了玩家在匹配时可以面对水平相似的玩家不至于有很强的挫败感,另一方面也杜绝了付费玩家凌驾于其他游戏玩家之上而破坏游戏

---

① 王者荣耀英雄排行榜[DB/OL].特玩网[2018-08-12].http://db.18183.com/wzry/rank/.

的可玩性和平衡性的可能。

最后,游戏的积极反馈与消极反馈。游戏的积极反馈是在游戏中的一种使得玩家加强自己领先势力的工具,而消极反馈是在游戏过程中促使游戏结束的工具。两种工具的合理搭配是控制游戏节奏和游戏玩法的两大变量。例如在《王者荣耀》中,玩家对于小怪的击杀获取金币,玩家通过击杀对方英雄获得更强大的属性,积极反馈帮助玩家在游戏中加强自己的领先地位,消极反馈则体现在玩家每当被杀一次,下一次的复活时间都要比上一次更久,而时间恰恰又是多人在线竞技游戏中控制玩家获得金币或经验最重要的常定量,所以每次增加的复活时间都是结束游戏的控制工具,也就是游戏的消极反馈。

(三) 团队合作设计推动沉浸体验

英国管理学理论家 Belbin 曾经提出过一个"团队角色平衡假说",他认为成功的团队需要一群平衡团队的角色和一个合适的领导。如果一个团队有各种各样的角色,那么它会比没有这种平衡的团队表现更好[1]。这一原理也同样适用于以《王者荣耀》为代表的多人在线竞技类型游戏。在《王者荣耀》中设置了六种不同类型的角色,分别以高血量、高输出、高速移动、高魔法数值、远距离数值和辅助的不同功能给予了玩家在组队中自由选择组合的机会。

《王者荣耀》提供了"临时组队"与"好友开黑"两种组队模式。"临时组队"的形式是基于游戏对于等级相同玩家的自动匹配。"好友开黑"这种组队模式则是基于社交账号的好友入口来组队。自动匹配这

---

[1] Buchan Alexandra, Taylor Jacqui. A Qualitative Exploration of Factors Affecting Group Cohesion and Team Play in Multiplayer Online Battle Arenas (MOBAs)[J]. Computer Game Journal, 2016, 5(1): 65-89.

种临时组队的模式对团队交流与整合的要求更高,不少玩家都表示临时组队更难以实现高度配合的团队行动,同时在游戏过程中给予队友的指示和要求更难以传达。虽然上述的情况阻止了玩家进入到完美的游戏沉浸中,但是在一个积极正面的交流过程中创造一种和谐的团队气氛,尤其在面对临时匹配的陌生队友,更容易进入良好的沉浸游戏体验[1]。

玩家在游戏中面临压力时保持积极正面和冷静的心态无疑是有利于获得游戏胜利的一个决定性因素。在多人在线竞技类型游戏中通过让玩家自我矫正心理来强化游戏的体验感,以达到玩家或是说用户所期待的游戏体验。不论资深电竞运动玩家还是普通的休闲玩家,他们都深知在这款游戏中与队友的交流将会直接影响到游戏的胜负,所以每一个玩家都会对自己在游戏中的操作进行一定的自我约束。佛罗里达州立大学的 Yubo Kou 教授在采访了《英雄联盟》的玩家后发现,所有的玩家都一致认为在游戏中保持一个积极正面的态度对团队配合有着积极的影响和作用[2]。《王者荣耀》中玩家面对困境和压力时仍需做出正确的操作动作和策略,这是玩家在游戏过程中多个心理状态的集合,需要玩家自我调整。主要包括以下几个方面:第一,内在动机。在多人在线竞技类型游戏中的内在动机往往转化成为攻击性、控制性和企图获得成就的强烈追求。第二,竞争性。在《王者荣耀》中围绕竞争性设置的不仅仅体现在游戏战斗中获得胜利、获得金币和经验的竞争过程,更体现在游戏系统中对于等级的追求。第三,自主性。多人在线

---

[1] Yubo Kou, Xinning Gui. Playing with Strangers: Understanding Temporary Teams in League of Legends[C]. Toronto Canada: CHI PLAY, 2014: 164 - 165.

[2] Yubo Kou, Xinning Gui. Playing with Strangers: Understanding Temporary Teams in League of Legends[C]. Toronto Canada: CHI PLAY, 2014: 167.

竞技类型游戏允许玩家自由选择对战的路线和策略,尽管《王者荣耀》中玩家的自主性受到了队友配合要求的限制,但是一定程度上玩家仍然能够自主选择自己的策略,哪怕这一游戏策略无助于自己所在的队伍获得胜利。第四,关联性。关联性是描述归属感的一种人类情感,许多游戏都会运用这一因素来打造更紧密的团队关系和游戏沉浸感,《王者荣耀》充分利用实时交流和"好友开黑"这样的方式来达到队伍战斗中的归属感。第五,存在感。存在感是竞争性和自主性成熟条件下达到心流体验的最高形态,这样的心理状态往往是在玩家最后获得胜利或是在实现了非常高效的操作中体现出来。

(四)现实社交设计提高沉浸体验

首先,提高《王者荣耀》沉浸体验的诸多因素中比较容易让人关注到的就是它网络社交入口的接入。腾讯凭借着QQ和微信两大社交入口直接连接《王者荣耀》,为该游戏提供了上亿的玩家群体。一方面凭借着巨大的社交网络,《王者荣耀》很容易地实现了游戏的人际传播,加之每周的战报在朋友圈等网络社交空间分享,加强了游戏的社交属性。另一方面,线上线下的交流与电子竞技的介入更是进一步把《王者荣耀》的社交属性激发出来。玩家在游戏过程中不仅有着与"好友开黑"的沉浸体验,还有着在游戏中对标电子竞技职业玩家和游戏主播操作水准的自我期待,这一点也有助于玩家更好地沉浸入游戏体验中去。最后在游戏结束后的社交排名系统也是激励玩家在游戏开始后迅速进入游戏沉浸状态的一个重要因素。

其次,提高《王者荣耀》沉浸体验的是通过电子竞技赛事与直播。随着电子竞技和游戏直播两大行业的火爆发展,《王者荣耀》更是掀起了全民竞赛的热潮,更有不少商业竞赛举办自己的《王者荣耀》比赛来吸引人气。外部的社交属性推动了玩家们进入游戏沉浸体验,对于玩家来说这样的等级爬升和荣誉比较是他们网络社交的一部分,而游戏过程中操作和策略更是成了不少玩家茶余饭后的谈资,这也是现实社交中玩家互相沟通的话题。

最后,女性玩家的崛起为《王者荣耀》带来了更为广阔的玩家覆盖,也给游戏带来了更充分的沉浸体验。根据极光数据的统计,传统游戏的男性玩家远远多于女性玩家,而在《王者荣耀》中史无前例地出现了女性玩家略高于男性玩家比例的情况。女性玩家对于游戏中游戏角色的选择也反映了玩家的自我认知;另外,戈夫曼的"拟剧论"认为人们的日常生活的表演可以看作是舞台的前台,而在电子游戏中的表演可以看作是舞台的后台。[1] 以女性为代表的玩家们遵循游戏规则,是展示并且重塑自我形象的一个过程;女性玩家更注重角色外形和皮肤的特性,赋予了对游戏进行二次创作和构建理想的自我功能。[2] 女性玩家的加入一方面扩大了游戏的受众范围,同时女性玩家还为游戏的网络社交、电子竞技、游戏直播带来了不一样的体验,这也是女性玩家数量首次超过男性玩家数量所带来的不一样的游戏沉浸体验。

三、结语

《王者荣耀》在多人在线竞技类型游戏中具有典型的代表性。在当今手机游戏和移动端游戏的潮流下,虚拟控制与游戏流畅度也影响着

---

[1] 张旖.符号消费与身份建构:手机网游《王者荣耀》粉丝群体研究[J].传播力研究,2018,2(19):236-237.
[2] 江晨晨.网络游戏中高校青年女性的互动行为和身份认同研究[J].新闻知识,2018(6):74-77.

玩家的沉浸游戏体验，这是游戏在系统设计和操作设计与硬件结合所决定的。但是更关键的是多人在线竞技类型游戏高度流行和高度沉浸的游戏体验与游戏的平衡性沉浸体验、团队配合的沉浸体验和社交属性的沉浸体验紧密的联系。每一个类型的游戏在每一个自己流行的时期都有高度沉浸体验的特质，这是由特定类型的游戏规则和操作要求以及当时的游戏硬件载体综合决定的。

第三章

文化新经济态势下的中国文化走出去：理论及传播策略研究

第一节 文化新经济视阈下中国双语学人的历史担当

一、逆向翻译的逆向思考

(一) 引言

当下在翻译领域和比较文学或世界文学领域流行起一个关键词，叫逆向翻译。"逆向翻译"这一术语出自图里（Toury）[①]的"正向翻译（direct translation）"和"逆向翻译（inverse translation）"。这一方向性的命名是根据译者对其母语和后天习得的外语这两种语言来划分的，所谓正向翻译是将外语翻译成译者的母语即译入母语，而逆向翻译指

---

① Toury G. Descriptive Translation Studies and Beyond [M]. Amsterdam: John Benjamins, 1995.

将译者的母语文本译成外语即译出母语。

在翻译方向问题上,翻译界一直约定俗成地认为翻译应该从外语译入母语,而不是译出,只有译入母语才可以保证译作的质量,如翻译家纽马克(Newmark)认为译入是唯一能保证译文自然、准确和最佳效果的途径,目的语不是译者惯用的语言就不可能取得令人满意的效果①。凯利(Kelly)认为,从母语译出,除了强调其困难程度之外,其他不值得探讨②。贝克(Baker)也认为,从事译出翻译活动的大多数译者在判断何时或如何使用习语方面不可能达到本族语的敏感程度③。

针对以上意见有人进行了反论和反证。王晓农④探讨了逆向翻译与正向翻译的区分价值和实践意义,提出翻译界应重视对逆向翻译的理论研究和逆向翻译人才的培养;黄立波⑤以朱自清的散文《荷塘月色》及其五种译文为语料,从翻译文体学视角考察逆向和正向两个翻译方向以及合译文本的语言特征,探究其差异,通过研究发现并得出结论:简单地对逆向与正向翻译文本孰优孰劣下定论是不准确的。李洁⑥从文化参与的视阈认为逆向翻译是中国译者文化自觉和文化自信的体现,中国译者逆向翻译活动具有重要的意义,等等。

---

① Newmark P. A Textbook of Translation[M]. New York: Prentice Hall, 1988: 3.
② Kelly L G. The True Interpreter: A History of Translation Theory and Practice in the West[M]. Oxford: Basil Blackwell, 1979: 111.
③ Baker M. In Other Words: A Coursebook on Translation[M]. Beijing: Foreign Language Teaching and Research Press, 2000/1992: 64.
④ 王晓农.逆向翻译和顺向翻译的区分价值及其实践意义[J].山西大同大学学报(社会科学版),2010(6): 70-73+103.
⑤ 黄立波.译出还是译入:翻译方向探究——基于语料库的翻译文体考察[J].外语教学,2011(2): 96-101.
⑥ 李洁.文化参与视阈下的逆向翻译——谈中国著名汉英翻译家的翻译理路[J].广东外语外贸大学学报,2015(3): 78-81.

其实,正向翻译、逆向翻译是一对伪命题,其归根结底是译者的水平问题,理论和实践上都如此,因此就学科建构而言是理想化方法所应悬置的问题,即本不该成为学科术语或学术问题。但是随着中华文化复兴和对外讲好中国故事的需求,逆向翻译这一术语却显得愈加凸显,对译者和国家政策的制定都有着消极的影响,因此有必要对"逆向翻译"进行逆向思考和论证。

(二)"逆向翻译"真的是西方的专利吗?

中华文化走出去意味着要把中国最好的精神财富译成外语,围绕中国文化成功走向世界,在学界议论得比较多的是中华文化外译涉及译什么和谁来译这两个基本问题。我们且悬置译什么这一问题,而讨论谁来译这一问题。如前所言,由谁来译这本不是翻译学的命题或者只能说是伪命题,但这一命题在学界却成了一个凸显性的问题。西方汉学家如宇文所安(Stephen Owen)、霍尔顿、葛瑞汉(A. C. Graham)等乃至很多中国学者不主张中国译者从事逆向翻译,而提出由西方译者来译或西方译者加中国译者合作的模式。

所谓"逆向翻译",无疑对从事外向型翻译的中国译者具有否定的意味。目前的主流思想也是否定中国学者外译。如英国汉学家葛瑞汉说:"我们不太可能让中国人把诗词译成外文,因为按照一般规律,翻译最好是译成译者自己的母语,而不是相反,这一规律很少例外"(Graham,1965:37)。其意就是说汉译英是母语为英语译者的事,母语为汉语的译者根本办不到。英国汉学家詹纳尔(Jenner)也认为,中国作品的英译应由英语本土人士承担,尽管中国本土译者的英语水平很高,但对他们来说,将本国文学作品移植到其他语言的工作是几乎无法完成的,其困难是不能克服的①。诺贝尔奖评委马悦然(Goran Malmqvist)曾说:"一个中国人,无论他的英文多么好,都不应该把中国文学作品翻译成英文。要把中国文学作品翻译成英文,需要一个文学素养很高的英语国家的人,因为他通晓自己的母语,知道怎么用英文进行表达。"②美国当代汉学家宇文所安也表达了类似的观点:"中国政府正在花钱把中文典籍译成英语,但这项工作绝不可能奏效。没有人会读这些译本。中国可以更明智地使用其资源。不管我的中文有多棒,我都绝不可能把英文作品翻译成满意的中文。译者始终都应该把外语翻译成自己的母语,绝不该把母语翻译成外语。(《英语世界》2015:105)"宇文所安的论断很决绝:中国人中译英必然失败,而且也没人读。而且,为了加强逆向翻译的不可行性他还以自己为例说不管自己的中文有多棒自己都不会把母语译成汉语。霍尔顿也同样的决绝,他认为中国译者绝大部分都不具备将母语译为外语的能力,只能与外国人合作。

很多中国学者也不主张中国译者进行逆向翻译,而主张由西方译者来译或采用西方译者加中国译者合作的模式。

以上结论无非就是:中国翻译家没有独立从事中译外的能力,在讲好中国故事和中华文化走向世界这一进程中只能充当配角。

尽管宇文所安等人的论断杀伤力很大,却是缺少事实与理性基础的。如果西方学界和中国学界将中国人自己的母语译成外语说成是逆向翻译,那么这一说法很值得商榷。中国的政府文献和外宣资料主要

---

① Jenner W J F. Insuperable Barriers? Some Thoughts on the Reception of Chinese Writing in English Translation[A]//Goldblatt H. World Apart: Recent Chinese Writing and Its Audience[C]. New York: M.E. Sharpe, Inc., 1990: 187.
② 马悦然.诺贝尔文学奖评委称中国人不应翻译本国作品[N].南方都市报,2006-07-17.

是由中国译者完成的，中国政治、经济乃至各种场合的口译也绝大部分是中国人来完成的。事实上，在世界范围内，多数译者在从事逆向翻译活动①。逆向翻译活动是客观存在的。如中国的佛经汉译，起初都是外来僧人像安世高、鸠摩罗什等非母语者进行的逆向翻译，并取得了很高的成就。明朝万历年间，意大利传教士、学者利玛窦通过"汉语著述"的逆向翻译方式传播天主教教义和西方天文、数学、地理等科学技术知识。有鉴于此，将这些翻译活动冠以具有否定意味的"逆向翻译"这一名称真的合适吗？如果逆向翻译仅指经史子集、诗词歌赋的外译，那么其他文本是正向翻译而这类却是逆向翻译，显然也缺少必要的逻辑基础。为什么同样汉译外，一部分是正向翻译而另一部分是逆向翻译呢？其实，宇文所安所指范围并非都是典籍而是所有文本。尽管逆向翻译这一概念是很含混的，听起来却似乎很有道理，感性上很容易让人信服，因为中国人的外语不如本族语者好。在此我们不妨设问如下：其一，英语本族语者的英语就一定比汉语本族语者好吗？比如辜鸿铭、林语堂的英语就一定比本族语者差吗？其二，本族语者说英语，就意味着其语言能力强吗？比如都能进行文学创作吗？其三，翻译仅仅是语言能力或双语能力的问题吗？会两种语言就一定能做好翻译吗？其四，假如本族语者的双语能力都足够好，其"正向"翻译就一定好吗？

仅就经典外译这部分而言，是不是就一定是西方译者优于本土译者呢？在此我们且以宇文所安的正向翻译为个案进行分析。汉学家宇文所安算是公认的学者和翻译家，他于2016年出版了《杜甫诗集》(*The Poetry of Du Fu*)英语全译本。我们且考察其译文是不是就一定可靠。

---

① Dollerup C. Basics of Translation Studies[M]. Shanghai：Shanghai Foreign Language Education Press，2007：11.

白头搔更短，浑欲不胜簪。

I've scratched my white hair even shorter,

pretty much to the point where it won't hold a hatpin.

原文为五言诗，译文与原文没有韵律上的类比关系，失之于形。原文是诗，译文不是诗，即便仅就语义内容来看也有问题。原文的意思是：愁苦中搔头发现头发越来越少，连簪子都没法插了。杜甫头发少是因为战争和生活的愁苦所致，而英译文表明头发短是搔短的，即 even shorter 是 I've scratched 的结果，而 pretty much to the point 加强了与 scratched 之间的因果关系。此译显然是拘泥字词而忽略语境的结果，造成杜甫形象的怪异。我们再看一例：

李白一斗诗百篇。

Li Bai makes a hundred poems out of one quart of ale.

原文是说李白饮酒作诗才气过人，饮一斗酒，就可以赋诗百篇，而译文的意思是"李白用一品脱的爱尔兰啤酒制造了一百首诗。"译文丝毫表现不出李白的豪放与才情。再说唐朝的李白如何能喝到啤酒且是爱尔兰啤酒呢？

我们不否认西方汉学家为传播中华文化所做出的巨大贡献，也不一概否认他们的翻译和所采用的翻译方法，我只是想考察其译文是否真的可靠，是否真的比中国译者译得优秀。中国学者在翻译中华文化面前就只能畏手畏脚且被西方学者否定并标上"逆向翻译"的标签吗？

我们再看看历史上在汉学领域做出过重要贡献的翟理斯（Giles）。我在《三字经英译集解》《三字经英译课堂》中系统分析了翟理斯的错误。首先，《三字经》每行三个字诗行押韵合辙这些凸显性特征在译文中全然缺失，原文是三字经而译文只是《三字经》的散文化解释，译文失去了原文的身份即是其所是。而其书名却叫作 Elementary Chinese；

San Tzu Ching，可谓名不符实，再说对不懂中文的外国读者而言 San Tzu Ching 没有意义。短短的一部《三字经》其译文随处都有错误。我归纳了有逻辑错乱、语义悖谬、句法怪异、史实错误、任意枝蔓等 12 类错误，而每一类错误中还有许多错误。比如"为人子，方少时，亲师友，习礼仪。"译为 He who is the son of a man, when he is young, He should attach himself to his teachers and friends; And practise ceremonial usages。此译句法不正确，语义不明晰，也十分拗口。首先是 He who is the son of a man 这一结构不能作为主句主语即 He 的同位语，孤悬于句外，可判定为句法错误。与句法相关的，便是语体问题了。He 为男性，肯定会是某人的儿子，所以 He who is the son of a man 用词累赘、冗余，其意义不过就是 He。可见，翟理斯如此处理不仅犯下了语法错误，而且语义上也很冗余。就历史方面而言，错误迭出，比如，"光武兴，为东汉。四百年，终于献"是接续前文西汉历史的，说汉朝时间是四百年，而翟理斯的译文是 Then Kuang Wu arose, And founded the Eastern Han Dynasty. It lasted four hundred years, And ended with the Emperor Hsien。根据翟理斯译本，"it"前指的是"the Eastern Han Dynasty"，这说明东汉是四百年的历史了。再如"古今史，全在兹。"这个译例中翟理斯为何将"古今史"译为 The Seventeen Dynastic Histories，实在找不到对应关系。在《三字经》的某些版本中，此行原文是"廿二史"，指的是 22 部正史。如果要以朝代代表中国历史亦无不可，但是根据中国的历史年表，可以数出中国历史上一共有 83 个王朝，559 个帝王。翟理斯译文属于非自主文本的庸俗而错误的字词解释。内容层面的错误，造成形意界面的破损；形式层面的缺失，使翻译失去诗学意义。我们不能设想，一个译者若对原文的理解错误百出，单靠一手母语的好本领，能译出成功的作品，能还原经典吗？

由是观之，中华文化走出去的重任交给西方汉学家或翻译家是相当不可靠的。翻译的归属权问题关系到中国文化能不能走向世界，能不能实现中国文化梦的问题。"逆向翻译"不是西方人的专利，中国译者应理直气壮地承担起历史的责任，以诗译诗，以经译经，重铸经典，斯道极轨。

（三）"逆向翻译"与中华文化走出去的思考

逆向翻译在中国历史悠久，尤其是进入 21 世纪，随着中国大国地位崛起，中国走向世界，进入世界的中心，文化外译成为一种刚需，逆向翻译愈发显得重要和迫切，并引起翻译界的关注，其研究也日趋活跃。

翻译是中华文化走向世界的推动力，而中华文化走出去亟须解决的首要问题就是译者的理性选择这一核心问题。中国的双语学者任重而道远。中国在军事、经济诸等方面已经迈出了一条腿，而文化这条腿还没迈出去。当我们正想把几千年的优秀传统文化奉献给世界之时就被打上了"逆向翻译"的标签，而宇文所安、葛瑞汉等汉学家也念下了咒语：中国人的中译英，决不能成功！那么西方译者的译文质量就令人满意吗？观之以上具有代表性的外国译者"正向"翻译的错误事实，我们可以说：西方译者未必行，中国译者未必不行。这将由事实和历史来说明。

事实上，国外学者通过翻译方向性问题的实证研究给了我们中译英强有力的支持。比如波考恩（Pokorn）通过语料库实证研究比较了英语母语译者和非母语译者的文学类译作的质量和可接受性，研究发现母语译者与非母语译者的翻译并不存在明显的区别，这推翻了传统观念中认为母语译者对母语的掌握程度总是优于非母语译者，母语译文质量总是优于非母语译文。由此得出结论，译文语言的准确性、可接受性,和译文的质量主要取决于译者个人的语言能力,其运用的翻译策略,以及具备的源语文化的背景知识,而非其母语或翻译方向[1]。Snell 和 Crampton [2]认为,在专业化领域,由具备原语能力的专业译员进行逆向翻译可能会比母语者进行顺向翻译好,特别是在译文需要后续编辑的情况下。澳大利亚学者坎贝尔(Campbell)也指出在世界很多地方,逆向翻译是一项常规和人们所普遍接受的翻译行为,指出"尽管母语翻译具有很多优势,但对于许多国家的译者来说还需要向第二语言进行翻译"[3]。国内学者针对外国学者的否定和武断认为汉译英只能由西方人来做,中国译者一定不行,也提出了挑战和反驳。比如潘文国就说,汉籍英译不是外国人的专利,中国学者和翻译工作者应该理直气壮地勇于承担这一工作,为在新世纪弘扬中华文化做出自己的贡献;他从国际政治、翻译理论以及语言学理论发展的角度出发,对外国学者反对中国译者从事中译英进行了反驳,认为"正确的态度应该是,中国的译者有译得好的,有译得不好的;西方的译者也有译得好的,有译得不好的;大家应该在同一起跑线上共同竞争"[4]。施佳胜以《文心雕龙》的英译为个案,对中国译者的"逆向翻译"和外国译者的"直接翻译"从整体翻译策略和具体译例方面进行对比研究,发现中国译者和外国译者的译文之间并不存在源语翻译方向和译者母语的区别,译文的差异最终

---

[1] Pokorn N K. Challenging the Traditional Axioms: Translation into a Non-Mother Tongue[M]. Amsterdam and Philadelphia: John Benjamins, 2005: 105 – 106, 118, 123.
[2] Snell B, Crampton P. Types of Translations[A]. C. Picken ed. The Translator's Handbook[C]. London: Aslib, 1989: 85.
[3] Campbell S. Translation into the Second Language[M]. New York: Addison Wesley Longman, 1998: 11, 57.
[4] 潘文国.译入与译出——谈中国译者从事汉籍英译的意义[J].中国翻译,2004(2):41.

取决于译者个人的翻译策略和语言能力①。

中译外翻译是译者将母语文化变为他语以求信息量相似的思维活动与语际活动,其翻译过程包含理解和表达两个层面,理解是翻译的前提和基础,表达是翻译的结果。一般而言,外国译者可能在表达上具备优势,中国译者则在理解上占据优势。中国文学作品理解很难,外国译者往往只能一知半解。许渊冲通过实例举证得出结论,理解力弱而表达力强的外国译者并不能译好中国诗词。西方译者理解只有50%,即使表达能力是100%,翻译结果也只能是50分。而中国译者如果理解诗词有八九分,甚至十分,用外语表达的能力不一定在外国译者之下,那翻译的结果就可以达到90分,甚至100分,远远高于西方译者②。正确理解,才能正确翻译③。中华文化外译理解是关键,经典又具有高度的文学性,最理想的状态是具有纯熟的双语双文化能力和对翻译这一存在的本体论认识。若译者只熟谙译语句法、词汇的表达,而不能深刻理解、领悟源语的语言文化构成,也不通晓翻译的本质与机制,那么"换易言语"便达不到相解,翻译任务很难完成。

由于可能受制于译者的研究视野及认知偏见,中国文学作品外译极有可能遭遇西方汉学家的"诠释不足"或"过度诠释",从而导致西方读者对于中国文学及中国文化,乃至中国形象出现不同程度的误释与误读④。这样的翻译不但不成功,还会成为中西文化交际的障碍。通常情况下,非母语译者对原作文本的理解更为深刻、全面、准确,而且在翻

---

① 施佳胜.中国典籍外译:"逆向翻译"与"直接翻译"——一项基于《文心雕龙》英译的比较研究[J].暨南学报(哲学社会科学版),2012;93.
② 许渊冲.有中国特色的文学翻译理论[J].中国翻译,2016(5):94.
③ 江枫."新世纪的新译论"点评[J].中国翻译,2001(3):23.
④ 胡安江,胡晨飞,等.再论中国文学"走出去"之译者模式及翻译策略[J].外语教学理论与实践,2012(4):56-57.

译当代作品时可以直接与原作者或其他相关人士进行沟通,这是非母语译者的优势所在①。中华文化外译是将属于中华文化精华的经典译介出去,除了要求译者具备较强的译语表达能力之外,更需要有较强的汉语语言、文化的认知及深层次的解读能力。由于汉语言方块字与西方各语言字母文字差异巨大,中国文学经典数目之多,文化蕴含之深,理解之难,中华文化外译在很大程度上要仰仗本土双语学者。

在中华文化走出去进程中,"中国译者应主动担当让西方世界了解真正的中国"的历史重任,"把他者文化的译者不易觉察的本族精华提供给国际社会,完整地呈现本国或本民族的形象与精神风貌"②。因此,中国学者要主动承担中国文化对外译介与传播的历史使命,同时要大力加强对中华经典译出研究的力度,这既是介绍中华文化优秀成果的需要,也是建构中华文化话语体系,塑造中国国际形象和提高国家文化软实力的需要。

反观历史和现状,有两种现象很不理想:一是西方人眼中的中国文化,二是西方的文化弑父。就前者而言,西方人认为中国文化是落后的,黑格尔、德里达早就表达了自己的意见:中国没有哲学。很多学者认为中国没有逻辑,中国没有科学,就连语言也是最残缺的,洪堡特、索绪尔都有此论断。就后者而言,西方文化颠覆了自己文化传统,自尼采喊出上帝(代表形而上学或道)死了,反本质主义、非理性主义大行其道,体现于文学则是作者死了,文本也没有而只有互文性,体现于翻译自然就是文化派所张扬的没有忠实、没有对等、没有标准,所以巴斯奈

---

① 马士奎.从母语译入外语:国外非母语翻译实践和理论考察[J].上海翻译,2012(3):21.
② 毛凌滢.后殖民语境下的翻译与译者汉语文化能力的培养[J].外语教学理论与实践,2009(1):65-66.

特等公开张扬改写与操控,以翻译即改写、翻译即操控、翻译即劫机之类代替了翻译的定义或限定。比较温和的目的论、读者反映论以及规范、描写等也无不是文化弑父的结果。

西方如此鄙视中国文化而其自身的文化又在颠倒乾坤,可我们不自觉地沦落为西方思想的殖民地,而目前的学术生态严重窒息着中国文化民族的创造力。

在西方弊端不断显现而中华优秀传统文化的魅力也逐渐为中西的智者所认识。中国文化不仅为实现中国梦提供指引与动力,也是具有普世价值的,可以造福人类的。久经破坏之后,中国文化话语体系需要重构,这人概也只能靠已经觉悟的中国学者来完成。

(四) 结语

针对国外学者对"逆向翻译"行为的质疑和强势否定,本章进行了学理上的反思并援引国内外学者的实验结果,以证伪其观点,通过对西方汉学家正向翻译的案例分析,可得西方汉学家并不足以承担起中华文化外译的重任而中国译者不必低于西方译者,这一具有歧视性的"逆向翻译"之说纯属虚妄之言。所谓的"逆向翻译"正契合当下中国文化由内向外走出去的重大战略,中华文化复兴是中国学者义不容辞的责任,理应成为文化外译的主力,我们一方面欢迎西方学者积极传播中国文化,另一方面中国学者也应有自己的历史担当。

二、对安乐哲中国典籍英译的学理反证

在西方,比较哲学家长期进行跨文化研究,有着专业的哲学训练和学术背景,其中有一批人专门对中国哲学经典与词汇进行翻译、梳理和

转化,从而为中国哲学在西方世界发声奠定了一定基础。其中安乐哲教授的观点具有代表性,他的研究侧重于从中、西方文化价值背景的差异来看待中国哲学问题,在翻译研究文化转向的背景下,安乐哲着手于"去西方文化中心化"的系统工程,获得了大批拥趸。但是在对安乐哲的翻译赞美、拥护的声音多而质疑的声音少的现状下,我们必须避免陷入新兴研究成果的"跟风"之中而加深对中华文化的误读和遮蔽,也避免翻译学科本身的异化,因此带着批判意识去看待问题,"去伪存真""取其精华",我们才能推动译学研究并拿出质量过硬的翻译作品。本章将简述安乐哲在中国典籍英译中采用的过程哲学视角及在其哲学思想影响下的翻译策略,随后笔者将提出安乐哲译本中值得思考、再议的几个问题并进行反证。

(一) 安乐哲翻译中的哲学思想及其翻译策略

1. 安乐哲翻译的哲学思想

早期的中国典籍翻译主要是由西方传教士和外交家完成的,从某种程度上讲中国传统思想的外译一开始就套上了西方的神学框架或被孟德斯鸠等人的革命思想所绑架,使西方对中国传统思想产生了长期的误解,而他们基于对中国文化支离破碎的翻译,甚至认为中国没有哲学,如黑格尔[①]、德里达[②]等都持此观点,这是"西方文化中心"的典型产物。安乐哲在《〈论语〉的哲学诠释》序言中说道,"我们总是预设了自己文化经验中所熟悉的东西,而忽略了其他的一些重要材料——恰恰正是它们,展示了作为文化之源的具有可比性的行为"。在此背景下,安乐哲开始了"去西方文化化"的实践,以比较哲学专业为背景对中国传

---

① 黑格尔.哲学史讲演录[M].北京:生活·读书·新知三联书店,1956:119.
② 杜小真,张宁,等.德里达中国讲演录[M].北京:中央编译出版社,2003:193.

统思想进行剖析。他认为中国哲学中没有严格的"超绝",没有壁垒森严的二元对立。他给"超绝"下了一个所谓严格的定义:"一项原则甲是乙的原则,如果不诉诸甲,乙的意义和含义就无法得到充分的分析和解释,则甲对于乙则是超绝的,反之则不然"[①],即 A 决定 B,反之则不能,则 A 对于 B 就是超绝的。在安乐哲看来,汉语不具备这样的思维方式和表达方式,而是倾向于将问题放在具体语境下审视,用相互依存、相互转化的两级概念加以解释。他发现这与西方的过程性哲学有着极高的契合度,并尝试以此来解释中国的哲学思想。与此相应,他将汉语归纳为"关联性语言"。他将"关联性语言"描述为"就是过程语言,是唯使我们接近'一切皆流'之直接感觉的语言。比喻和意象语言植根于关联性之中。关联性语言是对事物流变之感觉的结果、迹象和奖励。这样一种语言是去感觉事物流变的门票"[②]。可见,安乐哲强调的是过程和变化。

2. 安乐哲的翻译策略

弄清了安乐哲的过程哲学思想,方便我们掌握其翻译特点,洞察他的过程哲学如何影响他对中国典籍的翻译。对于安乐哲的翻译策略,众多学者已做了详细的研究,笔者在本节简述其两个主要的翻译特点,以便理清下一节的思路。

(1) 核心术语的翻译选择——异化、强调字形。

为了消解西方文化中心化,在翻译重要含义术语时,安乐哲进行了音译,即标注该字的拼音,并附加中文原字,使目的语读者产生一种陌生感。如他在《论语·子罕》和《论语·八佾》中对于"天"的翻译:

天之将丧斯文也,后死者不得与于斯文也。

[①] 安乐哲.和而不同:比较哲学与中西会通[M].北京:北京大学出版社,2002:27.
[②] 安乐哲.和而不同:比较哲学与中西会通[M].北京:北京大学出版社,2002:79.

If tian（天）is going to destroy this culture, those who follow us will not be able to participate in it.

获罪于天，无所祷也。

A person who offends against tian（天）has nowhere to pray.

以上是安乐哲对核心术语进行的完全音译，另一种方法是在夹注中标示拼音加源语文字，如《论语·学而》中的这段翻译：

子曰："弟子，入则孝，出则弟，谨而信，泛爱众，而亲仁，行有余力，则以学文。"

The Master said："As a younger brother and son, be filial（xiao 孝）at home and deferential（di 弟）in the community; be cautious in what you say and then make good on your word（xin 信）; love the multitude broadly and be intimate with those who are authoritative in their conduct（ren 仁）. If in so behaving you still have energy left, use it to improve yourself through study."

此节出现了四处带标示的夹注。除此之外，儒道经典的译文中的许多关键性词语也都采用了此种方式，比如"美"译为 beautiful（mei 美），"刑"译为 penal law（xing 刑），"恕"译为 putting oneself in other' place（shu 恕），等等。

以上手法确实是一种大胆尝试，但其缺点不言而喻，对于完全不会汉语的目的语读者而言，括号中标注的信息很难认知，甚至根本不清楚括号中标注的是哪个词，如"make good on your word（xin 信）"，究竟是为"word"备注还是为这短语抑或是为整句话备注呢？关于这样的"翻译"手法，笔者将在下文继续讨论。

（2）动态结构的应用。

特点（1）是安乐哲基于文化特异性对术语的处理策略，这无疑是静态的，其实安乐哲更强调汉语思维的动态性，所以他大量运用动词及动名词结构处理原文本，认为这种动态结构最能体现中国哲学的事件性、情境性、过程性和感受性。

① 核心术语翻译中动态结构的应用。

动态结构的运用首先体现在核心术语的处理，如将"礼"译成"observing ritual propriety"，"信"译成"making good on/living up to one's world"。这种处理方式是过程哲学的，它将本质视为不断发生、持续进行的运动过程。

② 句子翻译中动态结构的应用。

同时，安乐哲将动态结构运用到了句子当中，以保持其一贯的过程性思维。如《论语·为政》中的这一句：

子曰："非其鬼而祭之，谄也。见义不为，无勇也。"

The Master said, "Sacrificing to ancestral spirits other than one's own is being unctuous. Failing to act on what is seen as appropriate (yi 义) is a want of courage."

对于"谄"的解释，安乐哲用了"being unctuous"表现"谄"的形成性，而非对于人的本质描述。

以上例子揭示了安乐哲的翻译策略。他对核心术语的翻译采用拼音加汉字的方式进行异化处理，意图让目的语读者从原有的思维和文化背景中剥离出来，投入到中国文化与思维中去；在过程哲学的影响下，大量运用动态结构来让目的语读者感知事物流变。那么，安乐哲是否达成了他的意图呢？

（二）思考与批判

在对安乐哲的过程哲学及翻译特点有了总体认识后，我们不禁对这样的中国典籍英译产生了一些疑问：这种对核心术语的翻译究其本质是非译，究竟能达到什么效果？安乐哲所提倡的"去文化中心主义"在他的译本中是否真的实现了？中国哲学是否真的如其所说没有"超绝性"？

1. 对核心术语的翻译选择是否为翻译？

安乐哲过多强调汉语的字形，用音译加中文原字标注的方式，让中国古代思想"原汁原味"地呈现给目的语读者。这种做法是以目的语读者有汉语基础为前提，单方面认为目的语读者能够看懂汉语的字形意义，这种想当然的译法一是违背翻译的本体定位，二没达到翻译的基本要求。"译即易，谓换易言语以相解也"（唐·贾公彦《周礼义疏》），翻译是从一种语言到另一种语言的转码，其关键是如何传达，所谓"传达"是"通过另一套符号系统传达原作者想要传达的东西"，不经过语码而将源语直接呈现给读者，等于不译。"译者用脚注或括号的方式吸收源语，这不属于翻译，而属于诠释——是给懂该语言的读者提供的诠释。"①

安乐哲基于其哲学观点的先入为主不仅消解了中国哲学，还没能解决翻译问题，这种处理手法也预设了其文史知识和语言学知识的欠缺。试问：不用脚注或括号，不用向源语借词，译者就真的无法处理好经典核心术语的翻译问题了吗？这一问题的回答也将证明安乐哲对中国哲学的定位是错误的。

以"天"这个词为例，安乐哲认为中国文化中没有相当于"Heaven"的"天"所以他弃之不用。实际上"Heaven"完全可以承载源语中的含义。汉语中，"天"的解释有：① 在地面以上的高空，是指人类生存范围（地球）以外的空间（天空），宇宙空间；② 在上面，位置在顶部的或上面

---

① 赵彦春.翻译学归结论[M].上海外语教育出版社，2005：44.

的;③ 气候;④ 季节,时节;⑤ 日,一昼夜,或专指白天;⑥ 指神仙或他们所住的地方;⑦ 自然界;⑧ 自然的、生成的;⑨ 一天的某一段时间;⑩《易经》中"乾"卦的对应物象;⑪ 指传说中生活在天庭的有神力的人。从以上解释中我们可以看到,"天"既包含了空间上、时间上的概念,也包含了精神上对于不可抗力的具象表达。我们再看英语环境中对于 Heaven 的解释。根据贝克福音圣经神学词典对于 Heaven 的解释,首先它具备物理、空间上的意义。离人最近的一层可供"天鸟"飞翔;雨、雪、露、霜、风、云、雷、雹等各种天气形成于大气层;在大气层之上则是神仙的居所,那里有日月星辰,人们对那里有着各种想象与描述。其次,Heaven 还具备精神上的意义,上帝通过它使得四季分明、万物生长,天上会出现各种迹象给予人类启示,如出现彩虹表示上天不会再降下大洪水来毁灭一切。

如此看来,Heaven 一词无论是在物理层面还是精神层面,都与"天"可以说有着高度相通的对等,都是指上方无边无际的穹顶,都创造了人类万物。甚至在"天"与"人"的关系上都是一致的。《书经·仲虺》有言"惟天生民有欲","天"造了"人",而且"人"有七情六欲。中国文化与西方文化一样,上帝即天的别称。对照《圣经·创世记》:上帝造人,蛇引诱亚当偷食禁果,使他产生了欲望,而偷吃了禁果后亚当还产生了畏惧、害羞、推诿等情绪。既然"天"和"Heaven"都是自然意义上的天、精神意义上的天、神学意义上的天,而在神学意义上都是造物主也是万物的主宰,而所造的人都有七情六欲。可见,西方的"Heaven"能够翻译成汉语的"天",事实上也是如此。那么"天"为何不能翻译为"Heaven"呢? 如若一切在圣经中出现的、具有西方宗教意义的词汇都不能在翻译中在中国典籍中使用,那么"life"与"生命"、"牧羊人"与"shepherd"也就不能对译了。

自然，对于"义"译作"righteousness"这一传统译法，安乐哲也提出了质疑，其理由是"righteousness"是《圣经》中用语，意思是"秉承上帝的意志行动"，认为中国没有"上帝"这一概念。这显然是中国文史知识的缺位。大量中华典籍都有"上帝"一词，如《诗经》中有：有皇上帝、上帝甚蹈、上帝既命、克配上帝、昭事上帝、上帝临女、皇矣上帝、上帝耆之、上帝不宁、上帝居歆、上帝板板、荡荡上帝、疾威上帝、匪上帝不时、上帝不临、昊天上帝、上帝是皇、明昭上帝、上帝是依、上帝是祗，等等。《鲁颂》里说："上帝是依，无灾无害。"这表明汉文化中不仅有"上帝"而且"上帝"也是位格的，同样会施与福祉或降下灾难。"上帝"不仅存在于百家争鸣、思想派别除了先秦时期有这一描述外，后世也流传着"上帝"之名，如汉代郑玄曰："上帝者，天之别名也"，又如《汉书》记载："四年春，郊祀高祖以配天，宗祀孝文皇帝以配上帝。"岂能说中国没有"上帝"一说？

这里有两种可能：① 中国的"上帝"与西方的"上帝（God）"具有同一性，只是不同语境中的联想不尽相同；② 中国的"上帝"不是西方的"上帝"。第一种情况因其"同一"当然可以对译；第二种情况因其价值相当，所以也可以对译，此所谓"等值"。既如此，如果把"义"译为"righteousness"就不必受制于安乐哲所给出的理由，相比之下他的"appropriate（yi 义）"这一译法且不说其夹注问题，意思也不得当。

"天"和"上帝"与英语中的"Heaven"和"God"因其表征关系是一对同义词，在很多情况下可以互换。如果说中西文化色彩和联想意义不同，那么这并不妨碍目的语读者通过篇章阅读以及思考辨明中国的"天"与西方的"Heaven"的细微区别。如此，中西文化的差异性才能显现，而不是依靠对源语的直接保留来凸显文化的异域感和陌生感。只有在翻译过程中理解了中西文化中关于"天"与"上帝"的相通与差异，而不是生硬地保留拼音及汉字，我们才算尊重了中西文化的差异性，做到以"易"传"异"。如果一味强调差异,那么世界上没有完全相同的两片树叶,如此中英语言之间便不可能有完全对等的词,更不用说文化语境了,其结果就是彻底否定了翻译本身,这显然是荒谬的。而如果按照安乐哲强调中华独特性和过程性的逻辑,所有译文都应是拼音加汉字,如此所谓的译文就都将是非译,即西方所谓的"零翻译",译犹不译!

2. 安乐哲的"去文化中心化"是否真的实现了?

安乐哲深受过程哲学的影响,试图通过西方过程哲学融通中国哲学,谋求将"原汁原味"的中国思想介绍给西方世界。但是,在其解读中国古代经典的时候,又如何保证不陷入西方过程哲学的思维定式中去?这种以西方哲学体系解释独立的中国哲学的做法本身就与他所提倡的"去西方文化中心化"相矛盾。

如果中国古典文化确实被西化了,安乐哲的举措自然具有重大意义。但是他的见解是基于解构主义和过程哲学的,而对中国传统文化的了解又极不全面,将广大悉备的中国文化塞进西方后现代主义的模子,显然是削足适履。他认为中国哲学中没有严格的超绝,没有壁垒森严的二元对立。凡此种种都说明他对亚里士多德的经典逻辑和以公孙龙为代表的中国古代名家都缺少洞察,他的思想体系是西方启蒙时代以来反本体、反本质的延续。

不同于西方文化中心论建立在普遍主义的信仰之上,中国文化中心主义不否认西方文化的存在,但立足于文化自足,认为中国不需要西方文化。而在安乐哲的译作中似乎也能捕捉到这种中国文化中心主义的意味,比如安乐哲撇开意义基本对等的通译"Heaven",将"天 tian"生硬地抛给目的语读者,彻底实现了"中国文化自足",将目的语抛却得一干二净。这不仅违背了翻译的本体定位,也为读者理解其含义设置了极大的障碍。除此之外,在安乐哲的译作中不乏落入到过程哲学的思维定式中的例子,将经典中的本质性、定义性描述统统划归到过程展示中去。将"道"这一玄之又玄的概念限定在过程展示上,译作"way-making"取消了中国哲学与美学的"静"与"动"、"虚"与"实"、"隐"与"显"。如《道德经》二十一章所言:"道之为物,惟恍惟惚;惚兮恍兮,其中有象;恍兮惚兮,其中有物;窈兮冥兮,其中有精;其精甚真,其中有信。"可见,"道"在一种恍惚幽冥的状态,没有名状,但确实存在,需在虚静至极之际,才得以了悟。老子对于"道"的描述是以"静"制"动"、以"虚"感"实"、以"隐"彰"显"的手法,而在安乐哲的译本中,只看到了它的动态变化,忽略了它作为"常道"的绝对静止,看到了过程展示之"实",忽略了天道缥缈之"虚","显"了天道的运作,却无视它"隐"于世间万物的阴性状态。安乐哲以"中国文化中心主义""让中国哲学说中国话"为原则进行翻译,却丧失了中国的"形而上者谓之道"的道体论或本体论,也丧失了中国文化的虚实概念和意象表达,而将一切都解释为事件发展的运作过程,不免落入西方解构主义的思维定式。

众所周知,任何形式的"文化中心主义",无论是"中国文化中心主义"还是"西方文化中心主义"对于跨文化交流都是一种障碍。要扫平这样的障碍,还是要专注于翻译的"理解"和"传达",专注于"忠实"和"对等"。

3. 中国哲学是否没有"超绝"的概念?

安乐哲之所以诉诸过程哲学,主要是基于其对中国文化的误解。他认为在中国文化中没有"超绝"的概念,天也好,道也罢,都不是独立于世的,而是天人合一,是一体的。因此,他在《道德经》的翻译中摒弃了"道"作为超绝独立的存在,而认为它是一种过程展示,译为"way-making"。安乐哲试图用"天人合一"作为理据否认"道"的超绝性,但我们需要注意的是:①"天人合一"最早是从庄子的思想中发展而来的,而《道德经》是早于庄子两百年的老子的经典,安乐哲以后世之说解前人之典,不足以支撑其观点;②"天人合一"讲究的是人要适应自然规律以达到身心和谐,它并未否定"天"和"人"的二元对立,实际上"天人合一"与"天人二分"或"二元对立"并不矛盾,因为"天"与"人"是不同的概念,"天人二分"更不否认"道"作为独立超绝的存在。关于"道",《道德经》直言"独立而不改,周行而不殆";"道"又被称作谷神,"谷神不死"。对于这个道,人是拿它没办法的——"天下莫能臣也",正因为它是超绝的,我们无法全面认识它,我们说出来或认识的道只是自己的见解而不是其本身——"道可道,非常道",甚至有人根本就不知"道"的存在——"太上,下知有之"。《道德经》字字句句都在向世人阐述"道"的超绝、"道"的不可言明。而安乐哲对中国哲学超绝性的否定完全背离了《道德经》。不仅如此,由于深受过程哲学的影响,安乐哲甚至认为"道"是过程展示而不是本体,所以他把"道"译成"way-making",即在他看来,道不是静态的现存东西而只是变化的过程。但是,过程是相对实体而言的,没有实体哪会有过程?如果按照安乐哲的逻辑,安乐哲也是一个过程,按照他翻译的手法,他的英文名字不应该叫 Roger T. Ames 而应该叫 Roger T. Ames-growing,如果考虑到他已经七十多岁了,应该叫 Roger T. Ames-aging,而每个人也都是走向死亡的,所以他也可以叫 Roger T. Ames-dying,而按照过程哲学的连续统观念,他也应该有无限多的名字:Roger T. Ames-burgeoning、Roger T. Ames-shaping、Roger T. Ames-being delivered,不一而足,无限延伸。

除了否定"道"的超绝以外,安乐哲还顺道否定了"天地"的哲学含义。他将《道德经》第五章中的"天地不仁,以万物为刍狗"译为"The heavens and the earth are not partial to institutionalized morality. They take things and treat them all as straw dogs"。在这里,译者没有守住

其一贯原则,即不再采用拼音加源语文字的方式了,但却摒弃了传统译法"Heaven and earth",将其限定为"The heavens and the earth"。如果从他反对将"天"译作"Heaven"的观点来看,应该说"The heavens and the earth"仅仅保留了"天地"作为天空与大地的自然意义,而《道德经》这句话,又说明"天地"具有位格性,其译文显然无法周全。如果他执意取消其位格性,那么"天地"这个超拔万物、独立于世的概念便沦为泯然众生了,中国人叫了几千年的"老天保佑"恐怕也是痴心错付。

(三) 结语

中国文化复兴、典籍外译、中国文化话语体系的建立等都是浩大而精微的系统工程,需要中外学者共同参与,或各自为战或通力合作,但我们对于中西文化的定位、翻译的定位乃至翻译的策略与方法需要具有全局的和微观的省察与认识。

安乐哲的中国典籍英译有其独特的角度,刺激了学者在翻译领域新的思考和研究,而国内学者对其译本的大量讨论亦有助于学术思想的引进、传播,促进翻译理论的建构。但是他对于中西文化乃至翻译本身的认识均有欠缺:① 对中国文化多有误解,没有考察古籍,如《尚书》《诗经》等,自然也缺少对历史语境的认知;② 其过程哲学是西方文化屠龙文化弑父的产物,只是赫拉克里特万物皆流的注解,嫁接到中国文化势必是对中国文化的肢解,降低中国哲学的价值与品位;③ 对翻译的本质与规律的认识属于缺位,只流于"中华文化还原"的表面,以非译作为译的手段,势必造成陌生——这不是文学的陌生化而是译文的陌生乃至不可解;④ 由于"非译"的根本上的不可为,安乐哲不可能将其翻译策略一以贯之地进行下去,其方法的混乱造成了译文的混乱。

在人云亦云、众说纷纭的翻译学研究中,我们更加需要保持批判性思考,"博学之,审问之,慎思之,明辨之,笃行之",通过全面地考证提出合理的质疑,经过谨慎的思考去辨析翻译的本质,并运用到翻译实践中去,最终回到翻译的本体和中心中来。

第二节 新经济文化态势下的中国文化海外传播

——以土耳其汉学及孔子学院建设为例[①]

文化新经济的概念自2016年正式提出并被正式写入《政府工作报告》,其基本的内涵是"开发文化要素推动区域经济整体发展的经济模式"[②]。2004—2018年,孔子学院走过了整整14个年头,孔子学院在全球的发展可谓日新月异、势头迅猛。根据国家汉办孔子学院总部2018年12月的最新数据显示:目前已在全球154个国家和地区建立了548所孔子学院、1 193个孔子课堂。这个被称为中国"最妙的出口品"从创立至今,为满足各国民众学习汉语的需求、增进中外人民了解和友谊作出了积极的、巨大的贡献。孔子学院在世界各地已经成为外国人民学习和了解中国语言和传统文化等方面交流的重要平台和窗口。同时,孔子学院也为中国与世界各国及地区的经济发展与交流起到了不可或缺的文化桥梁作用,也必将为全球经济命运共同体的发展起到推动作用。土耳其作为国家"一带一路"重要节点国家,同时又是中东阿拉伯-

---

① 本文最早发表在《阿拉伯世界研究》2014年第2期上,本书收录时作了修改与数据更新。
② 赵迪,刘睿.新业态 新消费 新增长——文化新经济的探索与实践[M].上海大学出版社,2018:前言.

伊斯兰世界重要国家。本文通过笔者 2 年在土耳其的工作经历,系统总结了土耳其汉语专业与汉学学习的基本情况,土耳其汉学研究的历史与现状,土耳其孔子学院发展等的基本情况。指出随着中土两国关系可期美好前景,土耳其汉学教学与汉学研究、孔子学院发展等正处于历史最好最快时期、孔院发展所存在的问题与对策,以期对中国语言文化在全球的传播有所启示。

一、土耳其汉语教学

土耳其目前有 6 所大学开设汉语专业课程,分别是安卡拉(Ankara)大学东方语言文学学院汉学系、埃尔吉耶斯(Erciyes)大学中文系、法提赫(Fatih)大学中文系、奥坎(Okan)大学翻译系和晔迪特派(Yeditepe)大学;另外,伊斯坦布尔(Istanbul)大学文学院于 2009 年 8 月在东亚语言和文学系设置汉语语言文学专业,但因师资等问题截至目前还未开始招生。

安卡拉大学汉学系是在土耳其国父阿塔图克·凯末尔(Ataturk Kemal)建议下于 1935 年设立的,是土耳其历史最悠久和影响最大的汉语教学和汉学研究中心。其系设立目标非常明确:设立汉学系的目标是利用汉语作为资料源语,为研究中亚土耳其历史提供指导。为查阅汉语资料,首先习得汉语,然后精细研究中国历史、文学、哲学以及中国文明。汉学系的作用是培养能够从汉语智库中获得土耳其历史的研究者。汉学系学生学习现代汉语、古典汉语、中国历史、中国文学、中国哲学以及中国文化,学制 4 年。该系学科体系完备,不仅有汉语本科专业,还设有硕士和博士学位授权点。目前该系系主任是欧凯(Bulent Okay)教授,另有副教授 1 名、助理研究员 3 名,常年聘请中国籍汉语教师2名,和北京外国语大学、台湾政治大学有合作关系。安卡拉大学汉学系从建立至今,已经为土耳其培养了2 000余名汉语专业人才。安卡拉大学汉学系不仅是土耳其汉学研究的最重要的基地,也是土耳其各行业汉语人才的摇篮。土耳其为数不多的土籍汉语教师多是安卡拉大学汉学系毕业生,少数人成为大学教授汉语和汉学研究的专家。虽然土耳其汉语教师师资紧缺,但由于教师在土耳其薪资较低,更多的汉语人才则从事待遇较高的行业,如中文导游。

位于土耳其开塞利(Kayseri)的埃尔吉耶斯大学中文系隶属于东方语言文学系。迈赫迈特·赛因(Mehmet Şahin)教授任校长期间于1998年在欧凯教授的帮助下建立;1999—2000学年开始招生。每年报名学生人数都有所增加。近几年每年都有一百多名学生报名,但由于教育部对招生名额有所限制,招生人数控制在20人左右。目前,中文系共有8位教师,其中3名中国汉语教师,5名土耳其汉语教师。3位中国教师皆为国家汉办公派教师,其中2位为中国语言文学专业教授,1位讲师。5位土耳其老师中1位助理教授,1位讲师,3位助教。就汉语教学师资来说,埃尔吉耶斯大学中文系是目前土耳其最强的。又因其是国立大学,2012年土耳其国立大学学费从不多的数百土耳其新里拉(约2 000元人民币)减至免费,故而现每年高考报考该中文系竞争非常激烈。2013年该系原本计划招生20人,但是报考人数超过了400人,最后招生规模扩大到40人。

埃尔吉耶斯大学中文系中国语言文学专业为4年制8学期,毕业后可获得学士学位。毕业生需达到142学分。126学分为必修课,包括:中文语音、中文语法、中文汉字、中文口语、土耳其语、土耳其历史、第二外语(英语);16学分为选修课,包括:中国文化、中国历史、中国文学、文选。教学目的是培养学生的学术思想和分析能力,能流利地使用汉语对话书写。同时要求学生学习中国文化、文学、哲学、历史等。此外，每年会举办中国文化日、各种比赛，以及旅游等社交活动。为了让学生学好汉语，在学校里还成立了中文俱乐部，每年5月份都会举办"中国文化日"活动，展示中国的音乐舞蹈、饮食文化、太极拳等。中文专业配置图书馆和多媒体教室。图书馆有中国大使馆赠送的图书近3000册，以及听力磁带、电影、CD及DVD等。多媒体教室可接收卫星电视收看中国频道，给学生提供中文氛围以便于他们学习中文。埃尔吉耶斯大学非常重视中文系学生培养的国际视野，同武汉大学、上海外国语大学和大连民族学院签订了合作协议。目前中文系已有123名学生在中国学习过。2013年，在土耳其海峡大学孔子学院等推荐下，有18名学生去中国进行为期一年的学习。从往年的情况来看，经过一年的留学，学生的汉语听说读写能力大大提高，并且对中国文化有了深入的了解。这些学生在就业的时候往往受到中国公司和土耳其的企事业单位和学校的欢迎。

伊斯坦布尔(Istanbul)是土耳其最大的城市，古代重要的丝绸之路起始于中国西安，终点就在此地；该市常住人口近2000万人，土耳其20%左右的人口居住在此。伊斯坦布尔也是土耳其经济、文化、商业、交通等的中心、政治重镇；横跨欧亚大陆，居于地理战略要地。伊斯坦布尔目前有3所大学开设了中文专业，除了上文提到的国立伊斯坦布尔大学中文系[①]目前尚未招生外，另有2所私立大学设立了中文专业，分别是法提赫(Fatih)大学中文系和奥坎(Okan)大学翻译系。法提赫大学位于伊斯坦布尔欧洲区，该校成立于1996年，同年在文理学院下

---

① 1954—1961年伊斯坦布尔大学曾开设汉语课程，授课汉语教师为王曾善先生。王先生积劳成疾，在汉语课堂上去世，白崇禧曾亲书挽联褒奖其功。后该大学汉语课程中断。此信息由王曾善之女王乐丽博士提供，特此感谢。

设中文系。该中文系是土耳其第一所开设中国语言文学专业的私立大学。由于中土贸易发展迅速,该系目标则是培养精通中国语言、熟悉中国文化的商贸、导游和为政府相关部门服务的专业人才。该系常年与中国西北师范大学合作,同时国家汉办公派3名中国汉语教师在此工作;该系另有土耳其籍汉语教师2名。法提赫大学中文系至今已经培养200余名中文专业毕业生,可惜的是2013年起该系停止招收中文专业学生。其原因:一是土耳其公立大学于2013年开始实行免费教育,这无疑对收费较高的私立大学带来较大冲击;二是中文专业毕业生在实际就业方面也存在困难,土耳其汉语教师匮乏,但同时大学汉语教师准入门槛较高,一般要求有博士学位,加上大中小学校教师薪资属于中低收入水平;中国在土耳其的公司多处在起步阶段,中土翻译人才需求量并不大。华为等国际大公司虽然雇用了较多的土耳其员工,但多是专业技能人员,对汉语并无要求。

奥坎大学主校区也位于伊斯坦布尔亚洲区,该校成立于1999年,致力于建设"最接近职业世界"的大学。奥坎大学文理学院翻译研究系下设的汉语翻译专业设立于1999年,目前汉语翻译专业雇用中文教师4名、土耳其籍汉语教师1名,其中3名中文教师和土籍汉语教师精通中文和土耳其语两种语言。2013年5月奥坎大学和国家汉办达成协议共同建设孔子学院,吉来·菲丹(Giray Fidan)博士曾担任该孔子学院外方院长,吉来博士是土耳其总理和总统的"御用"中土翻译,是土耳其第一中土翻译;他的加入无疑为奥坎大学汉语翻译专业实力带来极大提升。再加上国家汉办派出的中方院长、公派教师和志愿者教师,使得奥坎大学的汉语翻译教学实力得到极大提高。奥坎大学汉语翻译已经是土耳其实力最强大的汉语翻译专业。本文作者也曾于2012—2013学年春季学期为该专业学生上"中国文化"课程。该专业现在每年招生人数约在20人左右,整体在校人数接近100名。

安卡拉大学、伊斯坦布尔大学和埃尔吉耶斯大学是国立大学,法提赫大学和奥坎大学是私立大学;国立大学一般雇员需要博士学位,薪资又属于社会中低收入阶层,故而很少有汉语专业毕业生可以攻读下汉语相关专业博士学位。造成的结果就是土耳其大学汉语教师匮乏;与此同时,土耳其教育部门规定开设新的专业至少要雇佣3名以上的土耳其籍教师。伊斯坦布尔大学虽然于2009年已经设立汉语语言文学专业,但是由于仅有1名土耳其汉语教师,故而迟迟不能招生。而私立大学多较为灵活,如法提赫和奥坎大学。奥坎大学仅就雇用了1名从埃尔吉耶斯大学中文系毕业的优秀汉语语言文学本科生。中国汉语教师由于有国家汉办政策支持,加上各大学可以自己招聘雇佣相关专业中国汉语教师,所以只要相关大学需要,就可满足对中国汉语教师的需求。目前这5所大学在读汉语专业学生约400人左右。未来几年内,土耳其还将有望增加几所开设汉语专业的大学,在学人数有望逐年增加。

除上述5所开设汉语专业的大学之外,还有海峡大学(Bogazici University)、中东技术大学(Middle East Technical University)、寇敕大学(Koc University)、沙邦杰大学(Sanbanci University)、道乌斯大学(Dogus University)、灰箭大学(University of Bozok)、5月19日大学(May 19th University)等约10所大学开设汉语教学课程。有安卡拉佳蕾孔子课堂(Jialei Confucius Classroom)、伊斯坦布尔岛上高中(Heybeliada Anatolian High School)、伊斯坦布尔圣贝努瓦中学(San Benna High School)、伊斯坦布尔道乌斯(Dogus)中学和小学、伊斯坦布尔莲花(Lotus)汉语培训学校等15所中小学开展汉语教学活动。

整体上,土耳其每年学习汉语的人数不过8 000人次,汉语教学水平和层次也不高。2012年举办了土耳其"中国文化年",2013年举办了中国"土耳其文化年"。两国之间的经济贸易等方面的频繁往来催生了土耳其对汉语学习的需求增加,开设汉语课程的大学和中学每年都有增加。与其同时中国对土耳其语言与文化感兴趣的人也在增加,目前有4所中国大学开设土耳其语言专业:北京外国语大学、中国传媒大学、解放军外国语学院和上海外国语大学。中国上海大学已经建立了"土耳其研究中心",该中心2017年成为教育部国别和区域研究中心之一,目前已成为国内有重要影响的土耳其研究重镇。

二、土耳其汉学研究[①]

汉学研究(Sinology)泛指国外有关中国文化、历史、文学、哲学思想等的研究。欧美汉学研究大致可以追溯至公元13—14世纪,而系统的、现代意义上的汉学研究则可追溯至16世纪后期。当时欧洲耶稣会士来中国传播基督教期间,开始研究并部分翻译介绍了有关中国历史、文化和文学的典籍。耶稣会士的关注点当时拘于中国文化与基督教可融合性上。若从16世纪算起,欧美汉学研究不过数百年的历史。这个历史与作为突厥人(Turks)后裔的土耳其(Turkey)人和中国的二千余年的历史联系比较,则短暂得多。然而土耳其汉学的系统研究在1935年之前则几乎是空白。

1935年在土耳其国父阿塔图克·凯末尔倡导下而在安卡拉大学文史地学院设立汉学系(现今汉学系设在东方语言文学学院下)则可视为土耳其现代汉学系统研究的开端。阿塔图克·凯末尔不仅亲自指导建设

---

① 感谢土耳其伊斯坦布尔大学汉语系汉学研究专家阿尤布·撒勒塔史(Eyup Saritas)博士提供的数据和资料。

安卡拉大学汉学系,而且力邀当时德国著名汉学学者安玛丽·冯·嘉班①(Annemarie von Gabain)。安玛丽不仅是当时德国著名汉学研究者,同时也是德国突厥研究学派的创始人之一。1935—1937年安玛丽成为汉学系筹建者在此工作2年,为土耳其现代汉学的肇始作出了贡献。而后,另一位德国汉学家沃尔夫拉姆·爱博哈德(Wolfram Eberhard)接替了安玛丽的工作。沃尔夫拉姆既熟悉中国民俗、通俗文学、中国地域和少数民族文化,又熟知土耳其历史和中亚各族与中国之关系。由于种种机缘,沃尔夫拉姆于1937年接受了安卡拉大学提供的汉学系教授席位,在此工作至1948年。这11年间,沃尔夫拉姆不仅讲授了有关中国民俗、通俗文学、中国少数民族和地域文化、中国历史、中国与中亚各族历史关系,也极大地推动了土耳其汉学研究的发展,更重要的是为土耳其汉学研究培养了一批人才。现任汉学系主任欧凯博士/教授就是沃尔夫拉姆的徒孙。其他如巴哈迪·厄盖尔(Bahaeddin Ogel)博士/教授、穆德累(Muhaddere Nabi Ozerdim)博士/教授、欧钢(Pulat Oktan)博士/教授、居尔钦·坎达里奥卢(Gulcin Candarlioglu)博士/教授、艾谢·奥纳特(Ayse Onat)博士/教授、奥兹坎·伊兹吉(Ozkan Izgi)博士/教授皆是沃尔夫拉姆的门徒及后代。

沃尔夫拉姆的贡献还包括：1938年他在德语的基础上制定的现代土耳其语版本的中国音节表,这极大地方便了土耳其汉语学者;丰富了安卡拉大学图书馆有关汉学研究的典籍藏书(据统计超过1万本);1939—1942年先后出版了《古汉语语法简要》《汉语初学者重要工具书

---

① 安玛丽·冯·嘉班(Annemarie von Gabain,1901—1993),德国著名汉学家和突厥学家,原西德汉堡大学名誉教授,国际乌拉尔-阿尔泰学会主席。毕生从事古典突厥语(维吾尔语)文献的研究,是世界公认的古典突厥语文学研究的奠基人。一生著作颇丰,其中汉学著作有《高昌回鹘王国的生活》(邹如山译)、《古代突厥语语法》(耿世民译)和《文字学》(刘照雄译自《古代突厥语语法》的"文字篇")等。

入门》《中国北方邻居》《中国历史》和《汉学入门》[①]等;另外他还与穆德累共同研究编著了《中国杂文》《中国民间故事选》和《汉语小说在中国人生活中的地位》等。这些著作时至今日仍然是土耳其汉学研究重要的参考文献。

穆德累博士在沃尔夫拉姆离开后,继任安卡拉大学汉学系主任。她研究的领域主要集中在中国文学、哲学以及中亚突厥历史研究等几个方面。1962年她第一次把《论语》翻译成土耳其语出版。另外,她还编译了《诗经文集》和《中国诗歌精华》等土耳其语版著作。穆德累的继任者、她的学生艾哈迈德·力萨·别金(Ahmet Riza Bekin)教授和欧钢教授将研究重点放在中东政治和文化史上,其中代表性成果有艾哈迈德教授1981年出版的有关中国新疆地区的《丝绸之路》等。安卡拉大学汉学系现任主任欧凯教授旅居台湾多年,精通汉语,出版了第一本以中国原始资料为基础研究孔子的著作,另外还主持编写《汉语阅读教程》等汉学系学生用教材。

土耳其汉学研究的代表性成果还包括:以中国第一手资料为基础的、厄盖尔教授的博士论文《维吾尔国的建立》,以第一手中国史料为研究基础的、奥兹坎教授的专著《维吾尔人的政治和文化史——以官方文件为依据》和《公元8世纪前的中西丝绸之路》,居尔钦教授的大维吾尔帝国、甘肃维吾尔人和维吾尔突厥人的概况等方面的研究,艾谢教授根据中国史料所做的研究匈奴史及其文化研究。现任教于伊斯坦布尔大学中国语言文学系、精通汉语的阿尤布·撒勒塔史(Eyup Saritas)博士/教授,亲自来中国考察并用第一手原始资料研究中国回鹘族历史与

---

① Wolfram Eberhard. Introduction to Sinology, Translated by ikbal Berk[M]. Istanbul: DTCF Publishing, No 54, 1946.(沃尔夫拉姆·艾伯哈.汉学入门[M].伊克巴·伯克,译.伊斯坦布尔:DTCF出版社,第54号,1946.)

社会的研究专著和论文也极有学术价值,图莱·凯卡马克(Tulay Cakamak)博士/助理教授,她以其精通古代及现代汉语的优势,在古突厥文化史及汉语语言学和文化等方面的研究为土耳其汉学做出了创造性的贡献。其博士论文《唐诗的诗性写作与土耳其语言词典比较研究》堪称土耳其在汉语语言学方面的杰作。

土耳其海峡大学于文理学院历史系下设亚洲研究中心(Center for Asian Studies),研究中心主任是萨楚克·艾森贝尔(Selcuk Esenbel)教授。她同时担任海峡大学孔子学院外方院长(2008—2013),是日本研究和中国研究专家,其中心设有中国研究(China Studies)的硕士课程;她所指导的数位博士生都把研究题目定位在和中国历史、文化等有关的课题上。虽然,其所研究的语言主要是英语和土耳其语,但是她对中国研究的热诚对推动土耳其汉学研究也作出了极大贡献。

总体来说,土耳其汉学研究有以下几个特点:第一,土耳其汉学研究相比西方国家如德国、英国、法国、荷兰、奥地利等还非常薄弱。关于这一点,本文作者曾多次与伊斯坦布尔大学阿尤布副教授和奥坎大学吉来副教授探讨,他们一直也承认土耳其汉学研究薄弱的事实;并协商出版土耳其汉学学术刊物的可能性。这一点也和土耳其汉语学习基础薄弱不无关系。第二,土耳其汉学研究的成果很多还是借用西方如德、英、法等汉学家的研究成果,因语言等问题未能直接使用中国第一手原始研究资料。同时,中国文学、哲学、历史等典籍还未有规模土耳其语翻译版本。有鉴于此,土耳其政府于1997年设立了规模宏大的"土耳其世界的历史——从远古到现代"项目,旨在集合土耳其汉学研究者计划将与土耳其有关的在中国朝代年鉴中存在的匈奴、突厥和维吾尔人的记录翻译成土耳其语。第三,土耳其汉学研究资料还比较欠缺,安卡拉大学图书馆有关汉学研究的藏书室在土耳其是规模最大的,其藏书也不过万册左右,而且亟待更新。

三、土耳其孔子学院的未来展望

全球第一家孔子学院汉城孔子学院(今称首尔孔子学院)于2004年11月21日在韩国汉城(今称首尔)正式挂牌成立。截至2018年12月,国家汉办在全球154个国家成立了548所孔子学院(Confucius Institute)和1 193个孔子学堂(Confucius Classroom),注册学员近150万人①。根据国家汉办和孔子学院总部规划:到2015年,全球孔子学院达到500所,中小学孔子课堂达到1 000个,学员达到150万人,网络孔子学院注册学员50万人。专兼职合格教师达到5万人,其中,中方派出2万人,各国本土聘用3万人②。2018年各项数据已达到了2013年制订的发展规划。孔子学院在全球的发展现在已进入了一个质量优先的稳步前进的新阶段。

土耳其目前正式成立了4所孔子学院,2所孔子课堂。孔子学院分别是成立于2007年、位于安卡拉的中东科技大学孔子学院;成立于2008年、位于伊斯坦布尔欧洲区的海峡大学孔子学院;成立于2013年、位于伊斯坦布尔亚洲区的奥坎大学孔子学院;成立于2017年的晔迪特派大学孔子学院。2所孔子课堂分别是:2007年中国国际广播电台土耳其语频道联合创办了全球首家"广播孔子课堂",中东科技大学孔院下设佳蕾孔子课堂。

安卡拉是土耳其首都和政治中心,目前人口逾500万人。中东技术大学是土耳其最好的公立、工科类、全英文授课的大学(简称METU),中

---

① 见国家汉办网站。
② 《孔子学院发展规划(2012—2020)》,孔子学院总部,2013年。

东技术大学成立于1956年,给人印象深刻的是其占地6万余亩(4 500公顷)的宏大校园。该校与中国厦门大学合作运营土耳其第一家孔子学院。该校孔院自2009年年初正式招生,现今每年国家汉办派出教师5~6名,2018年底注册学员达到了4 000余人;与其同时,该孔院每年举办各种文化推广活动20余场次。位于国际大都市伊斯坦布尔的海峡大学成立于1853年,海峡大学位于欧洲区,是土耳其最好的公立、文理类、全英文授课的大学。该校孔子学院(CIBU)是在国家汉办支持下,由中国上海大学和土耳其海峡大学共同组建,于2010年4月正式由时任中共中央政治局常委的李长春委员亲自揭牌并开始招生,目前已经成功运营8年多的时间,截至2018年年底在学学员达到了近800人;每年举办各种文化推广活动100余场次,接待中土访问团组超过60余团组。2012年由于业绩突出海峡大学孔子学院被授予"年度先进孔子学院"荣誉称号。海峡大学孔子学院定位于高端研究型孔子学院,2012年10月海峡孔子学院与上海大学土耳其研究中心、海峡大学亚洲研究中心以及中国上海外国语大学中东研究所和《阿拉伯世界研究》学术刊物等联合在海峡大学举办了第一届"中土高层论坛",2013年11月在上海大学举办第二届"中土高层论坛",目前该论坛已成为中国经济文化高层交流等方面有重要影响的年度活动,有力地推动了中土高端研究的发展。另外,中东技术大学和海峡大学孔子学院每年联合举办汉语文化教学与传播的会议,会议的主要目的是开展汉语文化教学研讨活动,支持土耳其各大中小学开展汉语教学、开展各种文化活动和提供中土学术等方面的交流平台,两所孔院分别已经成为安卡拉和伊斯坦布尔地区较为有影响的汉语学习中心、传播中华文化的中心和中土友谊学术交流平台。奥坎大学孔子学院于2013年6月正式揭牌,该大学是土耳其一所普通私立大学,中国合作院校是北京语言大学。奥坎孔院若能结合汉语翻译专业,有望成为土耳其中土翻译人才培养的基地。位于伊斯坦布尔的晔迪特派大学孔子学院也于2017年9月正式挂牌成立,中国的合作单位是南开大学,该孔子学院也有望成为中国文化传播交流的又一重镇。

2010年10月7日,中国和土耳其签署贸易协定、制定双边贸易协定和目标:到2015年双方贸易额度达到500亿美元,2020年双方贸易额度达到1 000亿美元。同年,中国国家总理温家宝访问土耳其,把中土关系提升至战略合作伙伴关系(Strategic Partnership)。并决定2012年在土耳其举办"中国文化年"活动,2013年在中国举办"土耳其文化年"活动。土耳其是大中东地区36个国家中经济发展最迅速的,是世界第16大经济体。中土两国友好的发展局面为孔子学院在土耳其的未来良好发展的基石。

综上所述可见,土耳其汉语文化教学与传播还处于起始和较快的发展阶段,整体特点是基础薄弱、前景可期。土耳其的汉学研究目标较为明确统一,即梳理突厥先祖历史研究中国,由国父亲自倡导进行系统汉学研究,起点较高,然而现状是规模、成果等还未形成较大影响。土耳其孔子学院的未来发展对土汉学教学与汉学研究将起到推动乃至引领作用;孔子学院的发展与汉学教学以及汉学研究将紧密地结合在一起。三者间存在的问题与对策如下:第一,就布局来说,目前首都安卡拉有孔子学院1家,伊斯坦布尔3家,已经基本可以满足两座城市学习汉语和推广中国文化的需要。据了解土耳其还有不少大学有建立孔子学院的强烈愿望;笔者以为,未来数年间,还可在土耳其建立1—2家孔子学院。比如位于开塞利的埃尔吉耶斯大学中文系;可考虑在土耳其第三大城市伊兹密尔(Izmir)也设立1家孔子学院,伊兹密尔有人口255万余人,是位于爱琴海边的国际旅游名城。另外,安卡拉大学汉学系和伊斯坦布尔大学中文系都有建设孔子学院的愿望。第二,与欧美、东亚和东南亚地区的汉语学习情况比较,土耳其汉学教学仅仅处于初级阶段,表现在学习汉语的人数还比较少;但是随着中土两国关系的进步,学习汉语的需求每年都在增加。2004年土耳其教育部门决定把汉语作为中小学第二外国语备选语种,使得土耳其中小学开设汉语有了"合法性"。孔子学院的发展势必也会推动土耳其汉学研究的发展。第三,土耳其汉语教师人才非常缺乏,未来孔子学院可以利用孔子学院总部2013年开始实施的《与外国高校合作设立汉语师范专业资助办法》《"孔子学院核心教师岗位"实施计划》《孔子新汉学计划》等政策,着重培养土耳其本土教师规模、支持相关学者进行汉学研究、把汉语教师留在教学岗位上。以2013年中东技术大学孔院和海峡大学孔院就利用《孔子新汉学计划》的政策推荐了土耳其2位在读的汉语专业相关博士生来中国研修1年,国家汉办最高可支持她们的研究计划每年达15万元人民币。第四,在汉语学习教材方面。为了方便土耳其人学习汉语,国家汉办2011年推出了中土双语版《当代中文》《跟我学汉语》《快乐汉语》《汉语乐园》等涵盖了大中小学以及幼儿教育等的系列教材24种,这些教材基本满足了土耳其民众学习汉语各个层次的教材需要。汉办总部已经为海峡大学孔院、中东科技大学孔院和孔子课堂赠送配备了这些教材。除此之外,《长城汉语》作为培训汉语教材也有广泛应用;各大学中文专业系各有自己喜欢使用的汉语视听说教材。总体来说土耳其国内各种类别汉语教材达近100种,特点是种类繁多、各不统一。中文专业类适合自身教学的中文教材还非常缺乏。欧凯教授等人多次抱怨说,这些教材在编写过程中没有考虑土耳其当地文化和风土人情,未来教材的编写应该有土耳其汉语学者参与。汉学研究资料方面,也可以由各家孔院主动联系国家汉办,由汉办捐赠一批汉学研究书籍给相关图书馆。第五,各家孔子学院应该有一个协同机制,不应各自为营,以便取得最好效果。

第三节 中国文化"走出去"之翻译思考
——以毕飞宇作品在英法世界的译介与接受为例

文化新经济理念之下,文化已成为推动经济发展、提升国际影响力的创新要素,文化的重要性日益凸显。文化新经济模式不仅承载着发掘经济新增长点的功能,更肩负着重塑中华民族文化自信的使命,中国文化"走出去"因而成为时代的命题。2012年9月,莫言获得诺贝尔文学奖;同年11月,党的十八大提出"提高国家文化软实力"的奋斗目标,无论是在大众文化自豪感的层面还是在国家政策的层面,扩大中华文化的国际影响力均成为一个备受瞩目的话题。事实上,中国文化"走出去工程"已历经14年发展[1],虽然中华文化的影响力在逐年扩大,然而与经济贸易领域强劲的增长势头相比,我国在文化领域的表现并不容乐观,以至中华文化"走出去"之路并非一帆风顺。

从文学角度来看,虽然中国文学从未停止过海外传播的尝试,近年来国家更是出台了一系列政策支持外译优秀的文学作品,然而迄今为止中国文学在"走出去"的历程中仍未取得实质性的进展与突破。究其原因,翻译在很大程度上成为制约"走出去"的因素。在翻译研究的"文

---

[1] 国家广电总局于2001年发布《关于广播影视"走出去工程"的实施细则》,这是我国文化产业第一个明确提出"走出去"战略的政策文件,往往被视为中国文化"走出去工程"的正式开端。

化转向"①之下,翻译的功能不囿于语际间的转换,而成为跨文化交际的主要途径。因此,关注承载当代中国形象的文学作品在海外的译介与接受便成为考察文化"走出去"现状、效用与前景的一个切入点。

一、翻译与中国文化"走出去"

长期以来,中国文化"走出去"的努力与翻译活动密不可分,中华文化海外传播的发展史从很大程度上是一部翻译的发展史。回顾新中国文学海外传播的历程便可发现,新中国成立之后,政府即组织开展了中国文学的翻译与海外推介工作,《中国文学》杂志的出版便是中国文学走出国门的第一步。在对外文化联络事务局、文化部的倡议下,《中国文学》杂志的英文版和法文版分别于 1951 年和 1964 年问世。20 世纪80 年代,在杨宪益先生的主持翻译下,"熊猫丛书"作为中国文学走出去的系列丛书正式发行。丛书翻译出版了 107 种外文图书(英、法语为主,少量日、德语),其中包括《诗经》《离骚》《聊斋志异》等 6 部古典文学作品,以及《鲁迅文集》《女作家作品选》等上百部现当代作家、诗人作品。作为由政府组织发起的刊物,《中国文学》代表了当时国内文学外译的最高标准,发挥着中国文学海外传播的窗口代言作用。然而,它的出版发行也存在着一定的不足,尤其体现在意识形态的宣传方面。比如,《中国文学》在刊登作品的选择上尽量回避一些"政治不正确"的作品,同时纳入一些文学价值并不高、但高调宣扬政治的作品,使得杂志

---

① André Lefevere, Susan Bassnett. Introduction: Proust's Grandmother and the Thousand and One Nights: The 'Cultural Turn' in Translation Studies [C]// Susan Bassnett, André Lefevere. Translation, History and Culture [C]. London and New York: Pinter, 1991: 1 - 13.

的出版发行被赋予了过多的意识形态因素,这些均导致杂志未能经受住读者的考验①。《中国文学》于2001年正式停刊,也标志着纯粹以国家意志为主导的外译工作告一段落。

进入21世纪以来,在文学作品出版的市场化潮流之下,一方面,我国文学外译工作吸取既往经验,采取政府牵头、学术界实施的模式。由知名高校主持召开外译、翻译会议,共同探讨中国文学走出去的新途径,并组织翻译优秀当代文学作品,发行作家集册,扩大中国当代文学的海外影响。例如,2006年的"中国当代文学作品百部精品对外译介工程"与2009年的"中国文化著作翻译出版工程"均采用该模式。另一方面,海外汉学家仍然是目前我国文学作品外译的主要倚重力量。例如,《中国文学》于1985年刊登莫言成名作《透明的红萝卜》后,即引起了海外汉学家的注意,在葛浩文(Howard Goldblatt)的推动之下,莫言的作品得以陆续被译介到英语世界,也为其最终获得诺奖创造了可能性。当代中国经济的崛起赢得了西方对中国文学与文化的日益关注,通过采取与国外出版社、研究机构合作的模式,许多当代作家,比如莫言、余华、韩少功、毕飞宇、严歌苓等的作品得以在海外出版,进入西方大众读者视野。下文便选取茅盾文学奖得主毕飞宇的作品在英法世界的译介与接受为例,探讨当代中国文学/文化的海外传播模式与经验。

二、毕飞宇作品在英法世界的译介与接受

当代文学作品承载了当下中国的社会与文化,因此中国文学外译的意义不仅仅在于简单的文本翻译,更担当着中国文化海外传播的使

---

① 葛文峰.《中国文学》与《译丛》:中国文学对外翻译出版模式的范例[J].出版发行研究,2014(9):101-104.

命。从这个角度来看,文学作品的"译"和"介"是同等重要的两个部分,"译"是基础,但"译"的目的是为了文学作品在译入语世界得到更好的推介与传播,从而在潜移默化中扩大中华文化的海外影响力。美国社会学家拉斯韦尔(Harold Lasswell)(2013:1)曾提出著名的传播学"5W"理论,即谁(Who)→说什么(Says What)→通过什么渠道(In Which Channel)→对谁(To Whom)→取得什么效果(With What Effects)。这一理论运用到文学作品译介的分析之中,则推论出译介模式中的五大要素应为"译介主体""译介内容""译介途径""译介受众"以及"译介效果",对这些因素进行逐一分析研究,才能更好地探索中国文学"走出去"的译介模式①。

(一) 毕飞宇作品在英法世界的译介过程

如上文所述,在5W传播理论之下,要考察作品的译介过程,首先需要分析作品的译介主体与内容。译者作为译介主体,承载着作品的翻译,译者的优劣直接影响着译本的质量。目前看来,若想追求文学作品在海外传播的最佳效度,西方汉学家群体仍然是最理想的译者,这从莫言的作品在西方世界的认可度可见一斑。因为,他们"既熟悉中国的历史与现状,又了解海外读者的需求与阅读习惯,同时还能使用母语进行文学翻译,并擅于沟通国际出版社与新闻媒体及学术研究界"②。毕飞宇的作品首先被译成法语,三位法国译者均为母语为法语的法籍汉学家。在目前出版的六部法语译本中,除《雨天的棉花糖》和《推拿》之

---

① 鲍晓英.中国文化"走出去"之译介模式探索——中国外文局副局长兼总编辑黄友义访谈录[J].中国翻译,2013(5):62-65.
② 胡安江.中国文学"走出去"之译者模式及翻译策略研究——以美国汉学家葛浩文为例[J].中国翻译,2010(6):11-16.

外,其余四部《玉米》《青衣》《平原》以及《上海往事》均由克劳德·巴彦(Claude Payen)翻译完成①。克劳德·巴彦是法国著名汉学家、文学翻译家,法国教育骑士勋章获得者。巴彦自1965年开始学习汉语,正逢中国"文化大革命"时期,于是当时中国发行的报纸、作品以及《毛泽东语录》都成了他的学习材料②。这一段独特的学习经历加深了他对中国历史、特别是"文革"时期的中国农村的了解,因而毕飞宇作品中的时代背景对他而言并不陌生。之后,巴彦先后在人民警官大学和对外贸易学院任教,这段工作经历也加深了他对中国现状的认知。因此,他是一位了解中国历史与中国式思维习惯的优秀汉学家③。在法译本出版之后,有着"中国当代文学首席翻译家"之称的葛浩文接受了英国 Telegram Books 出版社的邀约,与夫人林丽君女士(Sylvia Li-chun Lin)联合翻译了《青衣》和《玉米》,成为毕飞宇作品英译本的译者。

在翻译研究的文化转向之下,文本背后所蕴藏的社会文化场域成为翻译需要关注的重要内容。文学作品的翻译,并不是按字、句翻译即可,也并非简单的一加一等于二,而是一加一大于二,而这多出来的一

---

① 目前在法国出版的六部小说分别为:《雨天的棉花糖》(*De la barbe à papa un jour de pluie*,2004),译者 Isabelle Rabut;《推拿》(*Les aveugles*,2011),译者 Emmanuelle Péchenart;《玉米》(*Trois soeurs*,2005);《青衣》(*L'Opéra de la lune*,2003);《上海往事》(*Les triades de Shanghai*,2007);《平原》(*La Plaine*,2009),后四部译者均为 Claude Payen。
② 克劳德·巴彦.巴彦:毛泽东语录对我的翻译很有用[DB/OL].(2010-08-14). http://book.sina.com.cn/news/c/2010-08-14/2134271861.shtml.
③ 巴彦曾翻译出版中国现当代作品30余部,比如:老舍的《不说谎的人》(*L'homme qui ne mentait jamais*,2003)《老张的哲学》(*La philosophie de Lao Zhang*,2009);苏童的《我的帝王生涯》(*Je suis l'empereur de la Chine*,2005);以及网络作家慕容雪村的《成都,今夜请将我遗忘》(*Oublier Chengdu*,2006)、《原谅我红尘颠倒》(*Danse dans la poussière rouge*,2013)等。值得一提的是慕容雪村的作品由法国最负盛名的 Gallimard 出版社出版发行。

种情绪正是文学性与作者的风格①。毕飞宇的作品将深厚的传统戏剧文化、特殊的时代背景都糅合进了他所刻画的角色中,因此,如何运用本国语言将异域独特的文化传达给读者便成为翻译过程中需要解决的一个重要问题。

以书名的翻译为例,巴彦在翻译时依照作品内容对名字进行了意译的处理,以期在保持中国特色的同时兼顾西方读者的阅读习惯。比如,小说《玉米》讲述了"文革"时期一个普通山村里,不同性情的三姐妹玉米、玉秀、玉秧截然不同的人生际遇,描写出"文革"时期父权社会里女性努力追求幸福、追求自我。玉米作为三姐妹的大姐,也是小说首先展示的人物,翻译时,若直译为 maïs(玉米)自是不妥,但如若选择用拼音,西方读者看到时,也会感觉一头雾水,不知所云。巴彦将其翻为 *Trois sœurs*(三姐妹)②,清楚地将小说结构内容传达给读者,可谓简单传神。而《青衣》则以中国传统戏剧作为框架,以戏剧角色来映托人物性格,因此被翻译为"月亮戏剧"(*L'Opéra de la lune*)③。这样的译法一方面表达出鲜明的中国特色,能够吸引读者注意力,另一方面也是对文中京剧《奔月》的翻译。《奔月》作为筱燕秋的成名作,和她命运紧紧相连,以该戏剧作为小说名,既关照了中国文化特色,又暗合文中的核心内容,可谓匠心独具。巴彦对《青衣》《玉米》名字的翻译精炼传神,法语版本发行后的其他译本也受其影响,比如葛浩文所翻译的英译本《玉米》(*Three Sisters*)、《青衣》(*The Moon Opera*)在译名上与法译本采用

---

① 高方,毕飞宇.文学译介、文化交流与中国文化"走出去"——作家毕飞宇访谈录[J].中国翻译,2012(3):49-53.
② Bi Feiyu. Trois Soeurs[M]. traduit par Claude Payen. Arles:Editions Philippe Picquier,2005.
③ Bi Feiyu. L'Opéra de la lune[M]. traduit par Claude Payen. Arles:Editions Philippe Picquier,2003.

了相似的译法。

(二) 毕飞宇作品在英法世界的传播途径

中国文学走出去,在确保好的作品与译本的基础上,译介途径便成为制约传播效果的重要因素。中国不缺乏好的文学作品,但一部作品外译的成功与否很大程度上取决于是否能寻找到合适的海外出版商。葛浩文就曾直言,"很多时候一部作品能不能翻译,还得看出版社的意思",许多翻译好的优秀作品,就是因为没有合适的出版社,只能滞留在译者的抽屉里①。

中国作品在海外出版社发行主要通过两个途径:一是经由任职于高校的汉学家翻译之后,依托学校资源,由高校教育出版社出版发行。这类译本翻译质量优良,但作为非营利性出版机构,资金有限,针对作品所做的宣传较少,在普通读者中的知名度较低,因而受众群体多针对研究中国文学的学者、汉学家以及汉学专业学生②。第二个途径则是由国外商业出版社选中文本后,组织翻译出版,在此过程中职业作家经纪人扮演了重要角色。作家经纪人会将自己代理作家的作品推介给出版社,并代为洽谈版税等相关事宜。作家经纪人就像一条纽带,一头连接作家,另一头连接的就是市场③。在中国作家存在语言障碍、不熟悉海外出版市场的情况下,海外代理人是理想的媒介。可以说,寻找到优秀的海外经纪人,作品海外译介就迈出了第一步,一些作家例如莫言、阎连科等都是经由经纪人帮助联系合适的出版社,毕飞宇也不例外。在法国出版社担任策划的陈丰博士担当了毕飞宇的海外经纪人,帮助他

---

① 季进.我译故我在——葛浩文访谈录[J].当代作家评论,2009(6):47.
② 季进.我译故我在——葛浩文访谈录[J].当代作家评论,2009(6):51.
③ 朱波.小说译介与传播中的经纪人[J].小说评论,2014(3):12-18.

的作品打开法国市场,继而传播到美国、德国等国家①。毕飞宇和法、英出版社的顺利接洽、合作,可以说其海外代理人功不可没,正如作家自己坦言,"中国文学向海外输出的最大问题不在翻译,而在缺乏职业的文学代理人"②。

毕飞宇作品法译本分别由南方文献出版社(Actes Sud. Coll.)与毕基埃出版社(Editions Philippe Picquier)出版发行。其最早翻译的作品为《雨天的棉花糖》③,是经南方文献出版社主编、法国汉学家何碧玉(Isabelle Rabut)翻译出版。1997年开始,何碧玉开始担任该出版社中国丛书的主编,翻译出版的作品包括余华的《许三观卖血记》和池莉的《烦恼人生》等。正是在池莉推荐下,她阅读了毕飞宇的中篇小说,并首先开始翻译了其早期作品《雨天的棉花糖》(*De la barbe à papa un jour de pluie*)④。然而,2003年,当两家出版社争夺其作品出版权时,毕飞宇最终选择与毕基埃出版社签约合作,其中原因引用其原话是因为"他们喜欢我的作品,并且承诺,哪怕亏,也会一本一本出我的作品"⑤。毕基埃出版社也是经过深思熟虑才做出这样的承诺。该出版社创办于1986年,正是外域文化引进热潮在法国悄然兴起的20世纪80年代,毕基埃出版社的成立可以说是顺势而动。创办人菲利普·毕基埃(Philippe Picquier)⑥称"当法国文学界正专心于形式的研究时,我则视

---

① 朱波.小说译介与传播中的经纪人[J].小说评论,2014(3):12-18.
② 高方,毕飞宇.文学译介、文化交流与中国文化"走出去"——作家毕飞宇访谈录[J].中国翻译,2012(3):51.
③ Bi Feiyu. De la barbe à papa un jour de pluie[M]. traduit par Isabelle Rabut. Arles: Actes Sud.Coll., 2004.
④ 何碧玉,毕飞宇.中国走向世界的路还很长[N].经济观察报,2011-05-23.
⑤ 高方,毕飞宇.文学译介、文化交流与中国文化"走出去"——作家毕飞宇访谈录[J].中国翻译,2012(3):51.
⑥ Rovère, Maxime. Philippe Picquier, le chercheur d'or[J]. Le Magazine Littéraire, 2012:86.

亚洲为另一股新鲜的气息"。汉学研究在法国历来源远流长，2004年法国举办"中国文化年"之后，在整体翻译作品出版量减少的情况下，中国文学出版量却是逆势而上①。毕基埃出版社对毕飞宇作品的坚持出版一方面是对毕飞宇作品的认可，另一方面正是预测到中国文学在法国的巨大前景。近年来，毕埃基出版社发行出版了中国现当代多位作家的作品，莫言、韩少功、余华、阎连科等均在其列，出版有"毕基埃青少年丛书"（Picquier Jeunesse）、"毕基埃袖珍丛书"（Collection Picquier Poche）系列以及"中国系列丛书"（Collection Chine）等。在与毕飞宇的合约上，毕基埃出版社也很好地履行了自己的诺言，先后翻译发行了《青衣》《推拿》《平原》《玉米》以及《上海往事》五本书，使法语成为海外出版毕飞宇作品最多的语种。

毕飞宇作品在法国的出版推动了其他语种的发行。在代理人的推荐下，英国 Telegram Books 出版社在阅读毕飞宇法语作品后，看到了其作品潜在的商业价值，决定出版发行英译本。2007年，《青衣》英译本在英国 Telegram Books 出版社发行之后，2009年，美国 Houghton Mifflin Harcourt 出版社顺势而动，将其作品引入到美国。这两家出版社均为英美主流商业出版社集团，在作品的出版发行上采用了传统的商业运作方式，这也在一定程度上避免了毕飞宇作品归为学术化、小众化作品，而是纳入主流图书商业运营，展示到普通大众读者面前②。

（三）毕飞宇作品在英法世界的接受效果

评价作品海外传播的效度，应当从译介受众与译介效果这两方面

---

① Mollier, Jean-Yves et collectif. Où va le livre? [M]. Paris: La Dispute, 2007: 252.
② 吴赟.西方视野下的毕飞宇小说——《青衣》与《玉米》在英语世界的译介[J].学术论坛, 2013(4): 94.

着手。一般而言,译介受众分为三类,即学术权威、文学批评家与读者大众。学术界权威和知名批评家会关注作品的学术价值与文学地位,而读者的接受度则决定了作品是否流传①。只有综合分析这三者的情况,才能得出作品在译入语世界的真实接受情况。

与老舍、巴金等所著的现代中国经典作品相比,毕飞宇作品海外译介始于2003年,时间较短,因此文学界尚未对其作品进行深度研究。相较之下,时效性更强的新闻媒介很快地作出了反应,众多主流媒介的文学评论家均对其进行了品评推介。2007年《青衣》英文版在英国出版发行后,《泰晤士报》以"男人与男性抗争,而女人一生是与自己抗争"②来评论文中筱燕秋的命运。2010年,《玉米》在美国发行后,美国图书馆协会(American Library Association)刊物《书单》(Booklist)称《玉米》对"共产社会下女性的困苦生活进行审视",展现了"年轻女性的奋斗"③。2010年,毕飞宇凭借英译版《玉米》荣获第四届英仕曼亚洲文学奖,成为第三位荣获此殊荣的中国作家④,也说明了主流评论界对其作品的认可。

然而,主流媒体的认可只是考察作品海外传播效果的一个方面,中国文学"走出去"归根到底是要让海外读者大众通过文学作品了解中国文化。事实上,长期以来,外国普通读者阅读中国翻译作品的人数极为有限。借助Amazon,Goodreader,The Complete Review等读书网站,我们可以得到西方普通读者真实、直观的阅读感受。在对中国文学感兴趣的读者群中,中国文学的独特魅力得到了他们的认可。以《青衣》为例,从

---

① 王宁.全球语境下的中国文学和文化研究[J].文学评论,2000(3):57.
② Saunders, Kate. The Moon Opera [N]. Times, 2007-10-27.
③ Hooper, Brad. The Moon Opera[J]. Booklist, 2008(6):31.
④ 前两位分别为2007年姜戎(第一届,《狼图腾》),2009年苏童(第三届,《河岸》)。

法、英亚马逊读者书评中可以看到,读者首先关注的是一位女性因戏剧而沉浮的人生际遇,是自我挣扎、自我解放的故事,反映的是人性中的共性,是超越国界、人人可能面临的问题。同时,读者往往被作品的浓郁中国特色所吸引,跟随着筱燕秋,读者进入到京剧的世界,探索中国文化中艺术与商业的内在关系。值得注意的是,这些读者大多对中国文化有一定了解,因而能很好地理解作品所展现出的文化差异。然而,对于不了解中国文化的广大外国读者来说,中国作品想要打开市场尚有一定难度。

近年来,虽然中国文学海外发行量逐年增加,但总量依然微不足道。在英美,每年中国文学译本的销量只占总体出版量的3%左右,即使是知名度比较高的莫言,他的《生死疲劳》发行量也不过几千本,其他中国作家译作的发行量可想而知①。据《中国统计年鉴》近十年来我国引进和输出的图书版权数据显示,外译的中国作品与译入的外国作品在数量上相比处于大幅逆差地位②。中国文学在海外遇冷的困境,中国处于文化逆差的现实,固然是由于中西方文化与观念的差异所致。然而,究其根本原因,更是由于中国文学作为中国文化的承载者进入国际市场,意味着"边缘文化"去挑战西方"主流文明",文化上的弱势决定了其文学作品接受度也较低。因此,中国文学"走出去"的根本解决之道在于中华文化扩大其海外影响力,在于中国文化"走出去"。

三、中国文化走出去的"翻译"对策

在翻译研究的"文化转向"背景之下,随着翻译文化维度的重要性

---

① 季进.我译故我在——葛浩文访谈录[J].当代作家评论,2009(6):51.
② 具体数据参见:吴攸.文化产业政策与民族文化复兴[J].毛泽东邓小平理论研究,2014(12):79-84.

日益凸显,这对于中国文化走出去的战略具有举足轻重的意义。毕飞宇是中国当代"走出国门"的作家中较为成功的一位,从其作品外译的历程中可以提炼出一些具有普遍意义的经验。

(一) 从"中国文学走出去"到"中国文化走出去"

文学承载着一个民族的文化、精神与价值观,是国家历史传统与当代形象的重要载体,因此文学、文化界所热议的中国文学"走出去"问题从国家的层面看来,其本质还是中国文化"走出去"的问题。文学外译是公共外交的一个重要途径,文学出版发行以及版权服务作为文化产业的一部分,在提升国家文化软实力中发挥着不可替代的作用①。然而,正如上文分析所指出,中国文学在国外普通读者中影响力依然有限,这从很大程度上制约了国家软实力战略的实施效果。

中国外文局副局长黄友义曾指出:"做翻译工作,表面上看翻译的是文字,实际上是在翻译文化,是翻译文字背后深刻的思想。"②许多中国文学作品无论是背景设定,还是书写习惯上都具有鲜明中国特色,脱离对中国文化的了解,中国文学很难真正被海外读者所接受。正如毕飞宇作品正是借着法国"中国文化年"的东风,打开了在海外的市场。因此,进行文学作品译介时,在追求高质量译本的基础上,可辅以相关的文化宣传活动,一方面吸引读者注意,扩大作品知名度;另一方面借宣传对读者进行文化"培训",向读者普及中国文化,帮助其了解文学作品,使文化传播与文学译介相辅相成。

---

① 熊正德,郭荣凤.国家文化软实力评价及提升路径研究[J].中国工业经济,2011(9):18.
② 徐豪.翻译推动中国文化"走出去"[J].中国报道,2012(12):78.

(二) 培养高水平的本土译者

"汉学家模式"仍是当今中国文学"走出去"的主要倚重力量,为中国文学的海外传播做出了巨大贡献,然而这一模式本身也是一把"双刃剑"。精通中国语言文化的海外汉学家数量稀少,过分依赖于这一模式,则决定了中国文学无法大规模海外传播;同时,海外汉学家更热衷于运用"归化""改写"等翻译策略,初时能减弱外国读者阅读时文化差异引起的文化冲击,帮助中国文学扩大海外读者群,但同时无疑制约了"原汁原味"的中国文化被海外读者熟悉与接受。因此,从长远发展来看,若想真正实现中国文化走出去的目标,我们必须培养出更多优秀的本土译者。然而,目前国内翻译市场惨淡,翻译市场不规范,从业人员薪资待遇差,导致专职文学翻译人才极度缺乏,在杨宪益等老一代翻译家逝世之后,高水平的文学翻译家更是寥寥无几。因此,中国文化走出去,必须优化翻译市场机制,提高翻译人才待遇,培养通晓本国文化历史、熟练掌握目的国语言的高水平本土译者。

(三) 注重与提高传播效果

文学作品的海外译介,并不仅仅是翻译问题,"那种以为只要把中国文化典籍或中国文学作品翻译成外文,中国文学和文化就自然而然地'走出去'了的观点,显然是把问题简单化了"[1]。一方面,文学作品的外译是文化产业的重要组成部分,从长远看来应当走市场化的道路。以市场为主体配置资源要求我们首先要了解国外文化市场,而不是一

---

[1] 谢天振.中国文学走出去不是简单的翻译问题[J].社会科学报,2013(6):1.

味地忽视受众需求,忽视文化差异影响下的思维差异与阅读差异,盲目替国外读者决定他们应该阅读哪些作品。一些作品在国内或许未引起巨大的反响,却在海外传播广泛。比如,"《狼图腾》在国内影响力有限,但在美国影响很大,销量很好"①;又如,2013 年,中国网络作家慕容雪村的作品在法国最具影响力的伽利玛(Gallimard)出版社出版发行,代表了国外主流出版社对当代中国新兴的网络文学的认可。与此同时,好的翻译作品还应当辅以好的营销手段,翻译大师杨宪益夫妇翻译的《红楼梦》译本可谓经典之作,但无论从海外读者的接受度、还是海外学术影响力看来,杨译本均不如本土译者霍克思、闵福德的译本,作品的宣传不足占了很大一部分原因②。拥有好的作品,更应该加强和提高作品的传播效果,把好作品推介到读者面前,才能真正实现它们的价值,为此积极有效的传播行为必不可少。

(四)将翻译提升至国家文化软实力战略的高度

在全球化背景之下,文化因素已上升至国际关系的中心地位,巧妙运用文化因素已成为现代国家提高国际竞争力与影响力的重要途径。中华民族悠久的历史文化是我国软实力的核心,正如许钧教授所指出,"文化软实力无论输入还是输出,在我们看来首先是一个翻译问题"③。在中国近代的历史语境下,翻译曾担任过推动社会进步的"革命力",进步知识分子通过大量引译西学,将西方的科学、民族、自由与共和的观念引入中国,并以这些先进的观念来推动当时中国的改革、革命与民族救亡运动;那么,在如今全球化的背景之下,翻译可以担当推动中国文

---

① 季进.我译故我在——葛浩文访谈录[J].当代作家评论,2009(6):46.
② 赵芸,袁莉.著名翻译家倾谈"文化走出去"[J].上海采风,2010(3):21.
③ 许钧.翻译研究之用及其可能的出路[J].中国翻译,2012(1):12.

化"走出去"、扩大中国国际影响力的"软实力"。历史跨越百年,翻译的战略性意义依然不变,差别仅仅在于,在如今新一波的翻译大潮中,翻译的重心由"译入"转向"译出",通过将中国作家与学者的作品外译出去,我们用一种温和的、隐性的、更易为人所接受的方式,传播着中华文化与中国的价值观,这便是借翻译之力而成的"软实力"。因此,只有将翻译提升到国家文化软实力战略的高度,中国文化才能在不远的将来真正"走出去"。

第四节　OTT TV:融媒时代中国电视剧海外传播的新渠道

一、引言

在传统媒体时代,电视剧主要在电视终端上播放。电视终端随着互联网技术和联网设备的迅速发展,OTT(Over the Top)TV 正日益改变着人们观看电视节目的方式。OTT TV 是指通过公共互联网面向机顶盒、一体机、智能手机、个人电脑、平板电脑等智能终端提供视频观看的服务形式。典型的 OTT TV 包括国外的 YouTube、Hulu,国内的爱奇艺、腾讯视频等网络视频网站,还有智能电视终端、机顶盒等。近年来,宽带接入在全球范围内越来越普及,在宽带速度不断提高的同时,资费迅速下降,为 OTT TV 的发展打下了良好的网络基础。另一方面,电脑、智能手机、平板、游戏机、互联网电视等联网设备日益多样化和普及化,个人和家庭拥有的设备种类和数量逐渐增加,而且随着移动互联网的迅速发展,用户越来越重视"随时看、随地看"的方便性,移动终端成为网络连接的主要设备之一①。根据市场研究显示,全球100个国家的OTT TV和视频收入从2010年的47.7亿美元迅速增长到2015年的294.1亿美元,预计2021年将达到647.8亿美元②。越来越多的用户观看电视节目的方式不再局限于追随电视直播,而是通过OTT TV服务可以选择何时、何地以及在何种终端设备上点播自己感兴趣的视频节目。

OTT TV在全球范围内的迅速发展在扩宽国产剧海外传播新渠道方面具有巨大潜力。长期以来,传播渠道不畅是中国电视剧的海外传播困难重重的原因之一,国产剧③往往难以进入海外主流电视台黄金时段,单一有限的传统传播渠道极大掣肘了国产剧的海外传播。④ 近年来,一些国内影视制作方和发行方开始认识到OTT TV在海外传播中的作用,已经逐步在海外OTT TV平台上进行了颇有收获的尝试。本文将分析目前国产剧在主要海外OTT TV平台渠道传播的现状、渠道传播特点,并提出发展建议。

二、国产剧在海外OTT TV平台的传播状况

目前国产剧合作的海外OTT TV平台主要有YouTube、Viki、Netflix(网飞)、Hulu(葫芦网)、Amazon Prime等。除了传统的购买版

---

① 陈泽奇,陈旭宇.中国OTT－TV的前景:未来的电视[EB/OL].[2015－05－27]. https://www.accenture.com/t20150527T211651__w__/cn-zh/_acnmedia/Accenture/Conversion-Assets/DotCom/Documents/Local/zh-cn/PDF_2/Accenture-Insight-Outlook-Ott-Tv-China-Future-TV.pdf.
② http://finance.yahoo.com/news/global-ott-tv-video-forecasts-093100618.html.
③ 本文中"国产剧""中国电视剧"特指中国大陆生产的电视剧,港台地区的电视剧暂未纳入分析。
④ 徐明华,廖欣.中国电视剧的海外市场与对外传播策略研究[J].对外传播,2015(2).

权模式,与OTT TV新媒体平台的合作模式还有广告分账或用户付费分账等商业模式。在国内大热的《甄嬛传》(Empresses in the Palace)重新制作成6集的美国版,于2015年3月登录Netflix播出,引起国内较大关注,被视为国产剧近年内出海的重要标志。虽然Netflix版的《甄嬛传》在Netflix平台的评分不高,被认为是文化差异导致水土不服。但随着《甄嬛传》登录Netflix,中国电视剧加快了通过OTT TV平台出海的步伐,更多国产剧通过这些视听新媒体平台进入海外市场,而且逐步实现了同步播出和未删减版本播出,中国电视剧的影响力正在积聚。2017年,Netflix引入优酷自制网剧《白夜追凶》、2018年引进爱奇艺网剧《河神》《无证之罪》,这些基于中国网络小说IP改编的网络悬疑、犯罪剧类型进入世界电视市场,丰富了中国出口内容的题材。YouTube上的"大剧独播""中剧独播""优优剧场独播"等频道则实现了越来越多的国产剧在海外线上和国内的同步播出。下面本节将重点分析国产剧在YouTube和Viki两个重要海外OTT平台的传播特征。

(一) 国产剧在YouTube上的传播

成立于2005年的视频分享网站YouTube是全球最热门的在线视频社区,为全球用户提供视频上传、分发、展示、浏览等服务,2017年YouTube全球用户超过15亿户。YouTube以用户生产内容(User Generated Content)为主,企业机构也可以创建官方频道。如美国CNN、Bloomberg等新闻电视台均开设了YouTube官方频道。韩国的三大主流电视台之一韩国KBS电视在YouTube上也设有针对国际观众的官方频道,提供最新韩剧内容[①]。在2013年之前,YouTube的国

---

① https://www.youtube.com/user/kbsworld/about.2017年1月15日访问。

产剧集多为个人用户上传的盗版视频。2014年以来,部分中国电视剧制片公司逐渐意识到海外观众的重要性,版权意识增强,对海外市场有了更多关注,开始逐步在YouTube上授权投放正版剧集。YouTube成为国产剧在海外传播的主要OTT平台之一。

国产电视剧在YouTube的投放运营一般通过两种方式。一种是授权近年来兴起的中国电视剧频道播放剧集。目前用户订阅量较高的有"大剧独播"频道、"优优独播剧场"频道、"中剧独播"频道等。这些专门的国产剧频道一般由国内的第三方文化企业运营,投放获得正式版权授权的剧集,通过与YouTube广告分成的方式盈利。另外一种是制片公司自主或委托第三方在YouTube上运营自己的官方频道,如华策影视官方频道、克顿官方频道等。可以看出,民营企业构成了中国电视剧在YouTube平台出海的主要力量。湖南卫视、东方卫视等电视台也成立了官方频道,主要是投放自制综艺节目和部分自制剧。

表3-1统计了YouTube平台主要国产剧播放频道的运营情况(数据统计截至时间:2018年10月20日)。

表3-1 YouTube平台主要国产剧播放频率运营情况

YouTube频道名称	注册日期	主要剧集	订阅用户数(户)	观看次数(次)
大剧独播 (美喆传播有限公司运营)	2013年1月20日	《琅琊榜》《欢乐颂》《青岛往事》《离婚律师》《青云志》等 耀客传媒官方频道、唐人影视官方频道等	116万	10.1亿
优优独播剧场 (世纪优优公司运营)	2014年6月9日	《女医明妃传》《伪装者》《加油吧实习生》《北平无战事》《战神》《当婆婆遇上妈之欢喜冤家》等	106万	8.5亿
中剧独播 (诺亚生活科技公司运营)	2016年1月12日	《放弃我抓紧我》《诛仙》《好先生》《伪装者》《父亲的身份》等	51.7万	4.64亿

续　表

YouTube频道名称	注册日期	主　要　剧　集	订阅用户数(户)	观看次数(次)
克顿传媒 HIT 频道	2016年4月5日	《亲爱的翻译官》《微微一笑很倾城》《三生三世十里桃花》《锦绣未央》等	87.9万	10.43亿
克顿传媒 Fresh 频道	2013年12月25日	《何以笙箫默》《爱情公寓》等	22.6万	3.6亿
华策官方频道	2013年11月27日	《卫子夫》《雷霆战警》《中国往事》《上瘾》等	35.2万	2.09亿
芒果TV独播剧场	2015年2月14日	《亲爱的翻译官》《微微一笑很倾城》等	21.6万	1.25亿
SMG电视剧	2015年4月1日	《裸婚时代》剧集片花等	14.1万	11.7万

表 3-2 为 YouTube 国产剧播放量位居前列的不完全统计(统计数据截至 2018 年 10 月 20 日,仅统计了首集播放量,一般播放量随着集数递减)。

表 3-2　YouTube 国产剧播放量前九

序号	片　　名	播放量(首集)
1	微微一笑很倾城(2016)	1 781万
2	特工皇妃楚乔传(未删减版,2017)	1 331万
3	致我们单纯的小美好(2017)	483万
4	锦绣未央(2016)	485万
5	欢乐颂(2016)	455万
6	狐狸的夏天(2017)	407万
7	延禧攻略(2018)	372万
8	双世宠妃(2017)	357万
9	择天记(2017)	342万

从 YouTube 上国产剧播放的数据分析可见其具有以下传播特点：

1. 国产剧集投放近年来大幅增加、类型多元化

从上述数据可以看出，自 2014 年起，YouTube 上授权投放的中国电视剧剧集数量明显增加。随着 2015 年《琅琊榜》等国产剧在 YouTube 上热播并产生良好的海外影响力，YouTube 平台作为海外新媒体传播的重要渠道开始受到国内制片公司的重视。2016 年里，越来越多的国产热剧在 YouTube 上与国内的视频网站实现了同步播出，如《欢乐颂》《好先生》《翻译官》《如果蜗牛有爱情》等。2016 年 YouTube 的国产剧频道增加数家，如"中剧独播"频道、"骄阳唐略"频道、"唐略独播剧场"等。克顿传媒除了之前成立的频道，2016 年 4 月也专门新成立了"克顿传媒 HIT"频道。以用户量最大的三个中剧频道为例，从 2016 年 6 月 20 日到 2018 年 10 月 20 日的两年多时间内，世纪优优频道的播放量从 1.21 亿次增长至 8.5 亿次，订阅用户从 17.7 万户增至 106 万户；大剧独播频道观看量从 2.7 亿次增至 10.1 亿次，订阅用户从 40.7 万户增至 106 万户；中剧独播频道的订阅用户从 27 万户增长至 51.7 万户，观看量达 4.64 亿次，均显示出良好的发展势头。

除了数量增长之外，YouTube 国产剧的类型非常多元化，战争剧、生活剧、偶像剧、年代剧、古装剧、网络剧等均有投放。综合 2015 年至今的播放量数据来看，现代偶像剧和古装剧最受欢迎。2015 年，现代偶像剧《杉杉来了》在 YouTube 平均单集播放量约 300 万，古装剧《琅琊榜》单集播放量约 200 万，成为当年 YouTube 上的热播国产剧。2016 年的现代偶像剧《微微一笑很倾城》2017 年 1 月首播时以单集 334 万的播放量成为 2017 年 1 月前两周国产剧 YouTube 播放排行之首。到 2018 年 10 月，其首集的播放量持续增长到 1 178 万，仍然不断增加。中小成本的网络偶像剧如《致我们单纯的小美好》《狐狸的夏天》表现可

圈可点,古装剧如《锦绣未央》《双世宠妃》《择天记》等颇受欢迎,以当代都市为背景的《欢乐颂》在生活剧类型中表现优秀。近期《延禧攻略》在国内网络播出的同时在 YouTube 同步播出,播放量再创古装偶像剧新高,首集播放量超过了 360 万次。

相较传统的电视台渠道,新媒体平台如 YouTube 对于输出多元类型的国产电视剧,尤其是反映当下社会面貌的现当代题材电视剧,具有明显优势。从热门剧集的评论数量看,观众的参与度也呈上升趋势。《欢乐颂》(未删减版)每集评论均超过 1 000 条,《微微一笑很倾城》第一集的评论超过了 3 000 条。

2. 主要针对华语观众,中文播出为主,可外挂外语字幕

YouTube 播放上的国产剧大多是以中文为播出语言,主要用户群体是海外华人,剧集评论也以中文评论为主。YouTube 在 2008 年推出了给视频添加外挂多语种字幕功能,不但视频上传者可以添加外挂字幕,也可以允许观众为视频添加外挂字幕,操作简洁方便。这一功能非常有利于拓展 YouTube 上国产剧的非华语观众,使这些观众也能观看欣赏剧集。目前,许多热门国产剧视频等都有了英语外挂字幕,部分剧集还有泰语、越南语等多种外语字幕。此外,剧集视频的评论区内也经常有非华语观众求其他语种字幕,显示 YouTube 上国产剧的观众从华语观众逐渐向非华语观众延伸。发行公司也有意识地提供外语字幕以满足更多非华语观众的需求。2016 年 11 月播出的《如果蜗牛有爱情》在 YouTube 上同时推出多个版本,其中就专门有英语字幕版以满足非华语用户的需求,外挂字幕还有法语、泰语等多种语言。《琅琊榜之风起长林》也配有英语、泰语、印尼语、俄语等多种外挂字幕。华策在热门剧集的评论区里,非华语观众询问字幕和评论的现象日益常见。

3. 培养观众群体，有利于保护正版版权权益

正版国产剧在 YouTube 频道与国内同步播出有力打击了 YouTube 上盗版剧集泛滥的情况。一方面，官方频道播出的剧集均为正版高清视频，可提供更好的观看体验；同步播出使海外观众可以及时观看到国内热剧，不必花费功夫翻墙回内地观看剧集，而且使优质剧集同时积累国内外的口碑效应。2015年的热播剧《琅琊榜》授权在"大剧独播"频道授权与国内同步播出时，《南华早报》的一位读者（韩咏梅）来信回顾前几年想看中国电视剧得翻墙回大陆网站观看，而《琅琊榜》在国内播出时，她可以同步在 YouTube 上观看到高清正版，感叹以《琅琊榜》为代表的中国新型软实力内容正在通过网络的正式渠道走向世界。① 电视剧在 YouTube 上热播在一定程度能够帮助传统媒体对剧集受众反应进行判断，有利于促进优质电视剧在传统媒体的销售。如正午阳光公司发行总监李化冰在采访中提到"《欢乐颂》在 YouTube 上线热播之后，马上就有海外版权经销商打听能否买入越南版权，可是已经被买走了"②。

（二）国产剧在 Viki 网的传播

创办于 2007 年的 Viki 网（www.viki.com）是一个总部位于新加坡、服务于全球用户的视频网站，2013 年 9 月被日本电子商务公司乐天收购③。创始人之一 Moon 称创建 Viki 的想法来源于当时意识到互联网上英语的强势主导地位和非英语国家用户的弱势地位，希望通过

---

① 韩咏梅.《琅琊榜》互联网中国新型软实力［N/OL］.［2015 - 12 - 27］. http://www.zaobao.com.sg/forum/opinion/story20151227 - 563972.
② 何佳子.《欢乐颂》YouTube 热播成华语王，"歪果仁"眼中的 22 楼居然超过了《琅琊榜》?［EB/OL］［2016 - 05 - 19］. http://chuansong.me/n/337874843708.
③ 2008 年 Viki 总部迁至新加坡，于 2010 年正式上线。

第三章　文化新经济态势下的中国文化走出去：理论及传播策略研究

Viki 发挥网络技术的潜能使网络的沟通语言更多元化，促进多元文化和社群的互相理解。① 其运营机制是购买影视剧节目的版权，把节目视频放在 Viki，由世界各地的志愿者组织翻译出各种语言的字幕（多达 200 多种语言），供全球各地观众观看。多达 500 名志愿翻译者可以同时在 Viki 的在线字幕编辑软件中进行翻译，因此剧集的翻译速度非常快。可以说，遍及全球的志愿者字幕组提供的众包字幕翻译是 Viki 的核心竞争力，坚持正版授权则使网站避免了版权纠纷的隐患。为了保证不被版权问题困扰，Viki 作为字幕分享网站，允许用户在线观看，但用户不能下载剧集，也不能用点对点软件再分享视频，这种强调版权保护的措施避免了 Viki 陷入版权官司，也吸引了影视制片公司给 Viki 授权，以借助 Viki 强大的多语种翻译能力，扩大其节目在国际市场上的影响力。Viki 一般将授权剧集放在该剧的官方频道，对于没有获得授权的热门剧集，Viki 会把这些剧集放在"粉丝频道"（Fan's Channel，即默认为粉丝出于兴趣自主发起的剧集频道），由志愿者组织进行字幕翻译并提供观看。这种情况下，如果制片方提出侵权声明，Viki 承诺马上删除这些剧集。为了避免侵权指控，"粉丝频道"的服务器不是设在 Viki，而是设在 YouTube 或 Dailymotion（一个法国视频网站）上。同时，Viki 翻译组会通过网络征集签名的方式向版权方申请授权。如果获得正式授权，Viki 会播放正版官方剧集视频并把该剧挪到官方频道②。如 2018 年国内热播的《延禧攻略》目前仍在粉丝频道。

目前 Viki 主要的节目包括来自韩国、中国和日本等亚洲国家的影视

---

① Dwyer T. Fansub Dreaming on ViKi：" Don't Just Watch But Help When You Are Free". The Translator：Non-Professionals Translating and Interpreting [J]，2012，18(2)：217 - 243.
② https：//support.viki.com/hc/en-us/articles/201439664-What-is-a-Fan-Channel.2017 年访问。

剧及热门综艺,成为全球范围内喜爱亚洲电视节目的观众的聚集地。Viki 的盈利模式主要包括插入贴片广告和付费会员制(目前每月为 4.99 美元)①。表 3-3 中是对 Viki 网上用户评分次数前十名的国产剧统计。

表 3-3 Viki 网上用户评分次数前十名国产剧

名次	电 视 剧	评分次数	用户评分
1	致我们单纯的小美好(2017)	8 371	9.5
2	他来了请闭眼(2016)	6 058	9.7
3	我的奇妙男友(2016)	5 142	9.5
4	扶摇(2018)	4 083	9.6
5	浪花一朵朵(2017)	3 100	9.5
6	香蜜沉沉烬如霜(2018)	3 012	9.5
7	双世宠妃(2017)	2 815	9.4
8	亲爱的公主病(2016)	2 415	9.3
9	如果蜗牛有爱情(2016)	2 150	9.5
10	上瘾(2016)	2 135	9.7

* 数据统计截至到 2018 年 10 月 20 日。

国产剧在 Viki 网的传播显示出以下主要特点:

1. 现代偶像剧和古装偶像剧最受欢迎

自 2015 年起,一些热播国产剧开始在 Viki 上与国内视频网站同步播出,国产剧近年来在 Viki 网的正版投放明显增加,2017 年 1 月已有 600 多部,但之后数量有所下降,目前共有 231 部来自大陆制作的电视剧在线。2016 年 6 月华策影视与 Viki 签订了战略协议,计划每年投放超 10

---

① https://support.viki.com/hc/en-us/articles/200138884 - How-much-does-Viki-Pass-cost. 2017 年访问。

部跟播剧①。国剧海外新媒体发行公司世纪优优与 Viki 也建立合作关系。这些合作机制为国产剧上线 Viki 提供了渠道。统计 Viki 网评分次数排名前十的国产电视剧集，发现除了青春偶像剧（包括古装和现代）成为 Viki 网的热播国产电视剧类型，国产剧的热度比韩剧较低，Viki 网上的热门韩剧评分数则可超过 3 万，如 2017 年的热播韩剧 Strong Woman Do Bong Soon(2017)评分数达到 3.3 万，获得了 9.8 的评分。除了剧集本身，剧集片花、花絮也会在翻译后播放。这种趋势一方面缘于部分剧集版权方对 Viki 平台的重视，直接在 Viki 上授权投放正版剧集和物料，一方面则是出于用户对新播国产剧的关注和兴趣，即使未获得获授权，随着国内开播，Viki 的志愿者们往往就随着剧集的播出开始同步翻译字幕。

2. 强大的多语种字幕优势，主要针对非华语观众

与 YouTube 的主要用户针对华语群体不同的是，Viki 网的独特语言字幕翻译功能使 Viki 网的主要观众为非华语观众。评论显示该社区用户对中国电视剧的兴趣在增加，在国产剧集的评论区里经常有用户留言求更新英语字幕或求其他字幕。

Viki 的特色在于志愿者义务的多语种字幕翻译，通过志愿者众包翻译的方式可以在非常短的时间内完成影视剧的多语种字幕翻译。根据笔者的亲身经历，一集在 Viki 同步投放的电视剧在国内播出 24—36 小时内即可完成该集英文字幕的翻译（一集 40 分钟左右的剧集通常切割成 4 部分，可由 4 名译者认领、同时翻译），然后再由其他志愿者翻译成其他语种。比如 2016 年国内新剧《幻城》第 1、2 集授权同步在 Viki 正式上线，上线后一周之内志愿翻译团队就完成了包括英语、法语、西班牙、

---

① 与"字幕组"VIKI 合作，华策多元化布局国际市场，瞄准国际粉丝[EB/OL].[2016-06-11].https://wallstreetcn.com/articles/247352.

阿拉伯语、希腊语、印尼语、泰语、波兰语、罗马尼亚语及其他7种语言字幕的翻译。《九州天空城》的第1、2集在国内播出一周之后,在Viki的粉丝频道就有志愿者组织翻译并发布了第1、2集的英语、西班牙语、德语、罗马尼亚语、印尼语、法语、葡萄牙语、韩语、越南语的字幕。目前,Viki的中国电视剧内容合作伙伴包括世纪优优、华录百纳、华策影视等。

三、讨论与建议

近几年来,中国电视剧通过国际OTT TV的传播渠道,形成了与传统媒体互相补充的海外传播新格局①,随着越来越多的国产剧在OTT TV上同步播出,国产剧开始逐渐扩大在国际上的影响力。除了上面提到的主要视频平台,国产电视剧在Netflix也取得了新进展。2017年以来,Netflix多次购入国产剧,如优酷自制网剧《白夜追凶》、爱奇艺出品的《无证之罪》等剧,2019年8月Netlfix宣布预购70集古装电视剧《天盛长歌》,并计划翻译成10余种语言。但是与国内每年1万多集的国产剧产量相比,在海外OTT TV播出的剧集数量仍占少数,这仍然是一片需要继续开拓发展的蓝海。除了与国际平台合作之外,一些中国企业已经开始建设发展自己的国际视听新媒体平台,如爱奇艺建立了台湾站并成为台湾地区视频平台的有力竞争者,数字电视系统集成商四达时代通过数字电视终端向非洲国家提供大量译制的中国电视剧(如热播的《媳妇的美好时代》《杜拉拉升职记》等),这方面的情况需要另外深入研究。

作为中国文化的重要载体,中国电视剧目前面临着海外传播的良好契机。第一,日益增多的海外华人对于国产剧的需求加大。移民格局的

---

① 张海涛,等.全球电视剧产业发展报告(2016)[M].北京:中国广播影视出版社,2016:176.

变化使来自大陆的海外华人比例日益增加,他们对国产剧的需求比传统的海外华人大,优质国产剧的海外传播能够起到凝聚海外华人、增强文化认同感的作用。第二,随着中国经济的持续发展,越来越多的外国人希望通过影视剧来了解中国的传统文化和当代生活,中国电视剧的海外非华语观众也有巨大的增长潜力。第三,近年来国产剧无论在投资规模还是制作水平上都有较大提升,电视剧质量、数量和题材类型都有较大进步,产生了一些优质电视剧,在全球华语观众市场上开始展现出一定的竞争力。

在这样的发展背景下,能够实现跨屏传播的 OTT TV 为中国电视剧的海外传播提供了非常有潜力的渠道。中国政府部门和电视剧制片公司、发行公司应重视发展机遇,采取措施鼓励支持中国电视剧的海外新媒体传播。

(1)鼓励制作精品电视剧,创新中国电视剧品质,推动中国电视剧的海外传播。追本溯源首先要制作出高质量的剧集,才能有望吸引海外观众。近年来中国电视剧制作水平、投资规模和制作技术均有提升,但是也存在着大量注水剧和质量低劣之作。海外传播的根本在于剧集的质量,如故事内核是否反映了普遍价值、故事的叙述方式是否具有吸引力、表演和制作是否精良等。纵观这两年海外热播的电视剧,无论是古装的《琅琊榜》还是现代剧《欢乐颂》、抑或网络剧《白夜追凶》,都是在国内也充分获得观众认可的优质剧集。随着影视行业国际化的发展,合拍剧有望增加,但数量仍占少数,中国电视剧海外传播的主要内容还是来自国产剧。如朱春阳(2014)指出,未来制定影视产品的海外传播战略时应协调海外传播与国内市场发展之间的关系,研究如何发挥我国国内市场的规模优势,争取墙内墙外同时香[1]。优质的国产电视剧才

---

[1] 朱春阳.影视产业如何"走出去"?[J].社会观察,2014(9).

是形成海外华流的源泉。

（2）政府应进行顶层设计，充分认识到电视剧的文化传播作用，制定相关政策支持鼓励电视剧的海外传播。电视剧作为受众广泛的大众媒体的一种形式，应在中国形象的国际传播中发挥积极作用。电视剧的海外传播有助于增强海外华人的民族认同感，能够提供给非华人观众了解中国社会和文化的一面窗口。随着"一带一路"倡议的推进，大力支持电视剧的新媒体海外传播，培养中国电视剧的积极受众，有效配合"一带一路"倡议的推广，具有重要的意义。在此过程中，应支持民营企业积极参与海外市场开拓。以前的文化走出去更多是依靠行政力量，"以政策扶持、集团化为特征"。当下国产剧在国际 OTT TV 平台显示出的活力表明，民营文化企业、国内视频网站等企业在这方面大有可为，可大力促进国产剧海外传播的市场化运作。国内制片公司应重视剧集在海外视听新媒体的发行和宣传，关注海外新媒体平台上的版权保护。

（3）充分利用 OTT TV 等新媒体传播渠道提高国产剧的海外影响力。韩剧和美剧在中国的传播路径显示外国电视剧在中国的火爆在很大程度上归功于网络传播。比如韩剧《太阳的后裔》在中国的热播主要依靠了视频网站渠道，虽然没有在电视台播出也取得了巨大成功。2015 年以来中国电视剧的海外 OTT TV 平台传播有所进展，应在这方面加大力度，并重视在社交新媒体平台的推广和宣传。新媒体渠道一方面能够扩宽传统的电视台传播渠道，其本身所具有的跨屏传播、高互动性的特点也有利于实现剧集与用户的互动，用户在观看的时候可以进行评论、点赞、打分、转发到自己社交媒体主页等，有利于形成积极的受众群体，培养用户黏性。在视听新媒体上的高点击率和热议度也有带动国产剧在电视台渠道销售的潜力，在新媒体平台上的成功可以为电视台的购买决定加强信心。新媒体平台对于中国电视剧在海外的传播还可以提供增值服务，比如非常重要的受众数据分析。新媒体渠道可以结合大数据分析，除了播放量，还可以分析观众所在地域、性别、偏好等信息，或者从观众在网络互动中获得海外市场反馈。目前国产剧主要在国际 OTT TV 平台如 YouTube 等播出，未来应考虑发展自己的国际 OTT TV 渠道。

（4）大力推动电视剧的字幕外译工作。语言翻译是中国电视剧海外传播的一个重要环节，需投入相当的时间、人力和物力，一直以来也是国产剧走出去的一个巨大挑战。Viki 的运营模式为国产剧海外传播的语言翻译问题提供了一个新渠道和思路。一方面国内制作公司可与 Viki 合作，授权 Viki 网播放正版剧集并由字幕组进行各语种的翻译，制作公司与 Viki 网进行广告分成，而配有翻译字幕的电视剧则能推进该剧在不同国家的推广，有利于培养积极的受众群体。Viki 网的外语字幕还有望应用到其他渠道。另一方面，字幕组翻译模式在国内已经发展得非常成熟，美剧、韩剧、日剧等国外电视剧在中国的热播离不开国内字幕组的努力。国内公司可以综合 Viki 网和国内字幕组的经验，发展翻译国产剧的外译字幕组力量。2014 年，东方嘉禾公司成立了 Vego 字幕社区，意在打造一个类似 Viki 的多语种字幕制作和语言翻译的交流合作社区。为吸引更多国内外志愿者参与社区的字幕翻译活动，Vego 字幕社区制定了与翻译志愿者的分成计划，使参与视频字幕翻译的志愿者成为视频营收的受益者[1]。但是，Vego 字幕社区目前的困境是没有形成规模和流量，发展基本停滞。这类基于个人协作的社区需要具备一定的用户规模和流量，才能形成规模效应，吸引到更多的用户参与字幕翻译与在网络上分享。YouTube"大剧独播"频道运营方美喆传

---

[1] http://www.vego.tv/html/incomeIntroduce.

播也依托自身平台粉丝,招募组建字幕组,这些字幕翻译队伍的发展有待继续观察。目前,一些从事海外发行的公司成立专门的译制队伍从事影视译制。2010年,四达时代就成立了自己的译制中心,开始给影视剧配上英语、法语字幕。2014年成立了多语种译制中心,上线了非洲本地语种,从通用人口较多的斯瓦希里和豪萨语起步,后来又上线了衣波语、乌干达语等语种。此外,四达时代通过在非洲当地举办影视剧配音的方式选拔配音人才,提供用非洲本地语种配音的中国电视剧,受到非洲观众欢迎。世纪优优也有专门的翻译队伍,为发行的中国电视剧提供字幕翻译。世纪优优公司也组建了自己的翻译团队,为代理海外发行的剧集提供翻译。2017年,世纪优优公司在海外发行《择天记》剧集时,尝试了粉丝翻译的方式。主演鹿晗粉丝团组织了国内外粉丝进行了剧集的翻译,这种基于互联网参与式文化的协作方式也是一种积极的尝试。

在大力推动中国文化走出去的时代背景下,随着互联网技术的迅速发展,在跨屏传播、移动新媒体成为影视视听消费的大趋势下,应积极发挥以OTT TV作为国产剧海外传播重要渠道的作用,鼓励规模化出口国产剧,培养积极的海外观众群体,争取使国产剧满足海外华人的需求,有助于增强民族和文化认同感,同时也满足非华语观众的观看需求,提高中国的文化软实力,能够形成国产剧出口的规模优势,实现文化和经济双重价值,争取在海外形成影视剧的"华流"。

第五节 文化新经济背景下的语言博物馆建设思考

语言及方言是文化最重要的载体和重要的组成部分,也是国家不可再生的、珍贵的非物质文化遗产,是构成文化多样性的前提条件。目前,语言多样性正逐渐受到威胁,亟待采取措施进行保存和保护。如何秉承保存和保护语言多样性?建设语言博物馆将是一个有效的措施。同时,在文化新经济背景下,它不仅有望实现保存语言的多样性,同时也将作为特殊的文化体验中心积极推广我国丰富的语言文化,促进语言文化产业的发展以及与其他相关新兴科技和文化产业的协同发展。

一、语言博物馆建设意义

提出"生物多样性"概念的生物学家爱德华·威尔逊(Edward O. Wilson)于 2007 年在巴塞罗那获得加泰罗尼亚国际奖,他在致辞中指出,我们应该把生物多样性当作一个无价的物品,并对其方方面面进行维护,同样我们也应该重视文化多样性与语言多样性,因为每一种文化与语言都是人类与自然的互动过程中所缔造出来的杰作,拥有无法破译的美[1]。语言多样性是人类最重要的遗产,每一种语言都蕴藏着一个民族独特的文化智慧。但是,语言的使用现状不容乐观。根据《民族语言志:世界的语言》2018 年的最新统计,全世界目前共有 7 097 种语言,而世界上大约 97% 的人口使用着大约 4% 的语言,全世界约 96% 的语言由仅仅 3% 的人口在使用,至少有半数语言使用人口正在减少,一些有成千上万使用人口的语言如今不再有孩童学习。在经济迅速发展的时代背景下,共同语的影响不断增大,语言的多样性正随之逐渐流失。有学者估计,到 21 世纪末,在全世界的大部分地区,约 90% 的语言

---

[1] 安东尼·米尔·富利亚纳.语言之家:世界活语言博物馆[J].国际博物馆(全球中文版),2008(3).

可能被强势语言取代①。

每种语言的消亡必将导致其独特的文化、历史与生态知识的消失，这将是无可挽回的损失。最重要的是，使用这些语言的人们体会到，随着自己语言的消失，他们原有的种群和文化认同也将丧失。联合国已注意到世界上的语言种类正在以惊人的速度减少，同时也意识到语言在贯彻"千年发展目标"过程中所扮演的重要角色，并认识到保存语言多样性对和平共处与相互理解的推动作用，从而宣布将2008年定为国际语言年。欧盟将2008年定为跨文化对话年。联合国教科文组织（UNESCO）呼吁世界各国更多地采取行动，加大对全球语言的宣传、发展与保护。UNESCO前总干事松浦晃一郎（Kochiro Matsuura）曾提到，我们的共同目标是保证语言多样性和多语制的重要性在教育、管理、法律体系、文化表达、媒体、网络空间与贸易中得到体现，并在国家、区域和国际各级得到认可。他还声明，语言是实现可持续发展与构建国际语境——区域语境下的和谐关系的战略因素②。

我国是语言资源最丰富的国家，汉语是世界上方言分布最广、方言种类最多样的语言之一。但是，当普通话在城镇地区的推广取得空前成果的同时，各地方言则在城镇地区以空前的强度和速度在消退。因此，保护语言资源多样性、加强交流合作、分享可资借鉴的国际经验已经刻不容缓。为了共同建设一个美美与共的语言世界，构建人类命运共同体做出贡献，"首届世界语言资源保护大会"于2018年9月19日至20日在湖南省长沙市召开。大会主题为"语言多样性对于构建人类命运共同体的作用：语言资源保护、应用与推广"，联合国教科文组织

---

① 范俊军,宫齐,胡鸿雁.语言活力与语言濒危[J].民族语文,2006(3).
② 安东尼·米尔·富利亚纳.语言之家：世界活语言博物馆[J].国际博物馆(全球中文版),2008(3).

总干事奥德蕾·阿祖莱在贺信中表示,联合国教科文组织致力于保护语言资源和语言多样性,在中国举办此次大会正逢其时、十分重要,希望通过此次世界语言资源保护大会增进各国保护语言资源的共识,创造更多交流合作机会。教育部部长陈宝生强调,保护语言多样性是保护文化多样性的前提条件,任何一种语言的消亡,都是人类不可弥补的损失;维护语言多样性就是保护人类不可再生的文化基因,这是一项刻不容缓、迫在眉睫的重要工作。中国社会科学院语言研究所所长刘丹青研究员则提出,目前有方言能力的人断崖式下降、家庭和私人环境的方言使用急速消退、方言社会功能域缩减为严重受限,其中任何单独一项都会对方言的持久生存构成严重而迫在眉睫的威胁,而现在是这三大现象并存,方言实际上大面积地到了生死存亡的关键时刻,当前我们需要的,不仅是记录保存式的保护,而是对方言活态的拯救[1]。

维护语言多样性和文化多样性是人类的共同责任,语言博物馆的设想和构建正是为了努力维护语言这个天然的文化博物馆,使其内含的人类文化遗产不悄然流失[2]。语言博物馆是濒危语言典藏的需要,典藏自然的有声语言、再现原生态的语言全貌、长久保存口语中所包含的声学和语言学以及文学历史传统文化的全部信息,以达到永久保存全球共享人类文化遗产的目的。此外,鉴于文化新经济理念,语言博物馆的附加值还可以进一步挖掘:采用先进的博物馆设施,语言博物馆还有望将语言多样性和当地出售中的文化产品相链接;采用先进的科技,语言博物馆还可增加对母语习得、二语习得以及多种外语学习的体验

---

[1] 首届世界语言资源保护大会在长沙召开[EB/OL].[2018-09-25].http://ling.cass.cn/xszx/xszx_xshy/201809/t20180925_4569054.html,2018-09-25.

[2] 徐世璇.语言中的博物馆和语言博物馆——论濒危语言典藏和语言博物馆建设[J].玉溪师范学院学报,2015(5).

等版块,提高来访者对个体语言、母语世界和全球语言的了解,使语言博物馆成为推动娱乐、教育与传播策略的重要因素;语言博物馆还将是一个文化平台、一个聚会场所,为在社会中发展新文化产业提供服务。正如陈宝生部长强调的,我们要积极开发语言文化产品,开拓语言服务新领域和新途径,不断学会运用语言的力量去创造生命中的美好;运用现代科技手段"复活"已消失的语言,让人们感受人类历史发展的厚重韵味①。

二、语言博物馆建设现状

语言不仅仅是一种交流手段,也是文化不可分割的一部分。语言让文化得以留存、发展,同时它还具有重要的社会功能,培养群体认同感和凝聚力②。目前全世界不少国家都开始意识到语言这一特定文化遗产的重要性,因此致力于语言博物馆的建设,同时还从"语言多样性""语言互动性""语言与科技""语言与文化产业"等不同角度诠释语言博物馆。

挪威语言文学中心(Center for Norwegian Language and Literature)从2008年开始对全球范围内的语言文字主题博物馆、数字语言博物馆、在线语言网站、世界范围内的语言性节日,以及正在计划及在建语言博物馆项目等进行了调查,2018年发布的《世界语言博物馆》③中共列出5大洲31个国家的65家语言文字博物馆(包括语言博物馆39家、

---

① 首届世界语言资源保护大会在长沙召开[EB/OL].[2018-09-25].http://ling.cass.cn/xszx/xszx_xshy/201809/t20180925_4569054.html,2018-09-25.
② 杨璧菀.关于建设标话语言文化博物馆的设想[J].文化遗产,2014(2).
③ Grepstad O. Language Museums of the World[M]. Center for Norwegian Language and Literature. https://www.aasentunet.no,2018-03-19.

文字博物馆 15 家、语言文字有关的重要人物纪念馆 11 家)、15 家线上数字博物馆、39 个网站和 104 项语言性活动。此外,还有 8 家计划及在建博物馆。调查发现,虽然全球三分之二的语言在亚洲和非洲,但三分之二的语言博物馆在欧洲。另外,虽然最早的语言博物馆建成于 19 世纪末,如德国莱比锡德国图书博物馆(Deutsches Buch-und Schriftmuseum)建成于 1884 年,柏林通讯博物馆(Museum fur Kommunikation)建成于 1898 年,但其中一半的语言博物馆都是在 2000 年后建成。目前语言与文字博物馆数量最多的国家是德国,共 11 家。其次是意大利和美国,各 5 家。中国 4 家,分别是位于湖南省江永县的女书博物馆(2004)、北京的中国图书文化展览馆(2008)、河南安阳的中国文字博物馆(2009)和山东枣庄的国际世界语博物馆(2013)。此外,广西贺州学院语言博物馆已于 2016 年建成,该书中列为在建项目;同时列为在建项目的还有 2017 年开始建设的广东岭南方言文化博物馆。

目前建成的语言博物馆大多重在其知识性、信息性功能,以典藏为目的。语言典藏资料基本上以音频、视频、数据库等数字化和多媒体形式为主,借助于听觉、视觉等多种感官刺激,形象生动地展现立体、动态的语言及其内含的文化信息。此外,博物馆也侧重对原始资料进行处理,使其具有可理解性,能够呈现出语言的面貌和内涵,通过生动活泼、群众喜闻乐见的形式实现对社会的文化普及和教育功能。但是这些实体语言博物馆大都面临着不小的挑战。如何更有效地展示语言,一直是困扰语言博物馆的重大问题。博物馆以往的关注对象集中在有形的实物,较少涉及非物质文化遗产的收藏、展出。20 世纪初叶迄今,现代博物馆管理的观念与方法日趋进步,展品陈列由静态进入动态,视听设备及新科技皆被应用到新的陈列设计与馆藏管理上。但是,由于藏品展出所需要的直观性、形象性特质,目前备受重视的非物质文化遗产要进入博物馆，存在客观的困难。而除了听感之外几乎了无其他形迹的语言，对博物馆的陈列、展出，其难度比音乐、歌舞这样兼有听觉、视觉形象的艺术形式更加困难①。因此，如何将语言学理论研究与博物馆建设的应用研究恰当地结合起来，如何将原生态的语言文化材料与高科技的展示手段结合起来，如何有效地讲解语言，如何让来访者更加有效地体验语言，如何将语言的展出与其他文化和社会活动相结合，等等，是语言博物馆亟待研究的问题。

随着博物馆的职能不断地扩展变化，新形态和新方法不断出现；随着数字化、网络化技术的进步和多媒体形式的普及，高科技手段将越来越多地运用于博物馆建设，对实体博物馆的职能将带来极大的拓展和延伸。国外的一些语言博物馆已经逐渐突破典藏功能，通过"语言多样性＋服务""语言解密＋互动""语言本土性＋文化产品""博物馆＋文化活动平台"等不同角度的诠释，进一步提升语言博物馆的文化经济内涵。因此，展望语言博物馆的未来，我们充满期待：语言是全人类的，国内的语言博物馆可与世界接轨，打造合作平台；语言展览可与语言研究共轨发展，利用语言博物馆的丰富材料建设语言大数据库，打造科研平台；可把语言看作旅游的对象、感知审美类的体验对象和综合学习类的体验对象，开发语言资源旅游业，打造服务平台。

三、国外语言博物馆的启示

作为联合国教科文组织"世界语言地图"的语料收集和濒危语种的建设基地、作为全球各地区各语种的非物质文化遗产保护基地，国外语

---

① 徐世璇.语言中的博物馆和语言博物馆——论濒危语言典藏和语言博物馆建设[J].玉溪师范学院学报，2015(5).

言博物馆大都致力于通过物质实体、数字媒体的形式将语言文化予以保存与展示。同时,也有一些语言博物馆正努力探索如何让更多人以简单友好直接的方式参与到对人类语言的保护、传承与推广中来,以及如何让语言文化成为推动文化经济向前发展的一支不可忽视的力量。

针对语言濒危的现状,世界各地正在不断加强对语言资源的保护和语言文化传承的教育,致力于濒危语言典藏。据了解,目前濒危语言典藏比较成功的有英国、美国等国家。以欧洲濒危语言典藏为代表的英国伦敦大学亚非学院汉斯·罗森濒危语言典藏项目是当今世界规模最大、范围最广、语种最多、内容最丰富的濒危语言博物馆之一,已采用高科技数字化手段典藏世界各地极度濒危语言近 300 种,内容涵盖语言、民歌、祭祀、手势、民族植物等。在美国,夏威夷大学国立外语资源中心典藏了环太平洋岛屿的少数族群濒危语言,阿拉斯加大学的本土数码典藏档案馆典藏了当地土著族群的语言文化,此外,由俄勒冈州塞勒姆濒危语言研究所的大卫·哈里森和格雷戈里·安德森建立的在线字典则典藏了 8 种濒临消亡的语言,收录了 3.2 万余个词汇,2.4 万余段音频资料,有人也将其称为博物馆。典藏是开放的,允许全世界的人都能听到正在消逝的语言①。

此外,世界各地也建立了一批极具特色的语言文化博物馆。成立于 2006 年的巴西葡萄牙语博物馆(Museu da Língua Portuguesa),是世界上唯一一座专门为葡萄牙语设立的博物馆,馆内的文献资料集中介绍了葡萄牙语的传播与发展,借助先进的多媒体手段与互动方式,博物馆一度成为巴西参观人数最多的博物馆,吸引来自世界各地的学生、学者、旅行者前去参观,2015 年,博物馆不幸发生大火,导致部分古建

---

① 英美濒危语言研究对中国有何借鉴[EB/OL].[2014 - 12 - 21]. http://ling.whu.edu.cn/hot/002/2014 - 12 - 21/514.html, 2018 - 08 - 22.

筑物受损,2016年,博物馆修建工作正式启动。2011年建成的德国"巴德赫斯菲尔德词语王国"(Wortreich)以互动交际为切入点,利用精心布置和创新手段将语言知识与体验融为一体,让参观者能够感受到语言世界的丰富魅力;同时,策展人希望参观者可以借助展区内的布置和内容主动思考语言交际背后的种种奥秘,兼具教育和娱乐性[1]。西班牙加泰罗尼亚自治区的"语言之家"(Linguamón - House of Languages: a museum for the world's living languages),2010年落成,曾被誉为世界活语言博物馆,在文化传播、专业化的多语种管理服务体系以及与新信息技术融合等方面做出积极探索[2]。遗憾的是,由于财政和行政管理等问题,该项目于2012年5月中止。但是,"语言之家"对于语言博物馆如何促进文化经济方面有着一定启示意义。下文将具体介绍"语言＋互动"为特色的德国"巴德赫斯菲尔德词语王国"和"语言＋文化产业"为特色的西班牙"语言之家"。

(一)"语言＋互动"型语言博物馆

德国"巴德赫斯菲尔德词语王国"设在巴德赫斯菲尔德市(Bad Hersfeld)本诺-席尔德广场(Benno-Schilde-Platz)一座20世纪初的高层工业建筑内,同时它还是当地的一个工业遗迹、文物建筑和主要景点。该博物馆于2011年10月开馆,以语言交际为主题、以互动为特色。该博物馆主要呈现以下三个特点:

首先,博物馆基于本地名人设计了虚构人物引导参观者贯穿展览。

---

[1] 徐世璇.语言中的博物馆和语言博物馆——论濒危语言典藏和语言博物馆建设[J].玉溪师范学院学报,2015(5).
[2] 安东尼·米尔·富利亚纳[J].语言之家:世界活语言博物馆.国际博物馆(全球中文版),2008(3).

参观者可以跟随贯穿展览的虚构人物康拉德·祖泽（Konrad Zuse）与康拉德·杜登（Konrad Duden）的足迹，一起体验探索各种语言交际形式，揭开语言背后的种种奥秘。虚构人物康拉德的名字取自巴德赫斯菲尔德的两位鼎鼎有名的大人物，一位是计算机的发明人康拉德·祖泽，另一位是德国正字法之父康拉德·杜登，这两位伟人多年以来不仅通过自己的贡献深刻地影响着这座城市，更让它声名远播、闻名遐迩。这场展览就像一本打开的书，向人们讲述着康拉德的奇遇记。展览分为11个"章节"，参观者在其中跟随这位热爱语言、天性好奇的主人公，分享他在词语王国里充满冒险的一生。

其次，展览以问题为引领、以体验为主要参观形式，激发参观者对探究语言奥秘的兴趣。刚进入展馆，一个个扑面而来的问题就会让参观者应接不暇。比如，今天你叽叽喳喳乌里哇啦了吗？你竖起了哪只耳朵倾听，架起了哪根天线？你上次不知所云或巧舌如簧是什么时候？什么会让你哑口无言？围绕"在这儿你说了算！"这一主题，策展人将"巴德赫斯菲尔德词语王国"设计为一个融知识与体验为一体的缤纷世界。你知道"Amisette""Pomadenhengst""Kaltmamsell"这些德语词的含义吗？你琢磨过汽车上的第五个轮子是怎么装上去的吗？你知道德语文章中出现频率最高的是哪些词语吗？哪些国家的人在说"不"的时候习惯向后甩头？人类的语言究竟是怎样诞生的？Poetry Slam 诗歌大赛为何会促使年轻人中间形成一种新的语言意识？语言学家通过哪些手段来保护巴西阿维提语等濒临消亡的语言？为了鼓励大家积极探寻这些问题的答案，词语王国提供了信息站、图书和电影。展厅的墙面上布满了颇具匠心的装饰，各种引人思考的统计数据，以及来自让·保罗（Jean Paul）、伏尔泰（Voltaire）和图霍尔斯基（Tucholsky）等作家的名人名言："简洁的语言是思想的调料"；"掌握多种语言的人，相当于握有许多开启宫殿的钥匙";"人和人怎样交谈？鸡同鸭讲！"

最重要的是，展馆互动形式丰富。展馆内90多个互动站内容丰富，从语言的诞生到二进制编码的功能，从古希腊雄辩术到语言的传承，从施瓦本方言到德式英语，从声音到语音、音乐、戏剧等。此外，这些互动站适合各个年龄层次的来访者，无论大人还是孩子都可以尝试解答一个来自国际学生评估项目测试（PISA）的问题，透过万花筒观看瑰丽多姿的词语世界，用一部个头超大的巨型手机发送短信，学唱世界各国的国歌；可以在地图上标出各种方言的相应位置，玩"击沉词语"的游戏，用写有字母的球组词投篮；可以装扮成舞台人物粉墨登场，表演《罗密欧与朱丽叶》《小红帽》或《强盗的女儿》中的场景；还可以在口译小屋里测试一下自己的外语水平，在一场"声音沐浴"中收获如何运用自己嗓音的小窍门，在情感小屋里学习分析喜悦、恐惧、愤怒等情绪。在演播室亲自制作电视节目等。

"巴德赫尔斯菲尔德词语王国"展览通过丰富多彩的主题、新颖独创的方法、注重细节充满爱心的布置和生动有趣的方式进行语言知识的普及，使得慕名前来的参观者每天络绎不绝、兴趣盎然。这个互动型的语言博物馆为我们提供了令人鼓舞的范例，它既重视语言文化知识的传递，又寓知识和文化于游戏中，使其具有启发性、互动性和研究性，体现了语言博物馆作为一个文化体验中心深厚的知识性、教育性和文化性，显示了语言博物馆充满希望的发展前景。

（二）"语言＋文化产业"型语言博物馆

西班牙加泰罗尼亚自治区的"语言之家"于2005年由西班牙加泰罗尼亚自治区政府发起并着手建设，2008年奠基，2010年落成，由一个隶属于加泰罗尼亚自治区副区长的公共联盟管理。它旨在把语言多样性作为一种价值与人类的宝贵遗产加以接受和整合,同时建立服务体制;是一个表现与实验的媒介,一个将无形转换成有形的博物馆,一个亲身体验与附加价值相结合的地方;同时,它是一个文化中心,也是一个开发语言使用新技术的焦点。

当时,"语言之家"设在巴塞罗那新技术区(22@技术区)的詹·理查德工厂,一个巴塞罗那市的地标性建筑,具有典型的19世纪建筑风格,同时还是巴塞罗那市和加泰罗尼亚自治区的工业遗产。以社会性与文化性为导向的空间包括5 000平方米的展览区和向各个年龄段、各行各业人士提供服务的语言机构,包括文化传播、多语种服务、远程教育服务三个主要活动领域。"语言之家观察台"是一个文化传播平台,一个协同五大洲的高校与研究中心,力求提供文献、分析与反思语言及其生命力的中心机构;"地中海语言之家"是一个专业化的多语种管理服务网络体系,旨在提高对欧洲-地中海地区语言的认知,并对之加以保护;"语言之家——加泰罗尼亚远程大学多语教室"是语言之家与加泰罗尼亚远程大学联合开办的机构,开展一系列关于多语种管理等方面的培训和研究孵化。此外,"语言之家"还建有网站,这三类服务均可以在网上获得,服务内容以21种语言(包括向听力损伤者提供的加泰罗尼亚手语)呈现给浏览者。此外还在网络上实施两个新的与语言相关的技术性项目,面向普通大众及各语言社会:语言之家活地图和视听语言之家。前者是一个强大的教育资源,是一种以提供语言信息为主的互动性电子地图绘制服务;后者是一个视听新平台,以参与协作、多语创造、多语整合以及语言学习为主要方向,供世界上多个语言社会使用。

很遗憾,2012年5月,"语言之家"项目中止了,但是该项目在以下方面的探索很值得借鉴:将多语种管理用于新的文化产业;建设最先进的博物馆设施，使之将语言多样性及多语制呈现为累积财富、推动发展以及保证娱乐、教育与传播策略的重要因素，并将这些策略与巴塞罗那和加泰罗尼亚出售中的文化产品相连接；建设成一个平台，帮助当地的社区成员与全世界的技术公司、游客、教育人士、研究人员、语言学家、笔译与口译工作者和学生汇聚一堂；建设成为一个聚会场所，为在社会中发展新文化产业提供服务。

四、对国内语言博物馆建设的思考

目前，国内语言博物馆共有6家，分别是女书博物馆、中国图书文化展览馆、河南安阳中国文字博物馆、山东枣庄国际世界语博物馆、广西贺州学院语言博物馆和广东岭南方言文化馆（在建）。国内语言博物馆大都依托各地语委、方言文化专家和高校方言研究机构等专业研究力量，以典藏和陈列为目的，重在博物馆的知识性、信息性功能建设；陈列方式除纸本外，一般设有电子音像展示区，帮助参观者体验有特色的土话、用地方语言表达的非物质文化形态等；此外，一般设有互动区，通过现代化手段，让参观者感受到语言的丰富性和地方方言的魅力。但是，值得我们进一步思考的是：如何更好地打造非物质文化遗产类博物馆？如何更好地挖掘语言这一神秘世界？如何更好地实现语言的文化、教育和经济等方面的附加价值？

结合文化新经济理念和国外的案例，本文认为从以下三个方面可以加深对国内语言博物馆建设的思考：

首先，把语言博物馆设计成文旅景区的一个部分，挖掘其作为旅游资源的价值。语言博物馆的选址可以考虑设在某些建筑古迹中，如德国的"巴德赫斯菲尔德词语王国"和西班牙的"语言之家"都设在工业遗迹上。目前,国内的语言博物馆建设多考虑放在已有的博物馆、图书馆或高校内。如广西贺州学院语言博物馆设在广西贺州学院,广东岭南方言文化馆设在佛山市图书馆5楼。此外,各地方言可看作是重要的旅游资源,把语言博物馆设计成旅游线路中的重要部分,还可以与当地文化相连接,积极开发语言文化产品。

其次,利用现代化技术,以互动和体验为主要形式,进一步开发语言的教育和娱乐价值。目前国内大多数语言博物馆一般都只是展陈当地的语言资源,如通过音频、视频和图片形式展示语音系统(声母、韵母、声调、连读音变;一定量的单字、词汇和语法例句的音频视频)、用地方语言表达的非物质文化形态(视频附方言+国际音标+普通话对译标注,内容包括口彩禁忌、骂人话、俗语、谚语、谜语、歌谣、祭词、曲艺、戏剧、故事、吟诵等)、用方言表达的地名、物名、民俗活动(视频+图片)[①]。这类较为传统的展览形式,信息量很大,但是与参观者之间的体验距离比较遥远。如果尝试把上述部分信息设计成系列游戏,可能会更好地体现这些语言资源的教育和娱乐附加价值。此外,还可以立足人类语言普遍的"黑盒子"特点和交际性,设计语言的神秘之旅,带领参观者去解密"我是怎么学习语言和文字的""我的母语是从哪里来的""我还能学习什么语言""我可以怎么说得更好"等疑问,提高来访者对个体语言、母语世界和全球语言的探究与学习的热情,开拓语言服务和语言教育的新途径。

最后,语言是用来沟通的,语言博物馆也可以打造成文化社区的文化、经济等交流平台。西班牙的"语言之家"设在新技术区,与新兴信息产业相联系,使其成为当时重要的新文化社区平台。因此,语言博物馆

---

① 刘宗艳.语言资源富集地区语言博物馆建设的模式探索——以贺州学院语言博物馆为例[J].贺州学院学报,2016(1).

不仅是一个博物馆,还可以是视听中心、教育中心、文化和经济交流中心,让参观者既能从语言中感受人类历史发展的厚重韵味,又能充分感受语言带来的沟通魅力。

附 录
文化新经济建设大事记

1. 2016年2月3日,李克强总理在国务院常务会议上,再次详解"新经济"概念。

大事记简介:李克强在强调"加快新旧动能转换"时,首次明确提及"新经济":"过去我们的政策主要扶持企业的技术改造和就地扩能,现在要提升政策的'边际效益',让政策向新动能、新产业、新业态倾斜,大力发展'新经济'。"紧接着,在2月24日的常务会议上,李克强总理再次详解"新经济":中国经济发展到当前这一阶段,传统动能的上升幅度已经有限,但新经济、新动能却正在蓬勃兴起。"中国经济发展到今天,正面临转型的阵痛期,再让传统动能继续保持过去那样的高增长,不符合经济规律。"李克强说:"但只要我们坚韧地走过来,让'新经济'形成新的'S型曲线',就会带动起中国经济新的动能。"李克强表示,现在我国"新经济"的初步形态已经形成,对就业的支撑更是超出预期。"只要我们对'新经济'充满信心,就会对中国经济未来充满信心!"

2. 2016年3月5日,"新经济"首次被写进《政府工作报告》。

大事记简介:李克强总理在第十二届全国人民代表大会第四次会

议上代表国务院作政府工作报告,他在报告中提到,当前我国发展正处于这样一个关键时期,必须培育壮大新动能,加快发展新经济。报告指出:要推动新技术、新产业、新业态加快成长,以体制机制创新促进分享经济发展,建设共享平台,做大高技术产业、现代服务业等新兴产业集群,打造动力强劲的新引擎。运用信息网络等现代技术,推动生产、管理和营销模式变革,重塑产业链、供应链、价值链,改造提升传统动能,使之焕发新的生机与活力。

3. 2016年12月,中国文化新经济开发标准研究委员会正式设立。

大事记简介:中国文化新经济开发标准研究委员会(以下简称"标委会")正式设立,全国文化新经济建设格局初步形成"一委三平台"的组织格局。"一委"即指中国文化新经济开发标准研究委员会,偏重于顶尖专家的整合、跨部门资源的调动,对行业标准进行开发、设计、管理,目前已经形成了无形资产、运营规划、金融设计、科技融合、海外专家五个专业委员会。"三平台"指标委会旗下的三个直属执行平台,分别是作为政企学融合支撑平台的上海大学文化新经济研究院、作为央地共建执行平台的北京萨博新经济发展咨询中心、作为城市新经济开发平台的中国文化产业发展集团。基于"一委三平台"的结构,文化新经济开发建设形成了从顶层设计到落地衔接,从智库输出到平台建设,从综合学术支撑到深入城市开发,从政策先行先试到金融科技全体系投入的多维度格局。

4. 2017年4月7日,"城市更新的内生力量——两岸文创发展论坛"在北京举行。

大事记简介:中国文化新经济开发标准研究委员会和北京广安控股有限公司作为联合方共同发起了本次活动。中国文化新经济开发标准研究委员会执行秘书长刘睿、广安控股董事长申献国、台湾会馆会长郑大到会并致辞。北京市西城区台办、北京市西城区大栅栏琉璃厂指挥部、大栅栏街道办事处、北京坊及台湾范特喜微创文化股份有限公司等协作机构代表出席了活动。

萨博中国(CIABI CHINA)受中国文化新经济开发标准研究委员会委托,承办本次"城市更新的内生力量"论坛,旨在将两岸在该主题下的实践者、管理者、公共政策制定者汇聚一堂。本次论坛以"中国式生活体验区"北京坊创立的邻里共生开放模式和台湾范特喜微创文化街区的创新实践展开对话,覆盖微创文化与邻里共生、空间生产力、文化创意产业的陪伴式育成等主题。论坛认为,文化新经济的践行者需正视挑战,积极借鉴国际同行的最佳实践,结合中国本土独有的优势与需求,积极寻求运营模式、金融支撑、公共政策等方面的创新突破和同步发展。

5. 2017年5月11日,文化新经济的国家标准路线图首次发布,并在中国文化新经济开发标准研究委员会的指导下,举行了首批国家文化新经济开发标准试验区/试验基地授牌仪式。

大事记简介:第十三届中国(深圳)国际文化产业博览交易会5月11日在深圳开幕,文化新经济的国家标准路线图首次发布,并在中国文化新经济开发标准研究委员会的指导下,举行了首批国家文化新经济开发标准试验区/试验基地授牌仪式。

授牌仪式上,中国文化新经济开发标准研究委员会主任赵迪作了主旨发言,指出在新经济的国家经济战略背景下,文化产业的发展需要进行结构化调整,摸索出适合于中国发展现状的以文化元素为核心驱动的经济新形态。

通过本次授牌仪式,标委会将继续以政策、资金、产业等方面的优势资源为依托,专注于文化领域新经济发展的产业标准研究,并以国家相关法律规定为准绳,积极协同具备相应能力的地方政府、社会组织、产业技术联盟、商业主体参与标委会的各项工作,开展文化新经济产业标准研究与商业实践、国家文化新经济开发标准试验区/试验基地的评选与共建、组织中国文化新经济国际高峰论坛、相关产业白皮书的发布等事务,为从业机构提供智库保障,加速产业的转型升级,更好地发挥标准化在推进国家治理体系和治理能力现代化中的基础性、战略性作用,促进经济持续健康发展和社会全面进步。

6. 2017年9月27日,苏州国家历史文化名城保护区与北京萨博新经济发展咨询中心在北京就共建文化新经济试验区正式签订合作框架协议。

大事记简介:苏州国家历史文化名城保护区管委会主任、姑苏区区长徐刚,区委常委、宣传部部长朱建春,姑苏区经济和科技局局长杨国栋及中国文化新经济开发标准研究委员会主任赵迪、执行秘书长刘睿、萨博中国主任吴华、副主任吕文等共同参加会晤并出席了签约仪式。

苏州国家历史文化名城保护区(姑苏区)是经国务院批准设立的全国首个也是唯一一个国家历史文化名城保护区,文化是姑苏区的特色,用好深厚的文化资源,将文化优势转换成产业发展优势,关系到姑苏区的可持续发展,发展文化新经济是姑苏区的必由之路。2017年以来,通过多次对接标委会、考察文化新经济北京交流中心及深圳试验区,进一步明确了在姑苏区打造文化新经济的战略意义及建设文化新经济的具体内容。此次,苏州国家历史文化名城保护区与标委会实施单位萨博中国签订合作框架协议,标志着以"央地共建IP+共创育商能力"为核心基础的文化新经济发展模式正式开启。双方将加强和深化政学研合作、整合文化产业化资源和文化资本,将姑苏区打造成以文化元素为产业驱动的"文化新经济开发区标准试验区"。

7. 2017年11月22日,中国文化新经济开发标准研究委员会专业委员会委员资格授予仪式在文化新经济北京交流中心举行。

大事记简介:标委会主任赵迪等领导,标委会秘书处、各专业委员会负责人,新当选的科技融合专业委员会委员叶勇同志,以及受邀的文化、科技界企业代表参加了仪式。为了进一步加强标委会的自身建设,为了更好地吸纳各界人士参与到文化新经济的探索实践当中,标委会下设无形资产、运营规划、金融设计、科技融合、海外专家五个专业委员会,通过开放性的合作机制,与各个领域的专家学者、商业领袖、社会精英形成更加紧密的连接。

标委会自2017年7月3日启动叶勇同志申请成为专业委员会委员资格的评审流程,经过材料初审、面谈答辩、专家投票,历时4个月的三轮评审,正式任命叶勇同志为科技融合专业委员会委员。

授予仪式上,赵迪主任为活动致辞。他指出,标委会在积极探索文化新经济开发标准的同时,还将持续不断吸纳文化、科技、经济等方面的资深人士,为文化新经济的开发标准探索提供有力保障。同时,赵迪主任向叶勇同志当选专业委员会委员表示祝贺,并提出新的期许。

8. 2018年1月21日,上海大学文化新经济研究院揭牌仪式在上海大学隆重举行。

大事记简介:中共中央候补委员,中国工程院院士,上海大学党委书记、校长金东寒与中国文化新经济开发标准研究委员会主任赵迪共同为上海大学文化新经济研究院揭牌。上海大学副校长段勇主持揭牌仪式。文化新经济在全国的开展出现实践领先于学术的"倒挂现象",政府工作报告中已将发展文化新经济列为东部发达地区区域经济发展的战略重点,但高校理论研究水平远落后于实践发展需求。上海大学文化新经济研究院的成立填补了文化新经济学术支撑领域的空白。

上海大学文化新经济研究院由中国文化新经济开发标准研究委员会与上海大学共建设立,由国家级数字文化战略专家、中国文化新经济开发标准研究委员会主任赵迪与国家级文博管理专家、上海大学副校长段勇出任联席院长。上海大学选拔文学院、经济学院、法学院、外国语学院、数码艺术学院骨干科研人员进入研究院组成核心科研团队,中国文化新经济开发标准研究委员会选派兼具市场能力和学术水平的专家出任研究员强化产学研一体化能力。目前研究院以学科建设标准为起步,核心团队已获重点创新团队专项资金支持。除科研任务外,上海大学文化新经济研究院还将承担全国性文化新经济干部培养基地、国家文化要素大数据应用基地、国家级公共文化金融支撑平台研发基地等重要角色,并承担文化新经济白皮书、文化新经济丛书、文化新经济发展专报等编写组织工作。

9. 2018年3月28日,中国文化新经济开发标准研究委员会赵迪主任出席澳门特色金融研讨会并做主题发言。

大事记简介:本次澳门特色金融研讨会设"新经济和特色金融"和"金融科技发展与监管"两大主题,研讨会邀请到香港中文大学(深圳)经管学院助理院长王健副教授、美国联邦储备委员会货币事务局助理局长吴建明博士、上海大学文化新经济研究院联席院长赵迪教授、中证南山并购投资基金管理有限公司副董事长兼首席执行官朱剑峰博士和新光互联投资管理有限公司首席执行官钱凯先生等作为演讲嘉宾。

10. 2018年3月30日,由中国文化新经济开发标准研究委员会和上海大学文化新经济研究院共同组织的文化新经济区域发展研讨会在上海大学召开。

大事记简介:中国文化新经济开发标准研究委员会、苏州国家历史文化名城保护区管委会、深圳市龙岗区文化产业办公室、北京萨博新经济发展咨询中心、深圳天安云谷、上海大学及上海大学文化新经济研究院相关领导参加了研讨会。

随着全国新经济发展的不断深入,文商旅融合发展已成为明确趋势,文化产业园区发展也将开启从生产内容聚集向公共服务聚集的转变。

本次会议紧扣这一宏观发展趋势,围绕文化新经济从战略指导思想到落地执行的产业发展实际,设置了"国际文化新经济发展案例""文化新经济企业认定标准及对区域经济发展促进的指标体系""知识产权(IP资产)综合管理公共服务体系建设"等多个分论坛,与会领导嘉宾与上海大学文化新经济研究院的专家学者围绕各个主题展开了热烈讨论。

分论坛上,各方还就苏州市姑苏区、深圳市龙岗区文化新经济发展合作进行了专题研讨,并对具体项目进行了系统化剖析,针对文化新经济战略在姑苏区、龙岗区落地的前期文化元素梳理、人才培养等达成了一致。未来,文化新经济将继续以其独特的优越性,突出文化元素为核心的产业升级,促进区域经济转型发展,形成集公共服务、业态培育、模式创新等功能为一体的文化新经济协同体系,在全国范围落地生根,发展壮大。

11. 2018年4月14日,美国威斯里安女子学院(Wesleyan College)院长薇娅·富勒博士(Dr. Vivia Fowler)、国际业务发展副院长南子博士(Dr. Paula Wang)参访文化新经济北京交流中心。

大事记简介:赵迪主任带领薇娅·富勒院长参观了文化新经济北京交流中心,向薇娅·富勒院长一行介绍了中国文化新经济发展的相关情况。薇娅·富勒院长对文化新经济的发展理念表示了认同,同时介绍了威斯理安女子学院的发展历史,并热情邀请赵迪主任访问威斯里安女子学院。双方还围绕文化新经济背景下的女性教育事业建设、发展的话题展开了热烈讨论,同时就上海大学文化新经济研究院与威斯里安女子学院在女性教育、发展方面的学术学科建设合作达成了初步共识。

12. 2018年5月10日,第十四届中国国际文化产业博览交易会在深圳召开,第二批国家文化新经济开发标准试验区/试验基地授牌仪式在文博会上隆重举行。

大事记简介:苏州市姑苏区获评国家文化新经济开发标准试验区称号,深圳公共书吧、姑苏区金狮创艺文化产业园获评国家文化新经济开发标准试验基地称号。

中国文化新经济开发标准研究委员会主任、中国文化新经济发展基金管理委员会主任委员赵迪在授牌仪式上做了主旨发言,他谈到,国家文化新经济开发标准试验区建设是通过央地协同性资源投入,以地方政府为对象,以区域经济发展为目标进行先行先试、模式探索的重要一环,重点梳理区域文脉,构建文化公共服务,实现文化要素金融化开发运营财政结构,为提高区域整体投资带动比,以文化开发逐步替代土地开发打下坚实基础。国家文化新经济开发标准试验基地建设是央地协同性资源投入、以企业经营为基础进行先行先试、模式探索的重要一环。试验基地建设将力求破除隐性壁垒、整合政策接口、降低企业与行政管理部门的沟通成本,以企业实现经营模式升级、获得发展实际效果为第一目标。

自2017年年末,第二批国家文化新经济开发标准试验区/试验基地评审工作正式启动,全国先后有六家区政府、数十家企业提交了申报材料。最终苏州市姑苏区获评国家文化新经济开发标准试验区称号,深圳公共书吧、姑苏区金狮创艺文化产业园获评国家文化新经济开发标准试验基地称号。相关单位和项目负责人分别上台发言,并介绍了未来文化新经济共建发展规划。

13. 2018年8月,文化新经济丛书之一《新业态 新消费 新增长——文化新经济的探索与实践》正式出版。

大事记简介:经过一年的探索实践,全国文化新经济建设积累了相对丰富的经验。文化新经济理论研究、组织建构、模式落地、实践探索,已经得到了政府、企业等各方的充分认可,在行业中形成了文化新经济协同体系的雏形,并通过了市场的初步检验。为总结文化新经济建设经验,由赵迪、刘睿合著的《新业态 新消费 新增长——文化新经济的探索与实践》一书由上海大学出版社出版发行。

主要参考文献

一、专著部分

[1] 名仓信敦.中国闻见录[M]//比野辉宽,高杉晋作,等.1862年上海日记.陶振孝,阎瑜,陈捷,译.北京:中华书局,2012.

[2] 葛元煦,等.沪游杂记·淞南梦影录·沪游梦影[M].上海:上海古籍出版社,1989.

[3] 上海通社.旧账簿中的掌故[M].北京:北京图书馆出版社,1998.

[4] 董君竹.我的一个世纪[M].北京:生活·读书·新知三联书店,2008.

[5] 詹姆斯·盖拉特,等.21世纪非营利组织管理[M].邓国胜,等译.北京:中国人民大学出版社,2003.

[6] 杜小真,张宁,等.德里达中国讲演录[M].北京:中央编译出版社,2003.

[7] 黑格尔.哲学史讲演录[M].北京:生活·读书·新知三联书店,1956.

[8] Mollier, Jean-Yves et collectif. Où va le livre? [M]. Paris: La Dispute, 2007.

[9] 孙飞.新经济发展与制度选择[M].北京:人民出版社,2017.

[10] 陈二厚,齐中熙,张辛欣.中国新经济[M].北京:中国言实出版社,2017.

[11] 克洛德·热叙阿,克里斯蒂昂·拉布鲁斯,等.经济学词典[M].李玉平,郭庆岚,译.北京:社会科学文献出版社,2013.

[12] 宋玉华,王莉.全球新经济发展的比较制度研究[M].北京:中国社会科学出版社,2006.

[13] 甄炳禧.美国新经济[M].北京:首都经济贸易大学出版社,2001.

[14] 刘树成,张平,等."新经济"透视[M].北京:社会科学文献出版社,2001.
[15] 仲富兰.上海民俗:民俗文化视野下的上海日常生活[M].上海:文汇出版社,2009.
[16] 范荧.上海民间信仰研究[M].上海:上海人民出版社,2006.
[17] 张仲礼.近代上海城市研究(1840—1949)[M].上海:上海文艺出版社,2008.
[18] 王利器.元明清三代禁毁小说戏曲史料[M].上海:上海古籍出版社,1981.
[19] 熊月之,袁燮铭.上海通史·晚清政治:第3卷[M].上海:上海人民出版社,1999.
[20] 魏兵兵,赵山林,等.近代上海戏曲系年初编[M].上海:上海教育出版社,2003.
[21] 史梅定,等.上海租界志[M].上海:上海社会科学院出版社,2001.
[22] 上海百货公司,上海社会科学院经济研究所,上海市工商行政管理局.上海近代百货商业史[M].上海:上海社会科学院出版社,1988.
[23]《上海丝绸志》编纂委员会.上海丝绸志[M].上海:上海社会科学院出版社,1998.
[24] 安乐哲.和而不同:比较哲学与中西会通[M].北京:北京大学出版社,2002.
[25] 安乐哲,郝大维,等.道不远人:比较哲学视域中的《老子》[M].何金俐,译.北京:学苑出版社,2004.
[26] 安乐哲,郝大维,等.期望中国:中西哲学文化比较[M].施忠连,等译.上海:学林出版社,2005.
[27] 宋玉华,王莉.全球新经济发展的比较制度研究[M].北京:中国社会科学出版社,2006.
[28] 安乐哲,罗思文,等.《论语》的哲学诠释[M].余瑾,译.北京:中国社会科学出版社,2003.
[29] 刘宓庆.翻译美学导论[M].北京:中国对外翻译出版公司,2005.
[30] 新华字典[M].北京:商务印书馆,2011.
[31] 哈罗德·拉斯韦尔.社会传播的结构与功能[M].何道宽,译.北京:中国传媒大学出版社,2013.
[32] 张海涛,等.全球电视剧产业发展报告(2016)[M].北京:中国广播影视出版社,2016.
[33] Baker M. In Other Words: A Coursebook on Translation[M]. Beijing: Foreign Language Teaching and Research Press, 2000/1992.
[34] Campbell S. Translation into the Second Language[M]. New York: Addison

Wesley Longman, 1998.

[35] Dollerup C. Basics of Translation Studies[M]. Shanghai: Shanghai Foreign Language Education Press, 2007.

[36] Kelly L G. The True Interpreter: A History of Translation Theory and Practice in the West[M]. Oxford: Basil Blackwell, 1979.

[37] Newmark P. A Textbook of Translation[M]. New York: Prentice Hall, 1988.

[38] Pokorn N K. Challenging the Traditional Axioms: Translation into a Non-Mother Tongue[M]. Amsterdam and Philadelphia: John Benjamins, 2005.

[39] Snell B, Crampton P. Types of Translations[M]//Picken C. The Translator's Handbook. London: Aslib, 1989.

[40] Toury G. Descriptive Translation Studies and Beyond[M]. Amsterdam: John Benjamins, 1995.

[41] Jenner W J F. Insuperable Barriers? Some Thoughts on the Reception of Chinese Writing in English Translation[M]//Goldblatt H. World Apart: Recent Chinese Writing and Its Audience. New York: M.E. Sharpe, Inc., 1990: 187.

[42] Roger T Ames, David Hall. Anticipating China: Thinking Through The Narrative of Chinese and Western Culture[M]. State University of New York Press, 1995.

[43] Walter A Elwell. Baker's Evangelical Dictionary of Biblical Theology[M]. Michigan: Baker Book House Company, 1996.

[44] Wolfram Eberhard. Introduction to Sinology[M]. Translated by İkbal Berk, DTCF Publishing, No 54, Istanbul, 1946.

[45] André Lefevere, Susan Bassnett. Introduction: Proust's Grandmother and the Thousand and One Nights: The 'Cultural Turn' in Translation Studies[M]// Susan Bassnett, André Lefevere. Translation, History and Culture, London and New York: Pinter, 1991.

[46] Grepstad O. Language Museums of the World[M]. Center for Norwegian Language and Literature. https://www.aasentunet.no, 2018 – 03 – 19.

[47] Juul Jesper. A Casual Revolution Reinventing Video Games and Their Players [M]. MA: The MIT Press, 2010: 45 – 49.

二、报刊及论文部分

[1] 陈泽奇,陈旭宇.中国 OTT－TV 的前景：未来的电视[EB/OL].埃森哲公司,2012. https://www.accenture.com/t20150527T211651__w_/cn-zh/_acnmedia/Accenture/Conversion-Assets/DotCom/Documents/Local/zh-cn/PDF_2/Accenture-Insight-Outlook-Ott-Tv-China-Future-TV.pdf.

[2] 魏传忠.质量是文化新经济发展之基[J].艺术品鉴证,2016(4).

[3] 费洪平.当前我国产业转型升级的方向及路径[J].宏观经济研究,2017(2).

[4] 叶辛.文化产业的发展关系到国家民族的盛衰荣辱[J].长三角,2005(12).

[5] 邢华.文化创意产业价值链整合及其发展路径探析[J]经济管理,2009,31(2).

[6] 邹雅婷.中国"新经济"点亮新信心[N].人民日报,2016-03-22(9).

[7] 向晓梅.适应新常态发展新经济[N].经济日报,2016-05-05(14).

[8] 安乐哲,罗思文,等.早期儒家是德性论的吗？[J].谢扬举,译.国学学刊,2010.

[9] 李爱玲.理论热词·新经济[J].前线,2016(6).

[10] 宋玉华,杨莉莉.从美国新经济周期的发展看美国经济[J].世界经济,1998(6).

[11] 董薇薇.国外新经济理论的研究进展[J].技术经济与管理研究,2014(8).

[12] 阿尔文·托夫勒,海迪·托夫勒.新经济:好戏还在后头[J].新经济导刊,2001(8).

[13] 宋玉华.美国新经济发展的制度分析及对中国的启示[J].管理世界,2001(5).

[14] 李世林.新经济对传统经济理论的五大突破[N].社会科学报,2001-04-19(2).

[15] 郑卒.阐释新经济:一个历史的视角[N].厂长经理日报,2000-07-27(C01).

[16] 王春法.新经济:一种新的技术—经济范式？[J].世界经济与政治,2001(3).

[17] 刘树成,李实,等.对美国"新经济"的考察与研究[J].经济研究,2000(8).

[18] 陈宝森.对美国"新经济"再认识[J].世界经济与政治,2001(6).

[19] 郑宇."新经济"的理论与现实[J].现代国际关系,2000(7).

[20] 华民.新经济、新规则和制度[J].世界经济,2001(3).

[21] 丁一凡."新经济"新在哪儿？[J].世界经济与政治,2001(6).

[22] 李国杰,徐志伟.从信息技术的发展态势看新经济[J].中国科学院院刊,2017(3).

[23] 李克强.政府工作报告——2016 年 3 月 5 日在第十二届全国人民代表大会第四次会议上[N].人民日报,2016-03-18(1).

[24] 李克强总理答中外记者问——在十二届全国人大四次会议记者会上[N].人民日

报,2016-03-17(1).

[25] 储思琮.李克强：新经济发展需要更坚实的理论支撑[EB/OL].[2018-04-19].http://www.chinanews.com/gn/2016/04-18/7838978.shtml.

[26] 邵海鹏."新经济"时代,政府应该如何作为？[EB/OL].[2018-04-19].http://www.yicai.com/news/5074168.html.

[27] 孙飞.加快发展新经济的着力点和战略举措——"深化改革 创新驱动 加快发展新经济"研讨会综述[J].行政管理改革,2016(9).

[28] 李琳.新经济孕育新希望——上半年"三新"经济发展述评[N].中国信息报,2016-07-27(1).

[29] 沈建光.新经济迎来快速发展战略机遇期[N].中国证券报,2018-04-18(A04).

[30] 杨培芳.新经济、新理论、新模式[N].企业家日报,2017-06-23(W01).

[31] 刘乐平,曾杨希.企业家代表共话新经济——数字经济时代新机遇[EB/OL].[2018-04-23].http://zjnews.zjol.com.cn/zjnews/zjxw/201712/t20171205_5934824.shtml.

[32] 企业家高峰对话论坛——互联网时代的新经济[EB/OL].[2018-04-23].http://www.techweb.com.cn/internet/2017-12-08/2616339.shtml.

[33] 李国杰,徐志伟.从信息技术的发展态势看新经济[J].中国科学院院刊,2017(3).

[34] 李天真.美国经济启示录："新经济"崛起背后的逻辑[EB/OL].[2018-04-17].http://money.163.com/15/0217/10/AIL9KNMH00253B0H.html.

[35] 向晓梅.适应新常态发展新经济[N].经济日报,2016-05-05(14).

[36] 郑卒.阐释新经济：一个历史的视角[N].厂长经理日报,2000-07-27(C01).

[37] 李爱玲.理论热词·新经济[J].前线,2016(6).

[38] 中国新闻出版研究院.2016年中国版权产业的经济贡献[J].中国出版,2018(9).

[39] 詹馥静.版权商业性维权的司法应对策略探究——以三面向公司为例[J].法制与社会,2013(25).

[40] 刘仁.字体行业开始形成良性循环[N].中国知识产权报,2017-03-17(009).

[41] 北京市第一中级人民法院(2011)一中民终字第5969号民事判决书。

[42] 徐宁.每天消费图片1.2亿,"图盾"用大数据做图片维权是不是门好生意？[EB/OL].(2017-04-21)[2018-07-08].http://36kr.com/p/5071926.html.

[43] 维权骑士.2016—2017年度内容行业版权诉讼报告[R].杭州：杭州刀豆网络科技

有限公司,2017.

[44] 理脉内容团队.2013—2017年视频领域著作权诉讼案件数据分析报告[R].北京:北京公富信息技术有限公司,2018.

[45] 最高人民法院.中国法院知识产权司法保护状况(2017)[R].北京:最高人民法院,2018.

[46] 袁同成.转型社会中的知识产权文化悖论——基于"三面向版权现象"的法律社会学反思[J].社会科学论坛(学术研究卷),2009(4).

[47] 曾亮亮.华盖创意的维权是否包含敲诈[N].经济参考报,2012-11-20(008).

[48] 何震,杨元新.商业化维权对著作权侵权案件审理的挑战与应对[J].法律适用,2012(7).

[49] 王晓明.知识是否应当被资产化?[N].新民晚报,2008-05-04(B16).

[50] 维权骑士.内容行业2017年度版权报告[R].杭州:杭州刀豆网络科技有限公司,2018.

[51] 刘平.著作权集体管理组织与权利人个体维权诉讼的区别及其解决途径[J].知识产权,2016(9).

[52] 湖南高院.2017年度湖南法院知识产权审判十大典型案件[EB/OL].(2018-04-25)[2018-07-08].http://www.iprdaily.cn/news_18808.html.

[53] 盛宇怀.盛氏家族从元旦至除夕祭祀程序,上图民国报刊文献索取号:090183-3.

[54] 萱.旧剧新年谈[N].申报,1922-01-31(18).

[55] 劝戒点演淫戏说[N].申报,1872-07-04.

[56] 淫戏难禁说[N].申报,1885-05-12.

[57] 道宪查禁淫戏[N].申报,1874-12-30.

[58] 英租界示禁淫戏[N].申报,1903-01-10.

[59] 严禁妇女入馆看戏告示[N].申报,1874-01-07.

[60] 汪小虎.明代颁历民间及财政问题[J].自然科学史研究,2013,32(1).

[61] 英租界谕禁女伶[N].申报,1890-01-27.

[62] 申江陋习[N].申报,1873-04-07.

[63] 岁除论[N].申报,1880-02-08.

[64] 论服色宜正[N].申报,1894-03-16.

[65] 本馆劝慰香山人论[N].申报,1873-01-03.

[66] 服色辨[N].申报,1890-10-18.

[67] 冯林英.关于博物馆商店的思考[J].中国博物馆,2003(1).

[68] 皮埃尔·迈朗.新博物馆学的确立[J].国际博物馆,2016(3-4).

[69] 黄美贤.台湾地区博物馆发展文化创意产业的理念与实践[J].东南文化,2011(5).

[70] 王丽明.博物馆的双重营销理念——关于博物馆公益事业与经济产业营销的思考[J].中国博物馆,2008(1).

[71] 闵泉.市场环境下的博物馆经营管理[J].中国博物馆,2001(2).

[72] 台北"故宫博物院"."国立"故宫博物院99年年报[R],台北"故宫博物院",2010.

[73] 杨静,余隋怀.论博物馆纪念品的设计研究与开发[J].包装工程,2011(2).

[74] 蒋菡.苏州博物馆文创产品开发的实践与思考[N].中国文物报,2014-12-23(5).

[75] 张颖岚.美国博物馆的运营理念与文化产业[N].中国文物报,2007-05-11(6).

[76] 黄美贤.台湾地区博物馆发展文化创意产业的理念与实践[J].东南文化,2011(5).

[77] 陈静.我国博物馆商店联盟运营模式研究[D].济南:山东大学,2014.

[78] 胡安江,胡晨飞,等.再论中国文学"走出去"之译者模式及翻译策略[J].外语教学理论与实践,2012(4).

[79] 黄立波.译出还是译入:翻译方向探究——基于语料库的翻译文体考察[J].外语教学,2011(2).

[80] 黄友义.汉学家和中国学问的翻译——中外文化沟通的桥梁[J].中国翻译,2010(6).

[81] 江枫."新世纪的新译论"点评[J].中国翻译,2001(3).

[82] 李洁.文化参与视阈下的逆向翻译——谈中国著名汉英翻译家的翻译理路[J].广东外语外贸大学学报,2015(3).

[83] 马士奎.从母语译入外语:国外非母语翻译实践和理论考察[J].上海翻译,2012(3).

[84] 马悦然.诺贝尔文学奖评委称中国人不应翻译本国作品[N].南方都市报,2006-07-17.

[85] 毛凌滢.后殖民语境下的翻译与译者汉语文化能力的培养[J].外语教学理论与实践,2009(1).

[86] 潘文国.译入与译出——谈中国译者从事汉籍英译的意义[J].中国翻译,2004(2).

[87] 施佳胜.中国典籍外译:"逆向翻译"与"直接翻译"——一项基于《文心雕龙》英译的比较研究[J].暨南学报(哲学社会科学版),2012.

[88] 王晓农.逆向翻译和顺向翻译的区分价值及其实践意义[J].山西大同大学学报（社会科学版）,2010(6).

[89] 许渊冲.有中国特色的文学翻译理论[J].中国翻译,2016(5).

[90] 陈国兴.论安乐哲《论语》翻译的哲学思想[J].中国比较文学,2010(1).

[91] 韩振华.早期儒家与德性伦理学：儒家研究中的相对主义话题——兼与安乐哲、罗思文商榷[J].伦理学研究,2012(3).

[92] 彭爱和,伍先禄,等.论文化中心主义对中西跨文化翻译的操纵[J].外语学刊,2008(1).

[93] 孙际惠.论安乐哲的翻译思想[J].中国科技翻译,2014,27(4).

[94] 孙际惠,屠国元,等.美国汉学家安乐哲《论语》英译研究[J].北京行政学院学报,2014(3).

[95] 孙周兴.翻译的限度与译者的责任——由安乐哲的翻译经验引发的若干思考[J].中国翻译,2008(2).

[96] 章媛.近代以来英译本对《道德经》的哲理化解读[J].东岳论丛,2012(8).

[97] 鲍晓英.中国文化"走出去"之译介模式探索——中国外文局副局长兼总编辑黄友义访谈录[J].中国翻译,2013(5).

[98] 高方,毕飞宇.文学译介、文化交流与中国文化"走出去"——作家毕飞宇访谈录[J].中国翻译,2012(3).

[99] 葛文峰.《中国文学》与《译丛》：中国文学对外翻译出版模式的范例[J].出版发行研究,2014(9).

[100] 何碧玉,毕飞宇.中国走向世界的路还很长[N].经济观察报,2011-05-23.

[101] 胡安江.中国文学"走出去"之译者模式及翻译策略研究——以美国汉学家葛浩文为例[J].中国翻译,2010(6).

[102] 克劳德·巴彦.巴彦：毛泽东语录对我的翻译很有用[DB/OL].http://book.sina.com.cn/news/c/2010-08-14/2134271861.shtml.

[103] 王宁.全球语境下的中国文学和文化研究[J].文学评论,2000(3).

[104] 吴赟.西方视野下的毕飞宇小说——《青衣》与《玉米》在英语世界的译介[J].学术论坛,2013(4).

[105] 谢天振.中国文学走出去不是简单的翻译问题[J].社会科学报,2013(6).

[106] 熊正德,郭荣凤.国家文化软实力评价及提升路径研究[J].中国工业经济,

2011(9).

[107] 徐豪.翻译推动中国文化"走出去"[J].中国报道,2012(12).

[108] 许钧.翻译研究之用及其可能的出路[J].中国翻译,2012(1).

[109] 赵芸.著名翻译家倾谈"文化走出去"[J].上海采风,2010(3).

[110] 季进.我译故我在——葛浩文访谈录[J].当代作家评论,2009(6).

[111] 朱波.小说译介与传播中的经纪人[J].小说评论,2014(3).

[112] 徐明华,廖欣.中国电视剧的海外市场与对外传播策略研究[J].对外传播,2015(2).

[113] 韩咏梅.《琅琊榜》互联网中国新型软实力[N/OL].[2015-12-27].http://www.zaobao.com.sg/forum/opinion/story20151227-563972.

[114] 朱春阳.影视产业如何"走出去"?[J].社会观察,2014(9).

[115] 安东尼·米尔·富利亚纳[J].语言之家:世界活语言博物馆.国际博物馆(全球中文版),2008(3).

[116] 范俊军,宫齐,胡鸿雁.语言活力与语言濒危[J],民族语文,2006(3).

[117] 刘宗艳.语言资源富集地区语言博物馆建设的模式探索——以贺州学院语言博物馆为例[J].贺州学院学报,2016(1).

[118] 徐世璇.语言中的博物馆和语言博物馆——论濒危语言典藏和语言博物馆建设[J].玉溪师范学院学报,2015(5).

[119] 杨璧菀.关于建设标话语言文化博物馆的设想[J].文化遗产,2014(2).

[120] 首届世界语言资源保护大会在长沙召开[EB/OL].[2018-09-25].http://ling.cass.cn/xszx/xszx_xshy/201809/t20180925_4569054.html,2018-09-25.

[121] 英美濒危语言研究对中国有何借鉴[EB/OL].[2014-12-21].http://ling.whu.edu.cn/hot/002/2014-12-21/514.html,2018-08-22.

[122] 王者荣耀英雄排行榜[DB/OL].[2018-08-12].http://db.18183.com/wzry/rank/.

[123] Siebert H. The new economy — what is really new? [R]//Kiel Working Papers,2000.

[124] Throsby D. The Concentric Circles Model of the Cultural Industries[J]. Cultural Trends,2008,17(3).

[125] Lawrence T B, Phillips N. Understanding the Cultural Industries[J]. Journal of

Management Inquiry, 2002(11).

[126] Jeffcutt P, Pratt A C. Managing Creativity in the Cultural Industries[J]. Creativity and Innovation Management, 2002(11).

[127] International Intellectual Property Alliance(IIPA). Copyright Industries in the U.S. Economy: The 2016 Report[EB/OL]. (2016 - 12 - 06)[2018 - 07 - 07]. http://iipawebsite.com/whatanew.html.

[128] WIPO. Collective Administration of Copyright and Neighboring Rights[M]. WIPO Publication, 1990: 6.

[129] McIntyre, Charles. Designing Museum and Gallery Shops as Integral, Co-creative Retail Spaces within the Overall Visitor Experience[J]. Museum Management and Curatorship, 2010, 25(2).

[130] Hooper, Brad. The Moon Opera[J]. Booklist, 2008(6).

[131] Rovère, Maxime. Philippe Picquier, le chercheur d'or[J]. Le Magazine Littéraire, 2012.

[132] Saunders, Kate. The Moon Opera[N]. Times, 2007 - 10 - 27.

[133] Dwyer, Tessa. Fansub Dreaming on ViKi: "Don't Just Watch But Help When You Are Free"[J]. The Translator, 2012, 18(2).

[134] Birk M, Mandryk R L. Control your game-self: effects of controller type on enjoyment, motivation, and personality in game[C]//Chi 13: International Conference on Human Factors in Computing Systems, 2013: 685 - 694.

[135] Yubo Kou, Xinning Gui. Playing with Strangers: Understanding Temporary Teams in League of Legends[C]. Toronto Canada: CHI PLAY, 2014: 164 - 167.

[136] Daniel Johnson, Peta Wyeth. Penny Sweetser. Personality, Genre and Videogame Play Experience[C]. Toulouse France: Fun and Games, 2012: 117 - 120.

[137] Alexandra Buchan, Jacqui Taylor. A Qualitative Exploration of Factors Affecting Group Cohesion and Team Play in Multiplayer Online Battle Arenas (MOBAs)[J]. Computer Game Journal, 2016, 5(1): 1 - 25.

[138] Marçal Mora-Cantallops, Miguel-Ángel Sicilia. MOBA games: A literature review[J]. Entertainment Computing, 2018(26): 128 - 138.

后　　记

　　文化是人类社会发展过程中所创造的物质财富与精神财富的总和。长久以来，文化一直被视作是一个抽象的概念，但是随着时间的沉淀，文化早已被赋予了其独有的经济价值。文化新经济这一概念的提出，就是旨在将文化元素浓缩提炼成为带动经济结构转型升级的持久核心驱动力。虽然目前距离文化新经济的基本概念由李克强总理提出不足三年，我国还处于文化新经济的发展初期，但观其发展态势可谓是百花齐放、百家争鸣，众多领域的专家学者、企业组织和文化产业从理论研究、内涵思辨、发展实践、产业构建、案例分析等诸多方面对其倾注了大量的热情与智慧，文化新经济正在造就一个崭新的局面，我们已经奏响了迈向新历程的序曲。

　　众人拾柴火焰高。本书主要编著者为"上海大学区域文化新经济培育理论与实践重点创新团队"成员。具体分工是：第一章第一节作者是曹晖博士，他系统地论述了文化新经济的理论内涵，并将其与文创产业、文化产业这两种易于混淆的概念进行了区分；第二节作者是倪代川副教授，他不仅梳理了美国"新经济"的缘起，同时整合国内对"新经济"的研究，从中汲取前人智慧，为当下我国文化新经济繁荣发展提供了思路；第三节由徐聪与杨显滨两位博士合作完成，他们基于各国国情和文化背景的差异,解读了美、英、法、澳、德、韩六国的文化新经济发展,并鞭辟入里地指出了当前中国文化新经济发展中存在的众多问题以及学界仍涉足不深的研究领域。第二章第一节作者是袁真富副教授,他主要以维权驱动的版权运营模式分析了具体案例;第二节由陶鑫良、袁真富、许春明三位学者合作完成,他们将基于重大问题的同步实战教学法(VPSPL)运用于"著名商标制度存废"的教学案例;第三节由许春明和王勉青合作完成,他们具体分析了上海紫竹国家高新区知识产权托管模式案例;第四节作者是李倩,她具体分析了上海政府对春节民俗商品的经济政策及管理措施与民众的物质文化消费史料案例;第五节作者杨谦博士,他分析了博物馆商店及文创产品的新经济模式;第六节由柴秋霞与刘毅刚合作完成,他们以多人在线竞技游戏为案例,所涉及的案例涵盖了文化知识产权、文化教育改革、政府经济政策、网络竞技文化等多个方面,并且在分析的基础之上,诸位学者还提出了数条具有实践性和启发性的意见与建议。第三章聚焦于探索中国文化的"走出去",在文化新经济新态势下,如何高效地对外传播中国文化亦是一个值得深思的话题。本章五节的作者分别是赵彦春教授、苗福光教授、吴攸副教授、张珊珊博士和朱音尔副教授,五位学者分别从文化传播的中国学人的历史担当、海外孔子学院的文化传播案例、中国文化走出去翻译个案的分析、中国电视剧的海外传播途径、语言博物馆的建设等方面探讨了中国文化"走出去"的基本理论和翻译传播途径。最后,张恒龙教授在本书附录部分精心梳理了自文化新经济正式提出至本书出版前的文化新经济建设大事记。

此外,上海大学党委副书记、纪委书记段勇,中国文化新经济开发标准研究委员会主任赵迪和秘书长刘睿对本书的编写给予关心和指导,并且提出了宝贵意见、给予了多方支持。感谢上海大学出版社以及本书的责任编辑王悦生,为本书的汇编以及出版尽心尽力,不辞辛劳。感谢上海大学外国语学院研究生侯怡为本书付出的辛劳。

文化新经济这一前沿领域目前还有许多未知等待探索,本书虽力求集各家所言以飨读者,但不可否认的是本书还有很多不足,望读者不吝赐教。

苗福光
2019 年 1 月